iHuman

成
为
更
好
的
人

“口述历史在中国”丛书

《口述历史在中国(第二辑):跨学科应用与公共传播》编辑委员会

“口述历史在中国”系列活动学术顾问（按姓名拼音首字母排序）

亚历山大·范·柏拉图(Alexander Von Plat,德国)　国际口述历史协会前副主席
旦赞·娜仁图雅(Danzan Narantuya,蒙古)　蒙古国立大学教授
道格·博伊德(Doug Boyd,美国)　美国口述历史协会当选主席
英迪拉·乔杜里(Indira Chowdhury,印度)　国际口述历史协会时任主席
赖素春(新加坡)　新加坡国家档案馆口述史中心高级研究员
玛格丽特·茱莉(Margaretta Jolly,英国)　英国苏塞克斯大学女性口述史专家
保尔·汤普逊(Paul Thompson,英国)　英国埃塞克斯大学荣休教授
热田敬子(日本)　早稻田大学性别研究所研究员
托马斯·B. 戈尔德(Thomas B. Gold,美国)　美国加州大学伯克利分校教授
郑根埴(韩国)　韩国口述历史学会会长
陈　墨　中国电影资料馆研究员
陈　新　浙江大学公众史学研究中心主任
崔永元　中国传媒大学教授
丁　东　《炎黄春秋》执行主编
定宜庄　中国社会科学院历史研究所研究员
傅光明　中国现代文学馆研究员
郭于华　清华大学教授
雷　颐　中国社会科学院近代史研究所研究员
梁　鸿　中国人民大学教授
钱文忠　复旦大学教授
唐建光　新历史合作社总编辑
王宇英　中国传媒大学副教授
吴文光　纪录片导演、“民间记忆计划”发起人
邢小群　中国青年政治学院教授
杨祥银　温州大学口述历史研究所所长、瓯江特聘教授

叶永烈　科普和纪实文学作家、资深口述历史实践者

钟少华　北京市社会科学院历史研究所研究员

朱浤源　(中国台湾)　台湾"中央研究院"近代史研究所研究员

左玉河　中华口述历史研究会秘书长

项目公邮　ccoh@cuc.edu.cn

中心微信公众号　崔永元口述史中心

联系地址　北京市朝阳区定福庄东街1号中国传媒大学24号楼

口述历史国际周2016·第二届"口述历史在中国"国际研讨会

主办单位　中国传媒大学崔永元口述历史研究中心

联合主办　北京市永源公益基金会

中国传媒大学艺术学部艺术研究院

温州大学口述历史研究所

特别支持　中国红十字基金会崔永元公益基金

传媒大学教育基金会

"口述历史在中国"丛书

丛书主编　丁俊杰　崔永元

口述历史在中国

第二辑

跨学科应用与公共传播

林卉　康学萍　主编

GUANGXI NORMAL UNIVERSITY PRESS
广西师范大学出版社
·桂林·

图书在版编目（CIP）数据

口述历史在中国．第二辑，跨学科应用与公共传播 / 林卉，康学萍主编．—桂林：广西师范大学出版社，2018.11

（“口述历史在中国”丛书 / 丁俊杰，崔永元主编）

ISBN 978-7-5598-1336-7

Ⅰ．①口… Ⅱ．①林…②康… Ⅲ．①口述历史学—中国—国际学术会议—文集 Ⅳ．①K0-53

中国版本图书馆 CIP 数据核字（2018）第 243169 号

广西师范大学出版社出版发行

（广西桂林市五里店路 9 号　邮政编码：541004
网址：http://www.bbtpress.com）

出版人：张艺兵

全国新华书店经销

湖南省众鑫印务有限公司印刷

（长沙县榔梨街道保家村　邮政编码：410000）

开本：787 mm × 1 092 mm　1/16

印张：14.75　　　字数：270 千字

2018 年 11 月第 1 版　　2018 年 11 月第 1 次印刷

定价：58.00 元

目　录

III 口述历史公众传播与普及
Public Communication and Dissemination of Oral History

IV 口述历史实践个案
Oral History Case Study

后记

序一

传承·传播
——口述历史的使命

口述传统古已有之，人类文明和社会生活的各个方面代代相传。随着科学和技术的不断发展，记录和传播手段更加丰富多元，口述形态得以保存并发展出现代口述历史。很多默默无声的普通人乃至弱势群体借由口述历史发出自己的声音，不同群体、不同世代之间也因口述历史找到沟通和理解的桥梁。

家是我们成长的起点，家的历史和记忆中藏着每个人漫长的来路。在第二届“口述历史在中国”国际研讨会开幕式上，几位到场嘉宾的发言让我们切身感受到口述历史在家族情感连接与文化传承方面所起到的重要作用。

崔永元（中国传媒大学教授、崔永元口述历史研究中心创始人）

我从小就特别崇拜我父亲，因为他参加过很多战役，渡江战役、广西十万大山剿匪等。他的一只胳膊负过三次伤，敬礼都只能反着敬。从小父亲还给我讲很多战争故事。等我做起口述历史，忽然有一天想到儿子在做口述历史，却连父亲都没采访过，就委托同事到家里采访他。可是非常遗憾，他什么都不记得了。他那个时候开始患上阿尔茨海默症，到了去年，连我都不认识了，而现在，家里每一个人他都不认识了。关于父亲的口述，就没办法满足“亲历”和“亲见”原则，只能由我这个“亲闻者”来讲述他的经历了。

我由此想到，这可能是一个人的经历，一个儿子不太了解、也没法儿准确描述父亲有过哪些经历。往大了说，有多少人能描述我们国家的历史、民族的历史，乃至人类的历史？如果这些经历我们全都无法描述，那么我们就是苟且地活着。我希望有更多的人和我们一起关注口述历史，关注中国的口述历史，让它成为一个热词，成为一门显学，成为一个行业，成为一个学术高地。

丁俊杰（中国传媒大学学术委员会副主任、崔永元口述历史研究中心主任）

“口述历史在中国”项目自启动两年多以来，受到了海内外众多同行的关注。这一国际交流平台的搭建，在很大程度上促进了学术讨论空间的延展和学术思想的碰撞，使越来越多有志于口述历史的同人获得进入这一领域的接口。统计数据显示，在活动参与者中，青年学生、教师的数量和比例都呈明显上升趋势，我们已经成为这股“口述历史”热潮的引领者。

在行业和学术交流之外，不少故事也令人动容。比如，首届“口述历史在中国”国际研讨会征文启事发出后，美国普林斯顿大学图书馆的专业馆员曹淑文女士受到启发，和家人一起为她的老父亲做口述历史采访，并提交了论文，而就在大会召开前夕，老人因病去世了。曹女士在给我们的邮件中写道：“这篇论文含着生命及情感。感谢组委会，是你们提供机会，促使我们记录下了不可再得的珍贵资料。”后来，曹家人又继续整理老母亲的生平资料，为父母两支续修家谱等，并连续投稿参与我们的会议。就这样，一个学术会议让曹氏族人更了解自己的家史，也把我们与一个大家庭连接起来。

我想这也是口述历史的意义所在。世界各地的每个家庭、个体都有故事在发生，我们能做的就是记录，或者收集这些回忆，并加以保存、整理和研究。

保尔·汤普逊（Paul Thompson，英国埃塞克斯大学荣休教授）

我从上世纪70年代开始从事口述历史工作，是欧洲最早开展口述历史研究的学者之一。40年前我出版《过去的声音：口述史》第一版的时候，只有美国、英国、意大利等少数国家先后开启了口述历史实践之门，随后口述历史的影响力才逐渐扩散至世界各地。

口述历史是一种非常重要的人类文化遗产，连接着过去、现在和未来，对于青少年教育和代际传承更是具有举足轻重的作用——因为要做好口述历史采访，不仅要学习如何倾听、提问和合理运用语言，还要学习相关的历史知识。通过学习背景知识可以让年轻人了解祖辈的过往和社会发展的历程，同时也获得理解他人，进而改变自己的机会，这个过程会使每个人的生命更加完整和丰富；此外，口述历史工作对录音、录像、影像编辑、网页制作及文件存档等技术都有一定要求，掌握这些知识和技术会让年轻人在社会基本技能方面得到拓展。

年长的人能轻易感知多年来生活中的各种变化，但对孩子们来说，去想象他们父辈祖辈的早期生活是困难的。口述历史，为父母和孩子或祖辈和孙辈之间达成理解提供了交流空间，使他们获得了解过去和感受时代变迁的宝贵机会。回顾口述历史人的历史，我们为已经做过的口述历史采访感到庆幸；因一些还没来得及收集，当事人却已离世的经历感到遗憾。而只有继续做口述历史，质疑和遗憾才有可能得到部分消解。

钱文忠(复旦大学教授)

我是做历史学研究的,本来并不关注口述历史。但记得是1984年,18岁的我已经有幸认识了很多老先生,也听他们口述了很多东西。但非常遗憾,当时没有将这些都记录下来。我很高兴现在追随崔永元先生,能够为口述历史摇旗呐喊,弥补自己当年的一些缺憾。

我曾在讲座上调查听众中有多少人知道自己曾祖父的名字,知道的人非常少。我想如果我们从自己做起,先回去问问自己家里的老人,一代一代追溯,弄清楚自己的血脉来源,个人记忆和民族历史就都能得到很好的保存和传承,更多的人也可以由此获得说话的机会。历史应该是非常多元的,应该是有多种角度的,应该是有多种叙述方式的。每个人的生命体验都是不同的,口述历史给了这种不同一个呈现的机会。

任何人都希望寻找真实。真实虽然不一定能寻找到,但却可以无穷接近。在无穷接近真实的过程中,我们就会明白:其实口述历史关乎每一个人,关乎一个家族,关乎一个民族,关乎一个国家,关乎一种文化,甚至于关乎整个人类。

托马斯·B. 戈尔德(Thomas B. Gold,美国加州大学伯克利分校教授)

1979年,我作为美国第一批公派留学生来到中国时,十一届三中全会刚结束不久,整个社会处在一场重大变革前期。虽然我的专业是汉语言文学,但是由于对中国的浓厚兴趣,我也和同学们一起做社会调查,对普通百姓进行访谈。通过三十多年的观察和研究,我深深感受到当代中国社会变化的快速和深刻。

作为社会学家,我们会收集各种类型的资料作为研究素材,比如学术报告、研究专著、回忆录、报纸、广播资料,甚至小说和电影,这样可以获得更广泛的了解。口述历史是一种非常重要的记录手段,可以让我们从微观层面了解不同个体的经历和观点,对于经历过重大变革的中国社会,做普通人口述历史访谈的意义就更为突出。

就个人而言,在母亲80岁的时候,我们三兄弟请了一位口述历史专家给她做访谈,留下了大约8小时的录音带。母亲的记忆可以说是一个宝库,我们家四代的情况她都非常清楚,我想这些保存下来的录音带将会成为我们家的传家宝。

在多年的学术研究中,我得到三点体会:第一,做研究要抱持开放的态度,要善于运用意想不到的资料和机会;第二,要站在访谈对象的角度,了解他们对世界、对社会的看法,不要把自己固定的框架和概念强加到研究对象身上;第三,要反思自己的角色,自己的人生观、价值观和思路,做自己的研究。

(嘉宾按姓名拼音首字母排序)

序二

第二届“口述历史在中国”国际研讨会专家评议节选

陈墨（中国电影资料馆研究员）

参会的论文体现了口述历史的多样性。口述历史应该被定义为对个人记忆的采集、收藏和开发利用，而个人记忆库是一个有丰富资源的图书馆，不同学科都可以从中获取资源。但同时，一些论文需要注意基本的学术规范。我们当然要从口述史的经验当中努力提升自己，努力把它概念化，而要概念化，仍必须建立在学术标准和规范之上。

旦赞·娜仁图雅（Danzan Narantuya，蒙古国立大学教授）

整体而言，各个领域的口述历史实践都非常值得肯定，但是这些实践都应该遵循社会科学研究的一般范式。首先，要明确研究目的，即这项研究是为了什么而做；其次，要理清达到这个目的的思路和方法，即从哪些人群中用什么方法获取资料；再次，要对相关的研究进行文献综述，即梳理和评价已有研究成果；最后，应对研究的结果进行总结，并采用适当的方法进行呈现。

定宜庄（中国社会科学院历史研究所研究员）

探讨纪录片运用在高校口述历史教育中的可能性，对推进学科建设与发展有重要意义，这在当前的口述史研究和教学当中确实是一个很重要、很值得关注的问题，也是口述史表现方式上新发展和新扩充的一个标志。影像能够将仅仅依靠声音和文字无法表达的新的文化形态更直观地表现出来，讲述者在屏幕上的表情能够充分调动观众的情绪、情感，给学生带来一种全新认知体验，过去的声音也变得有温度。

高海涛（中国传媒大学崔永元口述历史研究中心研究专员）

口述历史受访者的讲述内容往往涉及年代久远的历史，受访者表达时也常常使用动作、语气、语调等副语言，书面语言语法和口头语言语法也有区别，因此口述历史校注者必须结合各种手段使受访者的原意在文稿中得以体现，否则就会导致历史信息诠释得不完整和不准确。把口述内容整理成文稿的方法主要是去除讲述枝蔓，将同一件事情的不同讲述进行归类合并等。

郭晓明（中国传媒大学崔永元口述历史研究中心首席记者）

档案馆是口述历史资料采集、保存和研究工作中的一支重要队伍。高等院校的档案馆等机构对校史进行搜集的同时，在学生中开展口述历史实践活动，并在这个过程当中给予指导，不但是高校档案馆有益的业务拓展，也是一个难得的理论与实践结合的机会。建议工作开展过程中最好通过签署法律协议来约束双方。

赖素春（新加坡国家档案馆口述史中心高级研究员）

我是从事口述历史工作的，因此希望可以把口述史的概念厘清。尤其是在中国，口述历史正处于百花齐放的状态，非常多的领域都很愿意用口述史去做研究，现在已经有人专门修口述史的硕士学位。大家对此的定义越来越多，可能十年二十年以后就可以完全建构出中国特有的口述史的方法学，而未来的发展也就蕴藏在这些不同的定义和多样化的实践中。

雷颐（中国社会科学院近代史研究所研究员）

口述历史写作讨论的是口述历史资料的呈现方式问题，原始的口述历史音视频可以听到受访者的语气、语调或看到受访者的表情等，将声音转成文字有利于扩大其传播范围，但是口语直接转录成文字的阅读效果又会受到影响，因此对原始口述历史音视频资料文字化的问题进行探讨非常有意义。建议在整理出版口述历史写作作品时可以附上口述采访的原始记录，让读者有机会自己去体会。

保尔·汤普逊（Paul Thompson，英国埃塞克斯大学荣休教授）

对于口述历史来说，更重要的是实际操作层面的研究。即我们需要把重点更多地放在如何从一个群体的共性当中提炼出需要的采访对象，如何去采访他们，或者寻找不同的人群去倾听同一个事件的不同声音。那么这是一个“how”（怎么做）的问题，而不是首先从理论上探讨它到底在多大程度上有多么的可靠，或者有多么的不可靠。这也重要，但是在我看来，我们应该如何去采访他们显得更为重要。

托马斯·B. 戈尔德(Thomas B. Gold,美国加州大学伯克利分校教授)

论文中提出在学生中开展口述历史项目的做法非常值得肯定。在加州大学伯克利分校也有类似尝试:设立一个研究项目,开放学生申请,并领导和监督学生采访的过程,实践证明团队合作和定期分享及总结对学生的成长非常有益。鼓励学生拍摄口述历史纪录片是很好的教学方法,建议在实施过程中注意主题内容和历史背景的关系。

杨祥银(温州大学口述历史研究所所长)

第一,口述历史仍应以实践为先,与其记录一个人的一百个小时,不如一百个人每人记录一小时,因为口述历史的影响力真的是基于量的积累。第二,口述历史理论的深化需要引入跨学科的概念,这既包括口述历史对其他学科产生的影响,也要求口述历史接纳并吸收其他领域的理论和方法。第三,口述历史教育应该在院校尽快开展起来,课程要结合学生的口述历史实践,而不是单一地去传授口述历史的理论和方法。在学生中播撒"口述历史"的种子,对于今天的中国非常重要。第四,加强论文撰写的学术规范意识。只有这样,中国口述历史的发展之路才能走得更好。

张钧(口述历史学者)

从不同论文中涉及的项目可以看出,口述历史的方法正在应用于各种不同领域,尤其是探寻家族口述史的行动让人感佩。可以将运用口述历史方法的过程和细节进行更为全面的阐述,会对其他人更有借鉴意义。项目研究中获得的口述历史访谈资料应该保存起来,同时把已有的现成的口述历史资料应用起来,这是比较重要的一点。

（专家按姓名拼音首字母排序）

Ⅰ　口述历史理论探讨

Discussion on Oral History Theories

论口述历史证据可靠性的言语记录本位

◎张　锦[1]

摘　要:

既往的口述史学理论研究中,在口述历史可靠性受到质疑时通常采取强调一切材料主观性的相对主义辩护策略,这种做法缺乏理论建构,甚至可能产生严重的社会后果。系统的口述历史证据理论对于口述史学理论建构具有重要意义,无论是对于档案型口述历史还是社会史家型口述历史而言都是如此,进一步地,该理论还可能弥合两者之间的分歧。言语记录本位是这一证据理论的起点和核心,它可以帮助阐明口述历史证据与其他史料证据,特别是一般档案证据之间异同的实质。本文初步从记录与前提、记录与事件、记录与历史烙印、记录与言语、记录与纪录等多个维度阐述言语记录本位的内涵,进一步阐述言语与言语记录可靠性多个方面的层次性:目标史实的转述层次、表层语义与深层语义、文字档案言语与口述言语、有意识的言语表达与无意识的言语表达、存档的言语表达与大众传播的言语表达。

关键词:

口述历史;证据理论;档案型口述历史;言语记录本位

On Speech Recording Standard for the Reliability of Oral History Evidence

◎　Zhang Jin

Abstract:

When the reliability of oral history is questioned, previous oral history theory constructions were inclined to apply a relativism defending strategy taking emphasis on the subjectivity of the all materials with the lack of theoretical construction and even having serious consequences for the social credit and academic foundation. Theoretical system of oral history evidence is of great significance for oral history theory construction, both for the archival oral history and social historian's oral history, in turn, bridging the divergence between them. Speech Record Standard could play a good job as the starting point and the core of the evidence theory, at the same time,

---

〔1〕 作者简介:张锦(1967—),男,中国电影资料馆(中国电影艺术研究中心)研究员,三硕士,研究方向:电影档案(视听档案)、纪录片、电影创作理论、外国电影研究、中国电影史等。

clearing the similarities and differences between the evidence of oral history and other historical evidence, especially the normal archival evidence. The meaning of Speech Record Standard has been accessed preliminary from multiple dimensions such as Recording and Presupposition, Recording and Events, Recording and Historical Imprints, Recording and Speech, Recording and Documenting, further expounds the hierarchy of the speech and speech recording for Oral History: The Hierarchy of Reporting for Aiming Event, Denotative & Connotative Meaning, Archival Speech and Oral History Speech, Conscious and Unconscious Expression, Expression for Archiving and for Mass Communication.

Keywords:

Oral History; Evidence Theory; Archival Oral History; Speech Record Standard

对口述历史之历史颇有研究的美国学者丽贝卡·夏普利斯(Rebecca Sharpless)曾提到:"现代口述历史运动的参与者们很喜欢凝视其古代的起源,常常会愉悦地指出,在书写文字诞生之前,所有的历史(记录)都是口头的(或口述的)。"[1] 看来对这种"古已有之"的执着中外皆有。不过,很少有口述史学者在这里提到,传统上依据口头证据这种"道听途说"来源的历史书写或探究在学术化的历史学诞生之后并不是一个值得夸耀的传统。事实上,学术化的史学——相对主流的观点是兰克史学——的诞生基础很大程度上就是对道听途说的口头传统的摒弃从而走向"科学化"。毫不奇怪,笔者曾经提到:

> 中外很多学者,例如丽贝卡·夏普利斯和王宇英等人都提到:"口述史的合法地位至今还没有得到史学界的公认,仍然有历史学家认为不以文字史料为依据的历史不是严谨的、令人满意的历史,他们怀疑口述历史的可信性,认为口述史料的来源并不是历史现场的即时痕迹,而是当事人若干年后的回忆……"[2]

因此,口述历史的目的,无论是作为历史陈述的真实性还是作为档案史料的可靠性,始终都是其最为关键的要害而颇受诟病,也是口述历史实践力图得到正统史学界承认的核心乃至首要问题,也几乎是任何一个口述史学者在论述中不可回避的问题。笔者此前曾在相关的论著中系统地阐述过将现代口述历史实践视为一场视听时代档案纪录覆盖范

---

[1] Rebecca Sharpless, "The History of Oral History" in Charlton and T. L.(eds.), *Handbook of Oral History* (Lanham, MD: Altamira Press, 2006), p.19.

[2] 张锦:《再论作为视听档案实践的口述历史本体》,载林卉、刘英力主编《口述历史在中国(第一辑):多元化视角与应用》,桂林:广西师范大学出版社,2016,第19页。引文转引自王宇英:《当代中国口述史:为何与何为》,北京:中国大百科全书出版社,2012,第2页。

围的扩展,[1]并以此建立针对实践的理论体系,而档案系统的本质,便是建立社会记忆的可靠性证据体系,因此,口述历史的证据理论便是其关键的一环。在此,笔者首先确立言语记录作为口述历史证据可靠性的基点,也是证据理论的起点与核心。

1 口述历史作为证据

针对口述历史可靠性的学界质疑,口述史界常用的应对策略是指出各类以文字为基础的传统文献史料也同样不可靠,甚至包括档案材料:"既然所有的历史论证方式,无论是档案、公开传播资料,包括口述历史,都有可能有它的短板的话,那么我们都可以采取相信或者不相信的态度,应该同等对待。"(崔永元语)美国口述史学家唐纳德·里奇(Donald A. Richie)在论述口述证据的时候,也开宗明义地提到:

> 处理口述历史要像处理任何其他形式的证据一样严肃谨慎。及时记载的史料有其直接性,也不受后续事件的影响;但是那些史料会不完整,夹杂错误,甚至是写来混淆视听、误导他人的。[2]

他接着举了一个白宫备忘录中子虚乌有的记录作为例子,来导出一个引用档案表达出错的结论:"一则引以为戒的故事——不去质疑核对出处而依赖档案馆的资料。"[3]当然,还有被引用得最多的是来自口述历史"欧洲派"的英国学者保尔·汤普逊(Paul Thompson)的一段著名论断:

> 来自人类感知的每一种历史资料来源都是主观的,但是只有口头资料来源容许我们向这一主观性提出挑战:去拆开一层层记忆,向后挖掘到记忆的深处,希望达到隐藏的真理。[4]

尽管如此,保尔·汤普逊的观点仍然被一些文化研究者质疑为经验主义与实证主义,

---

[1] 比较系统的阐述可参见张锦:《电影作为档案》,北京:知识产权出版社,2011。

[2] [美]唐纳德·里奇:《大家来做口述历史:实务指南》(第二版),王芝芝、姚力译,北京:当代中国出版社,2006,第111页。

[3] [美]唐纳德·里奇:《大家来做口述历史:实务指南》(第二版),第112页。这段话里奇引自Lewis L. Gould (ed.), *Watching Television Come of Age: The New York Times Review by Jack Gould* (Austin: University of Texas Press, 2002), p.21.

[4] [英]保尔·汤普逊:《过去的声音:口述史》,覃方明等译,沈阳:辽宁教育出版社,2000,第184页。

因为“他对(口述)访谈精确性的强调以及不愿意将口述历史视为一种文化产品”[1],从而暴露出他将口述历史访谈视为一种“资料”(data)的观念。那么反过来说,相当一批口述史家并不愿意将口述历史访谈视为一种档案资料与历史证据,而更希望将其作为文化产品或文化研究的“本文”(text)。

哥伦比亚大学口述历史研究室前主任、美国口述历史协会前主席罗纳德·格雷尔(Ronald J. Grelc)正是在此将口述历史实践区分为两种类型,即主要分布于美国的档案型(Archival)与主要分布于欧洲的社会史家型(Social Historian's),保尔·汤普逊其实是后者的代表,而唐纳德·里奇则相对属于前一类。当然,这里的“社会史家”并不等同于20世纪60年代激进主义运动之前关注普通人日常生活的那些传统历史学者,他们更多是原来活跃的政治活动家转而进入历史学界——这个历史学界与我们前述的“正统的”历史学界并不是一个重合或从属的概念。相反,恐怕在格雷尔看来,反倒是档案型口述历史距离正统的学术界更近。社会史家与同时期的西方马克思主义、欧洲媒介研究以及英国文化研究更具亲缘,力图将历史还给人民,用草根历史书写来替代精英历史,从而更愿意将口述历史作为对抗传统官方历史话语霸权的意识形态、政治运动乃至社区疗伤的工具,特别是还要利用大众传媒。

笔者始终在论述将口述历史作为视听档案实践的思路,那么毫无疑问基本的观念属于格雷尔所说的档案观(这里与多学科、跨领域研究问题无关,仅仅是一个实践活动定位的问题,同样需要跨学科研究)。在论述过程中,笔者曾提到有口述史学学者将口述历史分为两个阶段:档案阶段与类似于社会历史运动阶段,并因为后一阶段的后发兴起而否定前者的属性。笔者赞同格雷尔的看法,将两种口述历史观视为两种思路而不是两个阶段。事实上格雷尔也分别提到两者并没有截然的分界。例如他提到保尔·汤普逊并不是这一口述史观中唯一持有证据理念的学者,甚至还有更突出者如现代口述历史的发起者艾伦·内文斯(Allan Nevins)那样,声称口述历史的“采访人责无旁贷,通过严格的交叉验证获取清晰明确和诚实的回答也是其职责”[2]。而笔者的论证实际并非驳倒另一派的观念,而是一种以档案观为基础融合彼此的企图。文章开始的基本命题表述包含了解决两种观念鸿沟的解释模型,例如笔者曾否认社会历史观所持有的口述历史“人民性”而替之以“个体性”,让口述历史实践重归“工具性”(instrumental),人民性只不过因为此种工具低廉的成本而能够更好地为弱势群体利用而已,从而将之归属为一个工具利用的问题。社会历史观对档案观最主要的批评——口述文本与历史记录的主观性,则归入整个学术共同体,包含档案学与历史学在20世纪60年代以后共同经历的后现代主义解构转向,而不是只看

---

[1] Ronald J. Grele, “Oral History as Evidence” in Charlton and T. L.(eds.), *Handbook of Oral History* (Lanham, MD: Altamira Press, 2006), p.53.

[2] Ibid.

到自身领域革新的狭隘视野对另一方因刻板印象导致的简单否定。事实上笔者提到过，无论是档案学理论在20世纪后半期的社会记忆构建转向及其对档案绝对客观理性神话的解构（笔者正是在此基础上重构档案学基础理论，并使之兼容口述历史，从而解决其主动记录的档案属性），还是档案实践同期不断发展的平民档案运动，都并不外在于这个时期的学术共同体，所谓"档案机构就是提供实际资料"的看法并不比"图书馆工作就是出纳台借书还书"更超脱于使用者的普通视角。此外，笔者也长期是档案信息大众传播的极力推动者。

不过，融合并不意味着全盘包容，否则就不会有两种观念的碰撞。如同需要摒弃传统档案观那种机械证据观念一样，我们也要避免另一种更加不利于这个事业的倾向，即走向相对主义与历史虚无主义，而且这样的历史虚无主义对口述历史无论是访谈环节，还是读解与作为史料利用的环节都有重要的影响。既然所有的史料都是主观的，那么口述是否就可以随意讲述从而放弃口述历史实践作为人工设计的历史真相调查活动的求真本性？口述历史材料是否也可以随意地被相对主义解读？甚至反过来，既然所有的史料都是主观的，那么一切历史的书写是否也都是主观的并且可以被书写者主观杜撰，因为"一切历史都是当代史"？

当我们用其他史料的主观性来回应传统史学的质疑时，其实这并没有解决口述史料的地位问题。因为这一逻辑的前提是，传统史学对文字史料的主观性是不加质疑的。事实上，利奥波德·冯·兰克（Leopold von Ranke）的工作作为历史学形成的标志，并不在于他对档案材料的简单搬运与"述而不作"，而是"提出了一整套史料批评方法。他认为，史料根据来源的不同，可以分为第一手史料和第二手史料……"[1] 而且他的所谓第一手史料，其实就包含了类似口述历史的事实认识层次中的事件亲历者，而且"兰克史学方法论应包含三方面：一是重视对历史资料的考证……"[2] 根本上说，20世纪后新史学范式对兰克范式的替代，也并不在于摒弃其实证主义或一些学者认为更准确的客观主义传统，主要是史学研究范围的扩大以及史学功能的改变——正如爱德华·卡尔（E. H. Carr）在《历史是什么》[3] 中所说的那样，历史学更重要的工作是要研究历史而不是书写历史。"20世纪西方史学和兰克史学的关系并不是一个阶段简单地否定另一个阶段的关系，而是批判和继承的关系。"[4] 因此文字文献的主观性等复杂的问题并不足以反过来证明口头史料的正当性和可利用性。

---

[1] 李刚：《19世纪欧洲史学的档案研究传统——以兰克史学为例》，《档案学研究》2008年第2期，第17页。

[2] 侯树栋：《20世纪西方史学对兰克史学的批判与继承》，《史学月刊》1999年第2期，第99页。

[3] [英]爱德华·卡尔：《历史是什么》，陈恒译，北京：商务印书馆，2007。

[4] 侯树栋：《20世纪西方史学对兰克史学的批判与继承》，《史学月刊》1999年第2期，第98页。

从另一个角度来说，社会史家的口述历史将反精英历史作为其立场当然有其正当性，但这种正当性并不意味着对历史陈述或历史证据及其真实可靠性的忽视乃至蔑视，否则在我们调整了精英主义历史话语霸权的偏差的同时，将陷入并不比它更正义的非理性的民粹主义历史话语暴力。虽然“大家都来做口述历史”是一个值得推广的口号，但并不意味着因口述全民性而心安自得，从而否认口述历史质量高低及其衡量标准，进而从根本上消解口述历史的存在价值。实际上，在格雷尔看来，无论是档案型的口述历史还是社会史家型的口述历史，都有意无意地将口述历史最后的出版物例如口述自传的出版作为自己的成绩，其中隐含着两者的一个相似点：“因为口述历史到那时为止仍然被视为一种边缘实践，所以在两种情况中都存在一种防卫型的姿态，以向学术专业的传统核心表明其有用性来寻求特定的地位。”[1]

当然，在格雷尔看来，很多社会史家，特别是社会史家的激进主义观念使得他们对口述历史越来越多的学术目的的使用表现出犹豫，因为他们担心这会导致口述历史对普通人来说变得遥不可及，而且“学术出版物所使用语言的抽象性以及高昂代价，都给有效的政治诉求设置了障碍”[2]。然而这些顾虑并不意味着可以抛弃对证据的要求，相关策略也应从其他方面加以探索，而且更进一步要求探索应对口述历史特征同时兼容一般的证据理论，也是口述历史生存的先决条件。实际上，众多弱势群体的口述历史，甚至受害人的口述历史如南京大屠杀幸存者口述历史、“慰安妇”口述历史等，其根本目的仍然是提供容易被主流历史遗忘的那些历史事件存在的证据。

2 口述历史证据与一般档案证据

前面所引述的唐纳德·里奇与保尔·汤普逊等学者关于其他史料主观性的表述并无逻辑漏洞，但尚无足够证明力来解释史学传统对口头史料的传统轻视并做出回应。强调主观性而不解决其可靠性的部分，始终只能是一种防卫型的辩解而不是建设性的理论建构，从而导致可能出现的相对主义倾向——甚至并非只是可能。[3]

另一方面，这样的表述还可能导致更严峻的社会问题：对整个社会证据体系乃至可靠性的怀疑。现代学术的转向，包括托马斯·库恩的范式理论，的确让我们认识到过去科学主义的可能偏向，但反过来，我们往往不容易注意到我们可能走向另一个极端，我们不再

---

[1] Ronald J. Grele, “Oral History as Evidence” in Charlton and T. L. (eds.), *Handbook of Oral History*, p.52.

[2] Ibid, p.55.

[3] 这一点可通过近年来国内出版界口述历史图书的乱象看出。详情可见王宇英：《近年来口述史研究的热点审视及其态势》，《重庆社会科学》2011 年第 5 期，第 107—110 页。

相信相对稳定的以及相对更可以达成最大共识的科学——事实上科学主义本身就背离科学精神。当我们相信一切史料——特别是档案的主观性，抛弃卡尔所抨击的历史客观决定主义时，可能很少有人会注意到，档案材料的首要目标并非是用于历史书写的证据材料进而参与意识形态的斗争，它首先是政务查考的凭证，是维持一个社会、政府或集体正常运转的极为关键的记忆工具；很少有人会注意到档案的本质就是原始凭证性，以及伴随整个人类历史为凭证体系的可靠性所做出的努力。毕竟，记忆的可靠性才是矛盾的主要方面，否则就丝毫谈不上人类文明的产生，也否定了学术本身，包括历史学学术本身。

英国历史学家约翰·托什(John Tosh)在其《史学导论》第三版序言一开始就明确其理论所论述的"历史"的具体含义："在日常用语中，'历史'一词包含两种意义。它既指在过去实际发生的现象，也指在历史学家的著述中对那种过去发生的现象的记述。本书是为第二种意义的历史撰写的导论。"[1] 在笔者看来，即便是主观唯心主义也并没有否认一个纯粹客观的世界的存在，只不过这个纯粹的客观世界与我们无关，所有我们认识的世界都已经是被我们主观所干预过的世界。对于历史来说，这种主观性更多体现的是我们对史实的选择、看法以及对其真实认识的可能性，而不是否认客观史实的存在。[2] 很多人在此区分事实判断与价值判断两个概念。笔者曾列出四个从纯客观到纯主观过渡的连续概念集：史实—史料—史述—史评。其中在主客观之间起关联作用的主要是史料。史料既然能够联系主客观，那么总有一些客观性的成分。

尽管我们在证据理论上不必强调"确证"而是强调"确信"，但这种"确信"的确需要相应的实证与科学来获得尽可能大的共识而非相对主义的阐释。美国电影学者大卫·波德维尔(David Bordwell)曾这样批评过相对主义：

> 一个染上流感的后现代主义者跑向医院的速度绝不会比其他任何人慢一点点。医生的诊断是可靠的，因为其背后是生命科学领域成千上万专家的研究，它不会被当作一种文化偏见的解读而被拒绝接受，或者作为一个阅读文本而被怀疑。……仅仅只有在讨论会(或者讲道台)上，科学才被深深地怀疑。[3]

他相信，就算科学仅仅是众多话语中的一个，也是能达成最大共识的那一个。实际上，恐怕越是到实际操作的领域，越是如此，例如在司法领域，证据的相对主义可能导致整

[1] [英]约翰·托什：《史学导论：现代历史学的目标、方法和新方向》，吴英译，北京：北京大学出版社，2007，第 xviii 页。

[2] 卡尔曾论述过历史事实的主观性，即历史事实也只不过是被历史学家或当初历史记录之人所挑选出来的历史事实——历史记录或书写中的事实。本文中是指过去实际发生的事实。

[3] [美]大卫·波德维尔：《电影诗学》，张锦译，桂林：广西师范大学出版社，2010，第 15 页。

个社会法制体系的崩塌，被砸中的，首先是草根而不是精英。

其实口头证据在司法上也同样受到质疑，在中国延续数千年的口供原则，直到上个世纪末才基本终止，这被认为是历史的进步而不是相反。而司法领域的口供在诸多因素上均与口述历史极为相似（事实上，在口述历史实践中将此视为类似审讯的受访人并非个例）：有人询问，有人讲述（内容关于历史），甚至还有人记录，而且还有比口述历史更严格的追求真相的意图与处罚伪证的法律保障。口供法学者樊崇义认为口供原则少有的合理性不过在于证据资源水平的不足，[1] 这与笔者曾提到的档案纪录系统覆盖面也与制度成本有关一样。

有趣的是，我国《刑事诉讼法》第五十五条规定："对一切案件的判处都要重证据，重调查研究，不轻信口供。只有被告人供述，没有其他证据的，不能认定被告人有罪和处以刑罚；没有被告人供述，证据确实、充分的，可以认定被告人有罪和处以刑罚。"[2] 这样的表述甚至在一定程度上将口头陈述与证据并置对立起来，似乎说明口述就不是证据。当然，实际并非如此，在诸多表述中，口供仍然是证据的种类之一，只不过这里的"口供"差不多指的是"供词记录"。我们知道，口供记录是司法档案的重要组成部分，但它何以成为档案？其可靠性在什么地方？

此处并非论述司法证据问题，简言之，与口供对应的证据种类是"物证"。物证的关键除了直接相关案情，还有物的外形。作为证据，以物的依托来固化信息，便是题中之义。笔者的文献观的表述有几个要素，其中之一便是信息的固化。很显然，没有记录的口供乃至人证的信息是非固化的、动态的，但记录之后不仅有物的依托，而且也达成了信息的固化，因而记录是使其证据性质改变的关键。这也是我们思考和建构口述历史证据理论的起点。实际上，表面内涵明确的口述历史可以区分为两个概念：真正的口头陈述和口头陈述的记录——这种记录从基本的信息表达上就已经不是"口头的"(oral)了，而跟原始记录直接相关的文献概念是档案。

"档案是社会生活中最真实可靠的原始记录，这是档案之所以重要、之所以被人们重视并保存的根本原因。"[3] 档案学界对这个涉及档案立身之本的问题早有解释，如冯惠玲、张辑哲在档案学教材中提到：

> 但档案的真实可靠性尤其是其内容的真实可靠性并不是绝对的，它只是与其他信息相比较而言是最真实、可靠的。不能将其与其所记录的历史事实本身混为一谈，

---

[1] 樊崇义、陈永生：《从口供本位到物证本位》，《检察实践》2000 年第 3 期，第 1—4 页。

[2] 参考中国人大网：http://www.npc.gov.cn/npc/xinwen/2018－11/05/content_2065631.htm，最后访问时间：2018 年 11 月 6 日。

[3] 张锦：《电影作为档案》，第 133 页。

更不能将其与真理意义上的是非对错混为一谈……档案的真实可靠性至少有两个层面的含义：一是档案的内容若没有失实、歪曲、作伪之处，那么在对同一历史事实均有记载的各种信息中，是最真实、最可靠的，因为它是最直接的原始记录，承载的是原生信息……二是档案有失实、歪曲、作伪乃至伪造之处，那么其失实、歪曲、作伪乃至伪造这一客观事实也恰恰是由档案这一实存形态来予以记录、固化并示之于世人的，它依然有其另一意义上的真实性与可靠性。可见，从这层意义上说：档案只要其自身存在就没有“假”的，而都是“真”的，“假”的也是“真”的。[1]

笔者曾将这里的“另一意义上的真实性与可靠性”理论化为“记录真实”，而记录依托于物化，即便是在数字时代也没有根本的改变。格雷尔总结过一位社会史家对口述历史证据观念的批评：“很清楚，这就要求口述史家重新思考其实践，将证据理论从关于历史事件的资料(data)搜寻上超越出来，不得不考虑采访人与受访人之间的动态的与对话的关系，这个过程创造的只能称之为一个‘本文’(text)。”[2] 这本身是对档案证据的误解，因为档案证据并不否认动态与对话的关系，而且笔者也曾多次论述过档案也是一种历史陈述与叙事，从这一意义来说，档案文本(无论是单一文本还是文本集合)同样可以作为文化研究的“本文”。那种从计算机传统二维的关系数据库中机械地抽出可靠无误数据(data)的情况，只存在于一个完全人工设定的环境之中。

因此，口述与否并不重要，重要的在于记录物态的固化过程。这或许是英文术语“Oral History”产生的一个误导，不仅“History”没有更清晰地区分历史陈述与历史记录，也让众多学者将注意力投向了“口头的”，在文字文献传统的强大压力下，慌忙去辩解“口头的”与“文字的”之间的共性与差异。事实上，他们并没有意识到，不同的文字记录之间以及不同的口头传承之间的差异远远大于它们彼此之间的差异。正如我曾论述过的，传统的口耳相传与中国史官的记注传统，相当大一部分与口述历史并无亲缘关系，而是后来文字档案系统在非文字社会中的存在形式。这也是大多数口述史学者难以区分口述传统(Oral Tradition)与口述历史(Oral History)的根本原因之一。

因此，我们有必要去追究“记录”领域不同的内涵。

唐纳德·里奇在这个问题上论述相对较少，除了前面引用的关于官方及时记录的子虚乌有，仅仅提到“及时记载册籍的文字叙述，未必就比日后回想时所写的证言来得更真实。无论手写或口述，证据都必须具有说服力并且要经得起核实查证”[3]。然后便通过

[1] 冯惠玲、张辑哲：《档案学概论》(第二版)，北京：中国人民大学出版社，2006，第10页。

[2] Ronald J. Grele, “Oral History as Evidence” in Charlton and T. L.(eds.), *Handbook of Oral History*, pp.456－457.

[3] [美]唐纳德·里奇：《大家来做口述历史：实务指南》(第二版)，第112页。

区分“差劲的口述历史”与“出色的访谈”来说明好的口述历史如何让“口述历史立足”，因为它能提供多少文字文献所不具有的证据或细节。关于可靠性，唐纳德·里奇虽然没有给出实质性的论述，甚至体现出前述为社会史家型口述历史所批评的典型档案型口述历史的缺陷，但的确将口述历史内容可靠性引向一种档案意图，从而达到前述冯惠玲、张辑哲所提到的相比其他记录来说“相对最真实、最可靠”的程度，这一点相当重要。另外，他很有意思地打破了手写与口述在这个问题上的界限，因此关注的维度需要投向其他地方。

保尔·汤普逊在这方面有更多的思考乃至灼见，在谈到口述历史作为证据与其他的文献证据之间的关系的时候，认识到了它的独特性：

> 如果口头资料来源确实可以传达“可靠的”信息，那么，将它们当作“不过是另一种文献”来对待，就是忽视它们作为主观的、言谈的证据所具有的特殊价值。[1]

然而他在接下来的论述中，却基本上是对不同文字记录（原始的和非原始的、用于大众传播以及存档等各种目的）——包括报纸、社会调查等的统计资料、书信、登记资料和档案：契约、协定、账目、劳工小册子、信件，以及照片和影片——的主观性的分析。这些分析基本上集中于这些记录内容对真实现象的陈述所缺乏的可靠性，这种可靠性似乎意味着记录内容可以直接作为史实的陈述（如同数据）而不是记录本身的真实性，如报纸（在今天甚至连普通人都可以轻易地质疑报纸报道内容的真实性）等，因而并没有进一步确认他论述之始所提到的“它们作为主观的、言谈的证据”，实际在这一点上口述历史与那些回忆性的文字记录并没有本质的区别。甚至他已经很敏锐地注意到这些记录中大多是“回忆性的记录”，即便在其实际举例中，也无意识地涉及了回忆期较长（如同口述历史）和回忆期较短（包括事件现场的及时记录）的例子。他甚至还明确地提到：“原始沟通是口头的，所以口头录音提供了最精确的文献。相反，当原始资料自身是书面沟通时，像一封信，那么文字的信件仍然是最好的记录。”[2] 但这没有引起他足够的重视并做出理论化命题，反而直击档案证据真实性的一个重要问题——回忆性的文字记录与文字记录本身作为历史碎片所产生的可靠性，如同原始书信般的官方文书。而他在提到这些档案材料的可靠性时，却把论述的焦点转向了这些材料来源的选择主观性。卡尔已经很明确地表述过了这一主观性，而且我们也已经提到这是另一个层面的问题。甚至汤普逊论述口述历史证据开宗明义时提到的证据可靠性第一点，即首先保证这些材料的真实性也是另一个层面的问题，甚至也有相应的实践应对，因为我们这里的论述所预设的逻辑前提，就是这份材料是其所

---

[1] [英]保尔·汤普逊：《过去的声音：口述史》，第125页。
[2] [英]保尔·汤普逊：《过去的声音：口述史》，第134页。

声称的材料。

笔者曾详细论述过，文字档案是将古代记注传统中两大记注类型——记言与记事通过文字的物化作用全部记言化，包括记事的记言化，以及所进行的可靠性体制建构。其中包括主流文书档案让记录本身作为历史事件的物化存留从而保证历史事实的近乎绝对真实可靠；也包括回忆性的主动存档，同时通过一系列的档案体制措施确保其最大可能的真实可靠性。毕竟，一般化的历史陈述失实最多算作道德问题，有些甚至因言论自由受到保护，而档案记录失实有时甚至会追究刑事责任。

现代口述历史是视听纪录时代档案记言传统的延续——言语记录。

3 言语记录本位的内涵

言语记录本位的确立，是这一口述历史证据理论尝试的起点。当我们通过反思一切史料都具有的主观性来反证口述历史的可靠性与可用性的时候，也打破了一般证据的基础，即一切证据都需要我们的进一步深究，“去拆开一层层记忆，向后挖掘到记忆的深处，希望达到隐藏的真理”，至于如何去深究，则是一个具体问题具体分析的过程。但我们所有的分析都应该有一个共同的逻辑基础，即我们总有一个值得信赖的基础，以此为起点，无论是回溯访谈策略、文本处理流程还是解读方式，都可以相对自由地前后延展，乃至进一步发展口述历史特有的证据理论，从而为口述历史可靠性分析取得一定的共同模型。

言语记录本位的基本表述，是口述历史记录，至少是现象层面上的口述历史访谈现场的原始记录，是访谈中非书面陈述言语的固化形态——这个记录当然是指现场的原始视听记录而非文字抄本甚至公开的出版物与播出物，从而使得所记录的言语具有近乎无可争辩的真实可靠性。简言之，可靠性主要体现于口述访谈双方述说过什么并以怎样的方式述说，而不是他或她所述说的实质内容是否真实。

当然，我们在这里需要防止两种针对口述访谈言语内容真实性的极端化态度。首先，我们不能因为言语的主观性而否定口述历史乃至个人记忆总体上的可靠性；其次，尽管口述内容从基本层面上来说是可信的，但从证据的可靠性来说，毕竟我们更关注的是其不可信的那一小部分。

3.1 记录与前提

这一命题的前提，如同其他包括档案在内的史料一样，“首先保证这一文献是可信的：它就是它声称所是的东西，而不是后来的伪造”[1]。对于口述历史来说，这个问题包括两

[1] [英]保尔·汤普逊：《过去的声音：口述史》，第125页。

个层面：一是记录材料完全伪造或部分伪造，例如对口述的重新配音等技术性、主动性作假；二是访谈所记录的口述人真实身份与所声称的身份之间的背离，包括受访人的冒名顶替或采访人的张冠李戴。

笔者曾对一位日据时期的电影人进行访谈，老人声称自己是当时采用笔名的某著名编剧，但在其他公开出版物中，另一位老人则声称该编剧的真实身份是另一人，为此，笔者耗费大量时间精力去考证受访人的身份，尽管最终证明口述人就是其所声称的人。这两个层次仍然按照主观与客观、被动与主动分层，形成更加复杂的情况，笔者稍后就此进行论述。

正如前述，从逻辑上说，这实际是另一个层面的问题，尽管我们仍然可以通过一系列的档案措施来施加控制，例如按照笔者的实践习惯，每次访谈开始都会先让受访人列举出其使用过的所有姓名以及实际出生日期，并且在每一盘磁带的技术性标板——彩条之后，录制采访人关于访谈基本信息（如采访时间、地点、采访人、受访人以及磁带盘序等内容）的声音作为内容标板，从而避免后续工作流程导致的著录错误。至于技术上的篡改，对于视听材料来说也比文字档案乃至纸质档案要更困难一些，这也是视听记录实际成本比纸质档案更加低廉的原因。也因此，口述历史记录的档案保存是一个非常重要的环节。另外，即便作假，也因着这种物化而可被记录在案。

3.2 记录与事件

口述历史记录的对象首先是访谈现场发生的访谈事件，尽管这一事件是一次“言语事件”，正如陈墨所提到的那样：“（口述历史）它是一种言语活动，由采访人与受访人对话交流和协商建构。”事实上，当他讨论口述历史的语言学维度时，隐含的前提便是言语记录本身的真实可靠性。[1] 不同于文字档案将记事记言化，视听媒介是反过来将记言记事化。现场事件的全息信息，包括言语的环境，是其可靠性的一大保证。这一事件的发生，与主流的文书档案不同，不是历史事件本身，而是为追溯历史真相而主动发起的回忆性事件。如同新闻媒体的“媒介事件”一样，口述历史事件是“档案事件”。

当然，这一言语事件是一种多重主体建构的结果，而多重主体通过访谈双方共同体现，从而表现出不同程度的主观性，如社会环境的压力、现实利益的考虑，以及对未来历史书写与评价的期待等。这一点在众多口述史学研究中已经相当清楚，而言语记录本位则意味着口述历史记录将这一主观性与主体建构的表象真实地记录下来。

尽管如此，根据此逻辑，在口述历史访谈的整个过程中，应该正视、展示、控制这一主体性，尽可能逼近历史真实。这一档案事件的言语交流，毕竟是一种受控的口头交流，追

---

〔1〕 陈墨：《口述史学研究：多学科视角》，北京：人民出版社，2015，第 234 页。

寻历史的真相与细节是其最根本的目的，意识形态的斗争只不过是这一根本目的在特定环境下的表现而已，而单纯的意识形态工具其实并不怎么需要这种访谈调查的形式，采用回忆录乃至艺术的形式或许更诚实、更有力量。

3.3 记录与历史烙印

因此，对于现代口述历史言语事件的实质，笔者曾根据档案系统“铭记未来”的术语进一步特殊化为：追寻过去，记录当下，铭记未来。即档案系统本身是对当下的记录而不是记录历史，记录的目的是未来——哪些记忆应该被未来所铭刻，而口述历史的特点是所记录的对象虽然直接表现为当下的言语事件，但实质是个体关于过去的记忆，言语只不过是记录记忆的媒介而已。访谈实践从对历史记忆的深究与对话中，除了记录当下，更重要的是尽可能多地保留历史的遗留痕迹。

笔者曾详细论述过，记忆如同完全的口述，也是一个不断变化乃至瞬息即逝的信息过程，也正因为如此才有档案记录的必要。语言是意识的外壳，口述历史的言语则是访谈记忆过程的表征——笔者曾提到“记忆”作为动词实则是“记”和“忆”两个过程，历史事件过去之后头脑中始终在进行记、忆的循环，而记录的过程实则为“忆”，是对作为名词的“记忆”的搜寻与即时信息组织的过程，作为名词的“记忆”则不可避免地具有长期演变的痕迹——既有在目标历史事件与当下访谈事件的时间区间中的变化，也有近乎不变的相对静止，而这种相对静止其实也是变化的一种。

一位老人曾至少与台湾日据时期的日伪“满映”与“华影”、国民政府及共产党地下组织有过密切交往。笔者在对老人进行访谈的过程中，曾对他常常将话题自觉地转向详述自己与国民党政府之间的交往经过，而略述甚至遗忘笔者更关心的他在日伪时期的经历感到难以理解。后来笔者对其人事档案进行调查之后，差不多已经推导出他这一反常现象的原因：由于历史问题复杂，受访人在1949年后经受过历次政治运动的反复审查，其中他在日伪时期的汉奸嫌疑早在1955年即已由组织做出明确的排除嫌疑结论，但其与国民党特务组织之间的联系直到“文化大革命”期间还在被不停审问，并在此后得以平反。受访人的言语结构真实地反映了这一审查对其记忆所刻下的烙印。与之相似的例子还有，笔者访谈一位中苏混血老电影人的时候，对方同样总是反复唠叨她的苏联国籍问题，直到后来才从其亲友那里得知，她曾长期因中苏双重国籍而被审查。

另一个例子是笔者曾访谈的一位东北老电影人，在谈到当年闯关东去韩国的经历时，他总是将韩国表述为“南朝鲜”。这一表述其实对于老人来说是一个非常普遍的现象，毕竟这个名称即便是在官方的政治话语中也一直持续到20世纪90年代，但随后在口述历史编纂的过程中，出版社编辑将老人言词中的“南朝鲜”修改为“韩国”，因为按照当下的出版规定，“南朝鲜”属于不规范用语。口述中“南朝鲜”的用法虽然现在并不规范，却正是历史在老人记忆中刻下的烙印，所以笔者曾将编辑中的修改行为描述为"擦去铜器文物绿锈"的一大败笔。

3.4 记录与言语

口述历史纪录的记录不同于一般视听记录，是一种比较单纯的言语事件。这里的"言语"借用了索绪尔对言语(speech)和语言(language)的区分：

> 瑞士索绪尔首先指出应把语言和言语区别开来，认为语言是一代人传给另一代人的语言系统，包括语法、句法和词汇；言语指人们具体使用的词句，或指说话者可能说出、可能理解的全部内容。[1]

或者言语可理解为"人们运用语言进行交际的活动过程"[2]，但在具体含义上会有所不同，即作为过程更强调交际活动的场面而不是结果的文本。而所运用的"语言"则有更明确的细分。

首先，口述历史纪录是非结构化言语与结构化的访谈现场视听记录文本的结合。口述历史记录对象的言语活动是"口头的(oral)"，或者更准确地说是"非书面的"。索绪尔曾定义过一个跟社会性的"语言"概念相对立的"言语"活动概念，这一言语活动也包括实际的书面交流活动，但笔者此处所述的口述历史的言语活动概念则有所不同，而且与之相比存在着更大的偶然性、异质性和不稳定性，即访谈双方都处于一种随时转变方向的"聊天"状态而缺乏完全可操控的结构化，这也是其与个人回忆录、口述自传等类口述历史完全不同的一个主要方面乃至根本差别。这一差别的内在原因在于言语是个体记忆活动的外在表现——正如前述，笔者曾将"记忆"划分为"记"和"忆"两个心理的与言语的过程，而记忆过程本身是一个非结构化走向结构化的过程，那么对这种非结构化的状态的记录，就是对记忆活动某种程度上的记录。不过，在记录的同时，这种非结构化的言语状态，成了一种反映访谈活动的结构化视听记录完整文本。

其次，由于这种更大的不稳定性与异质性，对立于言语的语言所具有的公共性也要低得多，尽管我们多少也可以做出相对准确的判断，无论是基于社会共同的约定还是心理分析。换句话说，这里的"语言"具有更大的范围，主要分为三个部分：

a.语言。狭义的语言，即上述引用索绪尔的、美学辞典所描述的语言的实施形态，其特征是具有最大程度的社会约定性，无论这个约定范围有多大，其语义也有相对的明确性。

---

〔1〕 朱立元主编《美学大辞典》，上海：上海辞书出版社，2010，第 475 页。
〔2〕 车文博主编《心理咨询大百科全书》，杭州：浙江科学技术出版社，2001，第 155 页。

当然，正如前述，这一语言属于即时交流的非书面语言，无论它是否出自“口头”，例如笔者曾策划进行的基于聋人手语的“手述”历史，手语在一定范围的聋人那里存在共同约定的语汇和语法，彼此可以相当明确地了解其语义，尽管并非出自“口头”。同样并非出自“口头”的例子，还有我的同事李镇在对一批聋人进行口述历史访谈时采用的笔谈方式，甚至我们常常会误以为其所记录的是书面语，但其非结构化的语言特征又使之与正式的固化书面文本有着完全不同的特征而更接近口头语，尽管与口头语仍然有一些差异。相反，正如笔者曾区分过的口述传统，它尽管是“口头”的，却是固化的书面语言。

b.副语言。除去狭义的语言所说的广义语言的实施形态，其语义具有相对的模糊性，在作为证据的时候，需要对其进一步地分析。副语言包括两个部分。一是非狭义语言的口头表达，也是狭义的副语言，即“人在交际时除有声语言之外的其他有声现象”[1]，包括音质、音幅、音调、音色、重音、停顿、反复、方言，乃至一些情感表达如欢笑与哭泣等。而广义的副语言，则包括整个身体的活动，如身势动作、眼色、面部表情、手势等。这些副语言既有表意的，也有表情的；既独立存在，也有对作为主体表达的语言实施的补充乃至反讽与否定。无论是在访谈记录策略还是对纪录的读解中，对副语言的考量都具有重要意义。同样一句话可以因为重音不同而具有完全不同的意义，讲述的停顿可以表达讲述中的心理活动，如谈到去世的亲属等。笔者曾对一位最早也是从小自胶东闯关东的老电影人进行访谈，他令人惊异地保留着浓重的胶东口音，相反，那些比他晚到东北多年的老人却几乎听不出乡音，其中隐含的正是上述的历史烙印以及他们各自不同的生活境遇。受访人的手势，既可以表达其无意识的心理活动，也可以表达明确的口头表达之外的信息，例如受访人在谈到目标物体的尺寸的时候，可能不通过口头语言明确表达而是通过手势的视觉符号比画。因此对于访谈实践来说，有必要将这些副语言放入记录的画框。如果是在画框以外的重要信息，则需要补充性地用语言做出明确的复述：一米高？直径半米？这一点甚至包括语言表达中因为画框外场景或人际情景信息的缺失导致的信息不清，例如受访人可能提到“那个房间有这个房间（指访谈所在的房间）的一半大”，采访人或摄像师则需要作出补充“大约十平米？”，从而有意图地留下明确的言语证据。

c.结构化文本的引用。口述人在访谈中引用固化的文本（如一首诗）或重唱一首歌是经常发生的事情，这些结构化的固化文本如果此前没有公开出版的文字版本，而仅存留于口口相传或无法移交的私人文档，则同样有记录的必要，但仅仅是作为其非结构化访谈言语中的引用。那些已经公开出版的文本原则上不属于口述历史的记录范围，但具体情况具体分析。一方面，受访人的引用可能表达一定的情感与历史痕迹；另一方面，部分难得的文本存在较大的记录必要性。例如笔者曾遇到一位受访人朗读了一遍其著作日文版在

[1] 董绍克、阎俊杰主编《汉语知识词典》，北京：警官教育出版社，1996，第167页。

各个日本报刊上的书评摘录，尽管已有相关的文献，但出于语言障碍以及这类文字被翻译的可能性不大甚至可能湮灭于浩如烟海的文献之中，笔者仍然照录甚至编入了出版的访谈录之中。

3.5 记录与纪录

记录与纪录，是笔者在论述纪录片理论的时候经常使用的概念比较，此处不再详述。简言之，记录是一个机械性或单纯技术性的概念，而纪录则与文献化（documenting）有关。总的来说，口述历史作为档案是一个文献化的过程。笔者总结了此文献化过程中几个相互关联的要素，分别为：证据化、历史文化价值、信息的固化以及信息的（公共）存取路径。因此，在记录之上，更多的历史文化内容、信息的选择与结构化，乃至存储，是完整文献化——也包括证据化——所必需的过程。对于结构与存取路径，尽管公开出版的口述自传等出版物也同样可以作为文献，但由于口述历史原始记录的特殊性，原始影像存入文献机构或其他类似措施并可被他人获取、阅读才是其记录过程的关键一步。毫不奇怪，格雷尔曾在论述口述历史的证据性时专门提到，作为现代口述历史滥觞之地的哥伦比亚大学口述历史研究室认为口述历史的“提交日期（也就是流程的完成日期）并不是以实施访谈的日期为准，而是访谈记录被正式编目的日期，从而模仿出版界的做法”[1]。只有它被编入社会文献体系之际，才是证据化流程之完成。

然而，如果从另一个角度，即证据可靠性的现象层面考察，记录是必不可少的层次，尽管低于纪录，却是纪录的基础，也是纪录可靠性的基础——这恰恰在于记录的机械性。超越这一层面，纪录作为一种人为选定记录范围的结果，体现出的主观性正是保尔·汤普逊提到过的顾虑：“这些材料都是被人有意识选择留下来的。”换句话说，口述历史证据的可靠性不在于“纪录”而在于“记录”。

4 口述历史可靠性的言语层次

档案是对人类活动的原始记录，而人类活动大体区分为行为活动与言语活动（含书面的言语活动）。换句话说，言语活动从古到今广泛地存在于人类活动的方方面面，其中有些言语被原始地记录下来了，有些则是被转述，而言语本身也有着不同的层次。因此在言语的层次中去探究言语记录的位置及其可靠性便非常必要，并且需要一套证据理论体系。本文是这一理论化进程的第一步，同样，也是一个起点。

---

[1] Ronald J. Grele, “Oral History as Evidence” in Charlton and T. L.(eds.), *Handbook of Oral History*, p.54.

4.1　目标史实的转述层次

口述历史是一种回忆性的记录，其本质就是一种转述——即便是亲历者，所转述的历史事实同样包括行为活动与言语活动，这涉及前述的主观性问题，而近乎绝对的客观可靠性存在于现象层的当下言语的记录。因此，依据这种转述言语针对目标史实的可靠性是有层次的，越是靠近目标史实，其可靠性越大；当目标史实作为过去的言语的时候，也有同样表现。笔者曾提到过"在西方文化中有一个习语叫作'中国谣传'或'中国耳语'(Chinese whispers)，即一条信息经过多次口口转述之后内容已经变得面目全非了，这是说明口头传统的不可靠性"。[1] 对于口述历史来说，第一步的总原则，是很多口述实践所总结的"三亲"原则——"亲身经历，亲眼所见，亲耳所闻"。三者的可靠性从原则上说依次递减(尽管还有更复杂的情况)，"亲耳所闻"已经是第二层转述了。

在笔者的口述历史访谈实践中，曾有一个典型的因转述问题产生的编辑纠纷，当时的出版社编辑要求删除书中口述人的一段话：

> 甘粕对这个事情很认真，就召开全体会议，在会上讲……另外他说今后我可以从关内找高级人才来培养你们。因为那个演员养成所所长叫近藤，这个人也是根岸带来的人，甘粕从印象上对他们非常讨厌，所以甘粕说我从关里给你找了好的教员来训练教育你们，这句话我给翻错了，因为当时我心里想，可能是从上海找来的演员吧，因为北京的电影平平常常，上海的电影界是最兴旺的，我就说理事长准备到上海给你们找好的老师来给你们讲课。甘粕当时就跟我说我可没说上海，我是指华北，他又说这么一句，他说我认为华北和上海是两个不同的民族，应该从北京找人，你翻错了。[2]

编辑的理由是"华北和上海是两个不同的民族"这句话是鼓吹国家分裂的言论，所以必须删除。在此，编辑误解了这一言语的层次性，因为根据出版法规，对这一言语的限制应该是作为本书主要责任者即编纂者出于直接的出版目的而撰写的文字，即图书的言语主体，例如口述文本注释或前言后记等，而目标中的此话按照目标史实是"满映"理事长、极端军国主义右翼分子甘粕正彦的原话，因此说出这样分裂中国的言论并不奇怪，如果他说出相反的言论反倒是出了大问题。不过，从这一事件本身我们可以看到历史事实在口述历史记录中的多重转述：华北与上海是否两个民族——甘粕正彦的内心想法——甘粕正彦对其内心想法的公开转述——受访人当时的翻译——受访人对采访人在访谈时候的

[1] 张锦：《电影作为档案》，第 382 页。

[2] 张锦主编《长春影事·东北卷》，北京：民族出版社，2011，第 95 页。

回忆——口述历史视听媒介对受访人讲述的记录——录音整理从声音转文字——编纂者从抄本到书稿——出版社编辑的把关。这其中唯一完全可靠的是视听媒介的机械记录。然而,出版社编辑的问题在于,将所有这些转述的层次抹去,直接将甘粕正彦的言语等同于面向图书出版的直接的历史书写。

另一个例子,是笔者对每一个机构或群体进行结构化访谈的时候,总会安排对该机构或群体的历史书写者进行重点访谈。这些历史的书写者往往会将对他们的口述历史访谈误读为专家访谈,从而表现出对其所在机构或群体历史的上帝视角的讲述,而这一讲述却并不符合"三亲原则"中的任何一个,除非他们的讲述是关于他们所书写历史的史料来源以及书写过程。

4.2 表层语义与深层语义

视听记录的言语从这一角度来说也可以分为语法层和语义层,但因为涉及证据的可靠性,因而更明确区分为表层语义和深层语义(denotative & connotative meaning)。这里的表层语义指言语的字面含义或外延含义,而深层语义指受访人的真实想法或内涵含义,包括意义的和情感的——也可能是更接近历史真实的层面,而这一层面的确需要更进一步依据语境甚至不同口述的相互佐证等路径加以考察和考证。这一点,实际上对于一般主流的文书档案也是如此,例如言语表面上的推辞可能隐含内在的讨价还价。

笔者曾对一位电影制片厂的党务工作者进行访谈,他提到当时也是该厂厂长的某著名导演"不是共产党员",然而有此导演被任命为该厂党委副书记的原始文件,也有其被开除出党的轰动新闻,当时该导演的中共党员身份几乎人尽皆知。面对笔者的质疑,受访者仍然坚持并回答"因为他不要党的领导"。那么很显然,字面意义的"某人不是共产党员"是不符合史实的,但符合受访人的心理事实,因为他认为该导演不是一个他心目中"真正的共产党员"。

4.3 文字档案言语与口述言语

原始文字档案往往是干巴巴的史实,缺乏历史事件丰富的细节,而这种细节往往可以通过口述历史解释其背景并提供其所缺乏的丰富层次。但在口述历史实践中,也经常会发现绝对可靠的原始文字档案的言语记录与口述言语关于"同一事件"的描述不同,这通常会被认为是口述言语所描述的史实错误。大多数情况下的确可以下这样的断言,但有时候可能存在不同层次上的真实。例如通过上述关于表层语义与深层语义之间的差异就可以体现,某导演作为共产党员是有原始文件佐证的,而口述人则认为他不符合自己内心真正的共产党员的形象。

另一方面,口述言语也可能揭示文字档案言语真实所未能覆盖到的历史时空,这种疏漏往往很容易因为我们的思维缺陷而导致以偏概全。“文化大革命”中，诸多样板戏电影在影片演职人员表的字幕中采用“集体创作”而隐掉具体创作人员的表述形式，给后来甄别创作者带来一些困扰。其中有一部影片后来根据影片艺术档案中“影片拍摄许可令”上所填写的导演名字来重新标注其影片导演。不过，影片摄制亲历者的讲述，却对此产生了分歧——这是另外两位电影人之间的导演位置之争，因为最初的那位导演在影片拍摄开始不久就被替换。原始档案事实上并没有错误，因为这一记录表明的是该片申请拍摄的时候所确定的导演。

4.4 有意识的言语表达与无意识的言语表达

与书面的结构化表达不同，口述历史访谈作为非结构化的言语事件，很自然有大量的有意识的言语表达和无意识的言语表达。其中，有意识的言语表达具有更强烈的主观性，而无意识的言语表达无论是无意中直接透露其内心真实，还是对另一个主题的解释无意中表现出另一个层面的真实，其在表达内容上往往更具客观真实性，言语也往往更加生动有趣。由于目前笔者积累的相关访谈实例暂时均不适宜公开，所以点到为止，好在这一层次的区分并不难懂。尽管如此，两者同样都具有不同层次的真实性，有意识的表达透露出言语表达主体的表达意图，而无意识表达则透露其内在记忆。

4.5 存档的言语表达与大众传播的言语表达

无论是本身就以公共传播为目的的口述历史访谈，还是原本以存档为目的但最终以公共传播呈现的口述历史访谈，在言语上都表现出不同的特征。特别是那些原本以存档为目的，乃至签署有保密协议的访谈，其访谈稿随后在公共媒体上公开时，已由受访人或亲属审阅和修改调整过，从这一修改调整中可以看到两者之间差异的层次性。而这样的例子俯拾即是。笔者的一位受访人在访谈中总是直呼其名地亲切称呼电影行业老领导们的名字而略去姓氏，如“(陈)荒煤”“(石)方禹”等，从而至少体现出她表达自己与这些上层领导之间的密切关系。但在审阅出版文本的时候，受访人将所有这样的亲切称呼全部修改为官方化称呼——“陈荒煤同志”“石方禹同志”，甚至整个文稿修改成了近乎官样文章。我曾形容其最后的文稿可以称为“访谈纪要”。考虑到受访人长期从事的工作之一，就是会议记录并撰写会议纪要文件，或许就不难理解这一职业烙印了。

另一个例子，则是一位当年参加东北电影制片厂的老人在谈到自己为何参加“东影”训练班的时候，或许因为年岁较大而对口述的控制力减弱，将之表述为自己想学一门手艺的个人需求，特别是他希望学习摄影，是考虑到即便以后不能做电影工作，也能“开个照相馆”养家糊口。他甚至提到在进入“东影”训练班之后，得知制片厂居然属于部队编制，同学中有不少人因害怕成为战场上的炮灰而退出。事实上，这样的个人意图在口述历史访谈中并不少见，而且更能体现人性的真实与复杂。不过这一段讲述在公开出版前的审阅之际，其子女因为这个动机不符合传统宣传话语的高尚要求或受访人亲属的历史想象而将之删除——这一点仍然保留了当下部分电影人亲属的思维习惯。

不过，也正因为这样，我们强调档案型口述历史及其存档目的。笔者也多次提到以存档为目的的口述文本与公开文本可以被看成两个不同的文本，尽管后者也有相当的参考价值，但从可靠性来说，还是口述言语的原始视听记录更具证据价值。以此为起点，才能“向后挖掘到记忆的深处，希望达到隐藏的真理”。

浅谈口述史的史料意义和注释规范

◎廖　梅[1]

摘　要：

口述史具有史实史料和观念史料两种史料意义。同一份口述史中，史实史料和观念史料具有同等史料价值。不同的口述史料中，史实史料的价值有高低之分，观念史料价值则相同。口述史料的真实性由受访者决定，口述作品的客观性由采访者决定。采访者可以通过规范性的注释来确保文本的客观性，用文本的客观性来提升内容的真实性，让口述文本成为值得信赖的作品，并减少相应的法律纠纷。

关键词：

史实史料；观念史料；真实性；客观性；注释规范

A Brief Discussion on the Values of Historical Materials in Oral History and Its Annotation Norms

◎　Liao Mei

Abstract:

Oral history contains two types of historical materials: facts and ideas. Both are presented in the same oral record of memories, with equal values. For different oral records of memories, their values as historical materials of facts vary, but their values as historical materials of ideas are the same. The authenticity of oral historical materials is determined by the interviewees while the objectivity of the oral record is determined by the interviewers. The interviewers can ensure the objectivity of oral text records by using normative annotations and improve the authenticity of the contents with objective text records. This will reduce legal disputes and make oral texts reliable.

Keywords:

Historical Materials of Facts; Historical Materials of Ideas; Authenticity; Objectivity; Annotation Norms

---

[1] 作者简介：廖梅（1968—　），女，副教授，博士，研究方向为晚清史、史学史、思想文化史。

近年来，口述史学发展迅猛，相关理论文章和实践作品层出不穷。学者对口述史的内涵、性质、目的和工作规范等都做了多方探讨。但有两个问题尚有极大论述空间，一是口述史的史料意义，二是口述史料的注释规范。本文愿对这两个问题稍作论述，以求方家指正。[1]

1 口述史的两种史料意义

口述史是口述者就个人经历或某一过往事件发表的口头回忆。这种个体口头回忆可能与现存文献资料或他人叙述相符，具有很高的真实性；也可能不相符合，严重失真。

有些学者认为，口述实践的目的就是获取真实信息，口述史料的真实性应是学界关注的首要问题。[2]“口述史重视的是重现历史，而不是解释历史。”[3]另一些学者则表示，口述历史研究的意义在于“证明人们对以往历史的认识是怎样形成的”，在于启发当事人从内心深处审视过去。[4]不真实、不可靠是口述史的特点。[5]“口述历史具有诠释学性质。”[6]也就是说，与口述回忆的真实性相比，更重要的是口述者的叙述方法及其背后原因。这两种观点似乎针尖对麦芒，水火不相容。

还有学者看到口述史的多种史料意义：“要重视对当代中国口述史料的二次挖掘与深度利用。口述史料和记忆的不可靠性本身就包含一定的历史内容，蕴含着某些历史含义，根据口述人有意或无意的隐瞒、曲解等行为，可以分析出口述者的价值观念、精神状态的发展史与转变史。”[7]也就是说，口述史料包括一次挖掘和二次挖掘的史料。

又有学者道：“我们至少可以在三种层面上来看待人物传记、自传与口述历史。首先，在‘过去事实’层面上，这三种资料都告诉我们一些过去的事实，等待我们去探索。其次，在社会记忆的层面，人物传记、自传与口述历史都可以被作为一种社会记忆；透过这些材料，学者可以分析个人的时代社会本质，以及一个时代社会的文化价值，以及与资源分配有关的认同结构。再次，在社会道德与社会公平正义的层面，人物传记与口述历史的作

---

〔1〕 口述史有多种含义，既是分支学科、治学方法，也是史料、教学手段和社会运动，相信未来会赋予口述史更多含义。因篇幅有限，本文仅就口述史的史料意义开展论述。

〔2〕 王军：《英美口述史实践及研究综述》，《华侨大学学报》2011 年第 2 期，第 110—115 页。

〔3〕 钟少华：《呼唤中国口述史学腾飞》，载定宜庄、汪润主编《口述史读本》，北京：北京大学出版社，2011，第 109 页。

〔4〕 李小沧：《现代口述史的时代性刍议》，《山西大学学报》（哲学社会科学版）2010 年第 33 卷第 6 期，第 77—80 页。

〔5〕 王军：《英美口述史实践及研究综述》，《华侨大学学报》2011 年第 2 期，第 110—115 页。

〔6〕 [美]M. 海德：《哲学诠释学和经历的交流——口述历史的范型》，朱小红译，《国外社会科学》1981 年第 1 期，第 42—43 页。

〔7〕 王宇英：《口述史：为何与何为》，《中国政法大学学报》2011 年第 4 期，第 151—157 页。

者，能透过这两种写作方式为社会创造新的‘记忆’，为受迫害、被忽略的社会人群争取他们应得的注意、尊重与社会福利。”[1] 前两层涉及口述史作为资料的意义，第三层说的则是口述史的社会价值。

分析、归纳上述探讨，口述史的史料意义其实已经呼之欲出。

传统史学对史料进行过多种分类。

按载体或形式，梁启超将史料分为“在文字记录以外者”和“在文字记录者”，其中，在文字记录以外者按性质可分为三类，其中含口碑史料。[2] 现今大部分学者将史料分为文字史料、实物史料和口碑史料三类。[3] 因口碑史料最终会整理成文字史料，便有人把史料简化为文字和实物两大类。[4] 亦有将史料分为书报、文件、实物、口碑四大类。[5]

此外，按照作者、内容、性质、时间、版本、书写材料，甚至政治立场，史料被分为直接史料和间接史料、[6] 经济史料和政治史料、[7] 原始史料和撰述史料、[8] 甲骨史料和金文史料、[9] 革命史料和反动史料，[10] 等等。林林总总，五花八门。

可见，学界对于史料并不存在统一固定的划分标准，学者根据研究需要进行灵活分类，有时结合使用多种分类方式。任何一种分类，都是为了更便利地归纳、分析史料，更好地支持研究。

那么，口述史又具有怎样的史料意义呢？

我们常说，历史有两种含义：一为客观存在过的事实，由历史学家通过搜集、考证和分析资料而发现的可以无限接近但不能完全重现过去的事实；一为对客观存在过的事实的描述和诠释。鉴于我们只能依据前人著述和口碑来了解过去，今天所讲的“历史”，教授、讨论的“历史”，都是后一种意义上的历史。

---

〔1〕 王明珂：《谁的历史：自传、传记与口述历史的社会记忆本质》，载杨祥银：《与历史对话：口述史学的理论与实践》，北京：中国社会科学出版社，2004，第 191 页。

〔2〕 梁启超：《梁启超史学论著四种》，长沙：岳麓书社，1998，第 147 页。

〔3〕 王有录等主编《史学概论》，郑州：中州古籍出版社，1989，第 188—189 页；冯尔康：《清史史料学》，沈阳：沈阳出版社，2004，第 18、19 页；李隆国：《史学概论》，北京：北京大学出版社，2009，第 56 页。实物史料主要指墓葬、遗物、遗址，口碑史料指口头言说、民间传说等。

〔4〕 何东：《中国现代史史料学》，北京：求实出版社，1987，第 2 页；庞卓恒、李学智、吴英：《史学概论》，北京：高等教育出版社，2006，第 252 页。

〔5〕 荣孟源：《史料和历史科学》，北京：人民出版社，1987，第 18 页。

〔6〕 张岱年：《中国哲学史史料学》，北京：生活·读书·新知三联书店，1982，第 4 页；刘建国：《中国哲学史史料学概要》（上册），长春：吉林人民出版社，1983，第 3 页；刘文英主编《中国哲学史史料学》，北京：高等教育出版社，2002，第 13 页。

〔7〕 荣孟源：《史料和历史科学》，第 32—34 页。

〔8〕 同上，第 27—28 页。

〔9〕 陈明显主编《中国现代史料学概论》，北京：北京大学出版社，1993，第 8—9 页。

〔10〕 何世芬：《中国现代历史研究法纲要》，长春：吉林大学出版社，1991，第 49 页。

既然历史都是前人的描述，那么是否就不存在真实的历史？一切真历史真的都是当代史吗？对此，从事具体研究的历史学家和从事理论研究的后现代史家存在巨大分歧。历史学家认为，前人描述的过去的历史，也包含“客观存在过的事实”和“对事实的解释”这两层内容。[1] 史学的四个基本要素——时、地、人、事——属于客观存在过的事实，也可以称作史实。史实不受个人和社会主体意识的影响，经过历史学家的考辨，完全可以真实地呈现在后人眼前。比如：1911 年 10 月 10 日（时间），在武昌（地点）爆发了新军（人物）起事（事件）。这一描述不会随描述者的身份、地位、政见而改变；而对新军起事的性质解读和价值衡量则有可能随时代认知而变化，在这一层面上，“一切真历史都是当代史”才能成立。[2]

口述史作为人们讲述的过去的历史，同样包含“客观存在过的事实”和“对事实的解释”这两层内容。作为史料，口述史亦相应具有两种意义。

第一，口述史具有史实史料的意义。它向听众和读者提供了过去客观存在过的事实，如时间、地点、人物、事件等。

重要人物，特别是重大历史事件的参与者对某段历史的口述回忆，通常被视为对该段历史的现有文献资料的补充，帮助史家校核、澄清、增添该段历史的细节过程。目前在共和国史、党史、行业史等专题领域的口述史实践，大部分属于此类探求某段历史真相的口述史。史家对口述回忆的真实性要求很高。程中原介绍道：“现在国内出版的一些重要的口述史著作，都是口述与研究（包括查证档案）相结合、叙述人与史学工作者相结合（稿子在他们之间多次反复修改补充才完成），解决了回忆差错、遗漏的问题，并使历史的逻辑更清楚、内容更丰富，像薄一波、杨尚昆、胡乔木、张震等的回忆录，都是这样做的。”[3]

普通百姓、弱势群体对于个体生命体验的讲述，在文献、档案未能涉及的领域，提供了丰富多彩、栩栩如生的社会生活和个人生活的史实。这些史实有些可以通过多人口述得到互证，如某地某时的经济实况、社会风气等等，有些因为只关乎个人经历，如出生、结婚时间等，只需自证，无需他证。看似琐碎的史实连缀成篇之后，构筑出某一历史阶段有血有肉的立体模型，使得人类的历史不单是伟人的历史，而且是伟人和普通人共同书写的历

---

〔1〕“每项历史认识包含着‘史实’和‘解释’或‘史’和‘论’这样两个层面。由此决定，对历史认识的真伪的检验，也包含着史实的检验和解释的或理论的检验这样两个方面。当然，也有一些不包含任何理论成分的单纯史实性的历史认识，就只需作史实真伪的检验。”见国家教委高教司文科处编《史学概论教学大纲》，北京：高等教育出版社，1995，第 35 页。

〔2〕“人们不是出自无缘无故的好奇心的驱使去认识和研究历史的，而是在现实生活中感受到某种困惑或需要，驱使他到历史中去寻求答案，才去认识和研究历史。正因为此，我们肯定克罗齐所述‘一切真历史都是当代史’的命题以及卡尔所说历史是现在与过去的不断对话等论点，拥有一定的合理性。”见国家教委高教司文科处编《史学概论教学大纲》，第 31 页。

〔3〕程中原：《谈谈口述史的若干问题》，《扬州大学学报》2005 年第 2 期，第 20—23 页。

史；也不再局限于政治史、军事史，而是扩展为细节生动的全景式历史。比如，三卷本《山西抗战口述史》采访了1500多名普通农民、市民，提供了大量有关日军侵华、全民抗战的细节性描写和写实性记录，很多情节在不同人的口中重复出现，如侵华日军在县城和农村学校教授日语、教唱日本歌曲、宣讲"大东亚共荣圈"等等，其真实性得到互证。这部著作为现有抗战记录增加了鲜活生动的细节史料，堪称抗战史领域的重要成果。[1]

第二，口述史具有观念史料的意义。口述者对于口述内容的个体化诠释，如口述者为何讲述此事而屏蔽彼事，为何如此讲述某一事件，数次回忆为何前后不一，内在道德及外在因素如何造成这些变动……诸如此类，都可以作为观念史研究的史料，用于研究口述者个人的思想历程以及口述发生和讲述时期的社会思潮演变，等等。

观念史料重视口述者的独特表述，对口述涉及的时、地、人、事的准确性要求不高。观念史料亦不如史实史料直观可见，而是隐藏在口述者的叙述背后，其内在含义需要研究者对口述者、口述内容和时代背景等多种要素进行分析才能得到，且因为研究者的视角和立场不同，同一份口述史可能得出不同的结论。

近半个世纪以来，受到诠释学影响，越来越多的历史学家着力探讨人们对同一对象的诠释差异，美国著名历史学家柯文的《与历史对话：20世纪中国对越王勾践的叙述》，便是探讨越王勾践故事在清末、民国、中华人民共和国和蒋介石偏安的中国台湾如何被重新讲述，以及重述的现实意义。勾践故事本身的细节真假不受重视，学者关注的是勾践如何在后世现身，关注故事一历史这一对关系本身在中国或其他文化环境中的独特的重要性。[2] 这一思想认识与不少口述史学者心心相印。约翰·托什写道："最近的一项研究指出，口述研究的重要性与其说是作为一种对历史真实(histoire vérité)的表述或一种对共同体政治的表现，不如说是作为表明社会记忆是如何被建构的珍贵证据。从这种观点看，正是对如实回忆原则的偏离赋予口述史以重要的意义。"[3]

许多普通人的口述史，比如《让女人自己说话》(李小江主编)、《中国知青口述史》(刘小萌整理)、《藏族妇女口述史》(杨恩洪著)、《铭记——"5·12"汶川大地震口述历史》(中央电视台新闻专题部编)、《上海救援唐山大地震(口述实录卷)》(金大陆主编)等著述，问世初衷就不是替"要人大事"提供佐证，而是充分展现时间长河或自然灾难中的个人生命体验，因而是研究个人思想、群体取向和社会思潮的重要观念史料。现在已有不少专著、论文，如郭永平《身体实践与仪式展演：集体化时代大寨妇女的社会记忆》便是利用口述史

---

〔1〕 张成德、孙丽萍主编《山西抗战口述史》，太原：山西人民出版社，2005。

〔2〕 Paul A. Cohen, *Speaking to History: The Story of King Goujian in Twentieth-Century China* (University of California Press, 2009)；[美]柯文：《历史事实与历史叙写——〈历史三调〉中文再版序》，杜继东译，《兰州学刊》2014年第11期，第1—6页。

〔3〕 [英]约翰·托什：《口述史》，载定宜庄、汪润主编《口述史读本》，第14页。

中的观念史料来开展研究。[1]

史实史料和观念史料在同一份口述回忆中同时存在，具有同等史料价值。学者因专业、研究课题的差异，各取所需。政治、经济、军事等传统史学领域的学者重视史实史料，人类学、社会学、妇女研究等领域的学者更看重观念史料。

不同的口述回忆，史实史料的价值有高低之分。追求客观的、最大限度符合历史事实的口述回忆具有很高的史料意义；刻意曲解的、严重偏离事实真相的口述回忆则失去史料意义。许雪姬指出，台湾政界人物常常利用口述史增枝加叶，视其为回护自己的工具。[2]学者王炎亦指出："从（在）现行的个别口述历史中，尤其是在政治性口述历史访谈中，口述历史名副其实地成为了一种政治工具，它不断地被用来否定政敌与宣扬个人政绩。"[3]这些做法，大大降低口述史的史料价值，甚至威胁到口述史的生存意义。

不同的口述回忆具有相同的观念史料价值，其史料价值并不与讲述内容的真实度成正比。也就是说，契合历史事实的口述回忆，与半纸虚构的口述回忆，其观念史料的价值是相同的，不存在讲真话的口述史观念史料价值高、讲假话的口述史观念史料价值低，它们所折射的是高下参差的人性、纷然杂陈的人生和不同的社会政治背景。

比如，傅光明多次提到，在关于老舍之死的访谈中，遇到过各种说法，老舍如何赴死、如何投湖、如何被打捞成为一场历史罗生门，无法取得统一说法。"老舍先生自杀前，没有留下任何只言片语，虽然后来有很多'歌手'在传唱的时候，说在太平湖上漂了很多碎纸片，纸片上写满了字，人们打捞上那些字，发现是毛主席诗词《咏梅》：'风雨送春归，飞雪迎春到。已是悬崖百丈冰，犹有花枝俏。俏也不争春，只把春来报。待到山花烂漫时，她在丛中笑。'但是，据更多的目击者说，那天湖上干干净净，什么也没有。"[4]以少数服从多数原则来推论，老舍留下诗词碎片的说法可能是不真实的，没有史料价值。但是，这一死亡叙述内涵丰富，可谓现代的"民间叙事"，现代的风雅颂之"风"，折射出特殊时期知识人的群体心态。

铺满碎纸片的静静的太平湖，让人联想到《哈姆雷特》里溺亡溪中的奥菲莉娅，身边撒满花瓣，犹如陷入永恒之地的睡美人。她清纯、美好，却为宫廷阴谋所逼疯，香消玉殒。碎纸片或暗喻老舍与奥菲莉娅一般清白无罪，却被政治压力迫害致死。能够创作或者幻想出碎纸片意象的人，多半是位通晓莎士比亚的知识人，也就是说，这一"民间叙事"应该诞

---

〔1〕 郭永平：《身体实践与仪式展演：集体化时代大寨妇女的社会记忆》，《西北民族研究》2015年第3期，第184—193页。

〔2〕 许雪姬：《台湾口述史的回顾与展望：兼谈个人的访谈经验》，载定宜庄、汪润编《口述史读本》，第104页。

〔3〕 王炎：《口述历史工作中的法律与道德问题》，载当代上海研究所编《口述历史的理论与实务：来自海峡两岸的探讨》，上海：上海人民出版社，2007，第64—65页。

〔4〕 傅光明：《口述历史下的老舍之死》，《光明日报》2012年8月21日，第14版。

生于了解西方文化的知识人中间。

纸上的《咏梅》词既赞美了老舍的操守和傲骨，又抒发了创作者的期待——如今寒冬逼人，老舍不明不白投湖，但只要春暖花开，沉冤必得昭雪，“她在丛中笑”。

为什么要引用毛泽东的诗词呢？为什么不引用古人如于谦“粉身碎骨浑不怕，要留清白在人间”等类似寓意的诗词呢？在关于“文革”的虚构和非虚构作品中，许多自杀者留下“毛主席万岁”或抄录毛泽东语录的遗书，以表明自己忠于毛，并非“反革命”分子，期待将来平反昭雪。整个“文革”时期，几乎所有中央官员都犯过错误或被打倒，只有毛永远正确，不可怀疑。“民间叙事”的创作者让老舍抄录毛诗，清楚透露了创作者本人、所在群体和所处时代对于毛的绝对信仰。

彼之砒霜，汝之蜜糖。对于研究老舍的学者来说，碎纸片之说毫无史实史料价值。但对于研究“文革”思想史、知识分子思想史的学者来说，碎纸片之说就是重要的观念史料。碎纸片的叙事模板反映了特定时代知识人身上专制和浪漫交织一体的“革命”浪漫主义精神。

当然，口述史学者不能因为任何口述回忆都具有同等的观念史料价值，而放弃对口述史真实性的追求。特别是为澄清某段历史或事件而进行的口述实践，其真实性是衡量口述回忆价值的决定因素。为反映当代人世界观和生命体验而进行的口述实践，也应该尽可能在史实方面趋近真实。若口述者信口开河甚至故意捏造，落入虚无的泥淖，那么这份口述回忆只能是某个个体充满幻想的观念体现，不能视为时代的缩影。

认清口述史的史料意义，关于口述史目的、做法和存在意义等很多争议便迎刃而解。口述史既是大人物的历史，也是小人物的历史；既有客观性，又有主体性。多种性质并存不悖。将口述史视为文献补充或社会记忆的不同学科的学者们，完全可以消除学科偏见，从自身背景出发，为口述史带来不同内涵，碰撞融合，共同推进口述史的健康发展。

2　口述史料的注释规范

一般认为，口述史包括口述史料和口述作品。口述史料指未加整理的、原汁原味的口述内容。口述作品指经过采访者整理、校对、考证的口述文本。

许多人非难口述史，主要原因便是口述史不够真实。在口述史中，存在着受访者和采访者这一对人物关系。采访者无法约束受访者，即便口述内容虚假参半，采访者也只能尽量引导对方说真话，如对方固执己见，采访者亦无可奈何。那么，是否采访者对于口述史的真实性就束手无策呢？

当然不是。采访者可以通过对口述文本的规范性的注释整理来确保文本的客观性，[1]用客观性来提升真实性，使得整理过注释的口述文本成为值得信赖的作品。

美籍历史学家唐德刚教授在《胡适口述自传》中为口述史的注释树起标杆。归纳其注释可以分为如下六类：1. 补充正文未载的口述回忆。正文自有逻辑结构，将无法纳入的口述内容酌情放入注释，可以保留大量史料，以便后人参考利用。2. 解释正文出现的地名、人名、事件、典章制度，给出地理沿革、人物行状、事件始末、制度原委等，并介绍相关资料，列出参考书目。3. 并列异说，以供读者参考、解疑或继续研究。4. 质疑纠误。正文照录有疑之处，在注释中对其进行质疑考证，以维护口述史的原始状态。5. 评论胡适思想观点兼述其由来，或似学术散文及学术评论，许多可以单独成文。6. 介绍唐德刚本人的人生经历、所见所闻和观点著述，是研究唐德刚及其同辈学人的重要史料。[2]

唐德刚的注释非常全面，但也打上唐氏独特烙印，不易效仿推广。比如关于第5、6项，普通学者难望项背。倘若照做，也会过于凸显执笔人的存在，干扰口述者的回忆。实有评论如涌，不如另著一书。唐德刚又说："我替胡适之先生写口述历史，胡先生的口述只占百分之五十，另外百分之五十要我自己找材料加以印证补充。"[3]今天我们无法得知哪些部分是唐德刚的补充，若正文一半以上为唐氏手笔，虽经胡适同意，也损害了口述人的独立性，不宜提倡。

综合唐德刚和国内学者的实践，本文提出5项基本注释规范：

1. 口述人的表情、语气、形体动作等，可用夹注加以说明描述，帮助读者配合文字更好地了解口述者的感情及其变化。

2. 正文出现的引文、著述，应说明出处，标明作者、书名、出版社和出版年月。

3. 术语、概念、地名、人名、事件、典章制度等，应给予解释说明。

4. 并列异说或同说，以供读者参考。

第4项非常重要，做到做好，可以弥补口述史不真实的缺陷，保证口述史的客观性。

人们判定口述史不真实，往往是因为另有真实的说法作对照，即除了该口述文本提供的说法，还存在其他说法。此时，应在注释中将与受访者不同的说法一一罗列；若有与受访者相同、类似或不冲突的说法，亦应在注释中提及。数说共存，有助于读者全面把握历史，进一步考证研究，澄清事实真相。

比如，《师道：口述历史中的复旦名师文化》中史玉泉教授回忆1945年李少石遇难事

---

〔1〕 已有学者提到"如何用方法的规范性来保证内容的真实性，在学科建设中尤为重要"。见马宝妮、陈卫鹏、郑彦卿：《口述史学：一种全新的治史方法》，载当代上海研究所编《口述历史的理论与实务：来自海峡两岸的探讨》，第19页。

〔2〕 对唐德刚注释的归纳分析，还可参见彭志峰：《唐德刚口述历史研究》，硕士学位论文，华东师范大学历史学系，2011，第16—20页。

〔3〕 [美]唐德刚：《史学与文学》，上海：华东师范大学出版社，1999，第2页。

件:“解放军高级军官开了一部吉普车,在小龙坎国民党部队有关口,他开过来要过关,国民党要检查,他不让检查就冲过去,国民党开枪,一枪打进胸腔,送到市民医院,一到医院,就死了。”

关于李少石的死因还有其他说法。《师道》在注释中列出:“车抵红岩嘴下土湾,因刹车失灵不慎撞伤陆军重迫击炮第一团第三营第七连士兵吴应堂。班长田开福向汽车鸣枪,子弹射穿李少石肺部,送重庆市民医院抢救无效。”[1]

这一注释方法值得称赞。编者没有直言史玉泉教授的说法有误,也没有擅自改动教授的说辞,而是将其他说法并列写出。读者可自行判断推测,教授之说或许流行于民间,注释之说或为中共官方说法。到底事实如何,有兴趣的读者可继续探讨。

如果不加注释,执刹车失灵说者可以指责口述失实。加上注释,既呈现了口述史的原始状态,捍卫了口述史的独立性,也保证了口述作品的客观性。

在《胡适口述自传》中,唐德刚亦在注释中罗列了与胡适不同的说法,但这次是胡适正确,他书有误。胡适陈述胡星五是自己的伯祖,李敖《胡适评传》却言胡星五为胡传祖父。唐德刚根据多份记录判断李敖可能有误。[2] 为何李敖有误却还要注出呢? 一是表明唐德刚了解学界的各种说法,采胡适之说是经过考证的决定;二是在注释中指出李敖疏忽,以利读者明辨是非。

并列异说除保证口述史的客观性,也可以在现实生活中减少口述史引起的人际冲突和法律纠纷,更为沉默的第三者提供公平的言说机会。王炎提到“口述历史应该是一个容易沾惹是非的领域”,有人利用口述史来否定政敌,“采访人在实际操作中很难控制或排除这类因素”;口述史中对第三者的贬性评价一旦公开,被第三者本人或后代看到,“免不了要遭到他们的抗议,严重的话甚至可能导致受害者向法院起诉”。[3] 遇到这种贬低情况,采访人应该在注释中同时罗列不同评价,展现出第三者在人际社会中的立体形象。向读者表明,口述者的说法仅仅是站在个人视角发表的看法,并不代表他人。对第三者来说,这也是一种比较公平的呈现方法,可以在一定程度上减少纠纷。

并列同说也能起到考证真伪的作用。如有些口述内容,文献没有记载,难以证实或证伪,这时采用多人访谈可以辨别真假。前引《山西抗战口述史》某一专题往往采访多位经历者,从不同人的口中说出的类似回忆,即可证实某种情况是真实的。

5. 质疑纠误。对于口述人明显错误的回忆,记录者应该提出疑问,有条件则进行考证,纠正错谬;无条件考证,则暂且存疑,以待后人补充。

---

[1] 陈雁主编《师道:口述历史中的复旦名师文化》,上海:复旦大学出版社,2012,第 30 页。

[2] [美]唐德刚:《胡适口述自传》,北京:华文出版社,1992,第 5、9 页。

[3] 王炎:《口述历史工作中的法律与道德问题》,载当代上海研究所编《口述历史的理论与实务:来自海峡两岸的探讨》,第 64—65 页。

比如，胡适介绍，太平天国前绩溪上庄“聚居的胡氏一族总人口在六千上下”。唐德刚比照太平天国时期淮军骨干周、刘、唐、张等大族，没有一族人口超过六千人，由此判断胡适所说数目过大，可能是罗尔纲抄录胡父著述时的笔误。[1]

在上述五项注释规范中，第4、5项尤为重要，可以说决定了口述历史的史料价值和整体存在价值。

因记忆、视角以及立场等要素的影响，口述回忆不可能百分百真实。真实，是口述史学者追求的目标。但在不能达到令人满意的真实时，我们应该引入另一个重要概念——客观。客观指的是在口述内容与其他记载或回忆不符的情况下，并列各种说法，向读者呈现错综复杂的立体全貌。对于答案唯一——如事件发生的时间、地点——的对象来说，客观性是通往真实的中间站；对有多重答案——如对某人某事的评价——的对象来说，客观性本身就反映了历史的真实。口述史料的真实性由受访人决定，口述作品的客观性由采访者决定。做好口述史料的注释，可以让口述作品更多地呈现出客观性。一部客观的作品，就是值得流传和信赖的作品。

纵观现有口述作品，大学教授和研究员主持的口述史项目整理得比较规范，如李小江《让女人自己说话》、定宜庄《老北京人的口述历史》、陈雁《师道：口述历史中的复旦名师文化》、陈兆肆《中小学教师的三十个口述故事》等，都在注释中阐释背景和典章制度，并列诸种异说同说，有的还附有采访后记，为口述史界做出严谨示范。希望更多的从业者，能用注释的规范性来确保文本的客观性，用文本的客观性来提升内容的真实性，以此弥补口述史的先天弱势，促进口述史的顺利前行。

---

〔1〕［美］唐德刚：《胡适口述自传》，第5、9页。

摄影如何呈现口述史
——对口述史摄影的思考[1]

◎蒋　蕾　荆　宏[2]

摘　要：

口述史学与影像史学是史学研究新途径，口述史摄影是二者的交叉与结合。本文结合笔者二人积累多年的口述史摄影实例，对口述史摄影的特殊意义、特点、难点、困境等进行分析探讨。研究认为口述史摄影与声音、动态影像共同构成完整的口述史记录，而目前摄影师是口述史研究的缺席者或边缘人；口述史摄影有助于口述史研究成果在平面媒体的传播；口述史摄影属于纪实摄影，以思辨的态度记录历史影像，与人像摄影、场景摄影、资料摄影等有明显区别。

关键词：

口述史学；影像史学；纪实摄影

How to Present Oral History via Photography: Some Reflections on Oral-history-oriented Photography

◎ Jiang Lei; Jing Hong

Abstract:

Oral history and historiophoty are new approaches of historical studies, and oral-history-oriented photography is the interdisciplinary combination of them. Based on years of practice, this paper analyzes the special significance, characteristics, difficulties and dilemma of oral-history-oriented photography. It also suggests that photography, sound and dynamic images jointly constitute a complete record of oral history, while photographer is absent or plays a marginal role in an oral history research; oral-history-oriented photography can help spread research results in the print media; it belongs to documentary photography, recording historical images with a speculative attitude, obviously different from portrait photography, scene photography and file

---

〔1〕 基金项目：国家社会科学基金项目“东北沦陷区抵抗文学的生成及属性研究”（项目编号：16BZW124）。

〔2〕 作者简介：蒋蕾（1971— ），女，文学博士，吉林大学文学院教授、博士生导师，研究方向为伪满时期媒介文化、东北新闻史；荆宏（1968— ），男，二级美术师，吉林省摄影家协会秘书长。

duplicating photography.

Keywords:
Oral History; Historiophoty; Documentary Photography

在口述史研究中,有录音和录像就可称为"完整记录"吗?不,摄影师缺席口述史,留下很多永久遗憾。而口述史学与影像史学交叉形成的口述史摄影,展现出全新图景和广阔空间。这是笔者从事口述史摄影10年来的体会。

2007年,笔者二人以图文合作方式开始"寻访东北沦陷区文化人"口述史研究。在实践中,笔者感悟到:口述史访谈具有"一次性"的特点,尽管很多访谈会进行多次甚至延续数年,但每一次访谈都无法重复、不能再来,每次访问获得的影像与声音都具有唯一性。因此,如何最大限度利用口述史访谈的机会进行多重记录与研究,是值得认真思考的问题。完整记录不仅要有声音记录、动态影像记录,还应留下一份全面的照片资料,而这需要邀请专业摄影师加入口述史团队。摄影师如能深度参与口述史研究,即可通过摄影方式记录历史。这些摄影作品从属于影像史学、影像人类学,既可与声音(文字整理)、动态影像一起构成完整的口述史研究成果,也可以独立构成摄影作品。

1 摄影师:口述史研究的缺席者或边缘人

口述史学与影像史学近年来受到重视,史学界认为其与传统史学不同:"通过录音、摄像、电影、电视、多媒体、互联网等现代技术进行展示,大大拓展了传统史学的叙述范围,并使普通民众对于历史的认知变得触手可及。"[1] 有学者称"口述史影像史是一种以非文字形式阐释的另类史"[2]。

然而,真正参与口述史研究的摄影师却很少。口述史研究负责人一般擅长文字工作,虽然越来越重视影像资料,但一般更关注动态影像(有些形成了口述史纪录片),而忽略照片拍摄。很多口述史研究团队虽然聘请摄像师,却很少邀请专业摄影师加入,有的会临时聘请摄影师。而摄影师因为是临时加入,只是按照要求进行拍照,在口述史研究团队里是一个边缘人,承担配角工作。

这种局面的形成与以下三种看法有关。一、摄像可以代替摄影。认为动态影像能够记录全部过程,既记录声音也记录画面,包含了对瞬间画面的采集,因此有摄像师就够了,不需要摄影师。二、聘用临时摄影师即可。认为摄影师在口述史研究中主要承担翻拍历

---

〔1〕 全根先:《口述史、影像史与图书馆文献体系建设》,《图书馆界》2015年第2期,第1页。
〔2〕 邓启耀:《我看与他观:在镜像自我与他性间探问》,北京:清华大学出版社,2013,第290页。

史资料、拍摄采访花絮等任务,起到辅助记录作用,故聘请一位临时摄影师就够了。三、访谈摄影对于还原历史作用不大。口述史研究主要任务是还原受访者对历史的记忆,声音和动态影像能够记录回忆时的情境,而摄影只能留下瞬间的访谈画面,对于还原历史的作用很小。

动态影像真能包含或替代摄影吗?由于现代影像技术的进步,的确可以从动态影像中任意截取画面,但由此获得的画面数据小,有时可以勉强应付出版需要,但想要制作成大尺寸摄影作品就不可能了。另外,截取画面费时费力,也很难捕捉到最佳画面。摄影是对"决定性瞬间"的抓取,这个瞬间是摄影师凭借艺术直觉和敏感按动快门完成的,而不是技术人员可以从连续画面中截取到的。如笔者 2007 年冬天在北京访问梅娘时进行了全程录像,却无法从中截取到满意的画面。

相对于"传统"的口述史访谈来说,摄影、摄像都是额外的,只有声音是必要条件,因为现代口述史是从"录音"开始的。美国哥伦比亚大学教授内文斯凭借现代录音设备记录人们对历史的回忆,创立了现代口述史研究;英国社会学家保尔·汤普逊就将自己的口述史研究著作命名为《过去的声音》。但现代口述史本身就建立在记录技术的现代化上,影像记录已成为口述史资料收集的趋势。

缺少摄影师是口述史研究的常态,但由此留下的遗憾是明显的。在"读图时代",每当口述史研究成果要结集出版时,就会发现图片资料匮乏的问题。冯骥才是中国较早采用口述史访谈方法收集资料的人。他的《一百个人的十年》记录了 100 个亲历者的真实故事,讲述了"文革"劫难给他们带来的心灵创伤。冯骥才"对他们的口述照实记录,不做任何渲染和虚构"[1],撰写一代人的心灵史。然而,该书 1991 年首次出版就遭遇"中国摄影作品侵权第一案",原黑龙江日报社的记者李振盛状告该书盗用其 4 幅照片。该书 2004 年重新出版时仍然遇到该问题,形成了"《一百个人的十年》的 10 年官司"。[2] 虽然该书隐匿受访者姓名,但缺少摄影记录还是一大缺憾。此外,定宜庄教授的代表作《最后的记忆:十六位旗人妇女的口述历史》出版于 1999 年[3],记录了与 16 位旗人妇女的访谈录,但提供的受访者"近照"只有 5 张,其中 3 张是与作者的合影,且都不是由专业摄影师拍摄的。此外,《黑暗下的星火》等以口述史记录为特征的专著虽然提供了不少资料照片,但缺少口述访谈期间的照片,使读者无法看到历史当事人今日的容颜。目前出版的口述史访谈成果一般只有说明性、注解式照片,很少有内涵丰富的摄影作品。

越来越多的口述史研究者开始意识到摄影的重要性。天津大学冯骥才文学艺术研究院郭平博士在总结中国木版年画传承人口述史研究时提出,要"充分利用现代科技,文字

---

〔1〕 冯骥才:《一百个人的十年》(首卷),南京:江苏文艺出版社,1991,前记第 3 页。

〔2〕 一鹤:《〈一百个人的十年〉的 10 年官司》,《市场报》2004 年 8 月 17 日。

〔3〕 定宜庄:《最后的记忆:十六位旗人妇女的口述历史》,北京:中国广播电视出版社,1999。

记录和录音、录像、摄影并举,实现立体的全面的记录"[1]。但从目前的情况来看,摄影师缺席口述史研究,也与摄影师自身很难"进入状态"有关。一些有机会参与口述史研究的摄影师,因为时间短暂,缺乏史学研究能力,不能真正"进入"研究,对于研究内容不甚了解,无法独立开展工作,只能从事简单拍摄工作——拍场景照、工作照或翻拍老照片等。不能全身心投入,当然很难捕捉到传神的照片。

2 摄影:助口述史研究成果的传播

摄影,能给口述史研究带来什么? 口述史摄影以何种形态呈现?

记录了亲历者"当下"的影像资料也属于史料。一位研究者说:"与基于声音的口述史实践和研究相比,影像技术的介入无疑使强调历史鲜活性与互动性的口述史以一种近乎全息式的历史'场',呈现出这一书写方式最为极致的魅力。"[2] 在影像史学的观念之下,影像可以成为重要的史料,建构形象化的历史。因此摄影记录亲历者在当下的种种情态,虽然是"现在时"而非"过去时",但也是重要史料。对此,中国国家图书馆研究馆员全根先撰文提醒:"口述史、影像史资料,作为一种新的文献类型,业已成为图书馆文献体系的重要成员。"[3]

摄影能够将"个人内心的体验,转化为一个时代共同的观看"[4],能将历史记忆、现实思考凝为一幅幅充满意义符号的画面呈现给观者。关于记忆,文字承载的是想象,而照片提供了充满意识的实体。

从受众角度讲,摄影作品一目了然,它比文字更易读,比动态影像更简洁。它记录的是瞬间、片断,是巨大研究中的一些小切片。但对于冗长的历史研究来说,"小切片"更加吸引普通人。笔者做东北沦陷区文化人访谈录制的动态影像时长累计已超过 100 小时,整理出来的文字记录超过 40 万字,陆续发表过一些论文,出版过相关专著,但从普通人视角来看,这些都不如摄影作品《东北沦陷区文化人群像》更加明白易懂。这组口述史摄影作品 2011 年在长春《新文化报》上发表时,该报配发了与两名作者的访谈录;此后,这组作品相继在平遥国际摄影大展、丽水国际摄影节、大理国际影会摄影展等展览,还到韩国首尔特别市举办展览,受到许多人关注,许多研究者也对这组照片产生浓厚兴趣。

---

[1] 郭平:《年画传承人口述史田野调查回顾》,《年画研究》2011 年,第 20 页。

[2] 谢勤亮:《影像如何记忆:年鉴学派视野下的中国纪录片》,北京:社会科学文献出版社,2012,第 129 页。

[3] 全根先:《口述史、影像史与图书馆文献体系建设》,《图书馆界》2015 年第 2 期,第 1 页。

[4] 李楠:《自序:看看,他们怎么说》,载《影响:中国当代摄影精神交往录》,杭州:浙江摄影出版社,2013,第 1 页。

摄影作品适合在平面媒体上推广和传播。从笔者的实践来看，文字成果会因整理时间等原因而发表迟滞，这些动辄二三十万字或多少个小时的记录往往只对少数研究者有用，是一个相当窄化的小众传播。而图片传播却发表迅速，直观真切，让许多对于研究工作并不了解的普通读者产生阅读兴趣，适合大众传播。

3 实践感悟：渐进中的摄影观念变化

笔者二人在2007年至2013年间进行了“寻访东北沦陷区文化人”的口述史访问，一共对16位东北沦陷区文化人和20余位已故东北沦陷区文化人的家属进行口述史访谈，笔者之一的荆宏承担其中摄影和摄像工作，笔者之一的蒋蕾进行资料收集整理与访谈提问等工作。2011年，荆宏凭借在该口述史研究过程中拍摄的组照《东北沦陷区文化人群像》，分别在平遥国际摄影大展和丽水国际摄影展中获“优秀摄影师奖”；2012年，该作品参加中国武当国际摄影大展。随着口述访谈的深入，口述者不断增多，到2013年，《东北沦陷区文化人群像》作品数量已由最初8张扩展为13张（实际访谈对象为16人）。2013年8月，该作品参加了云南大理国际影会；2014年11月，作品在韩国首尔特别市仁寺洞艺术区的耕仁美术馆展出。

把摄影引入口述史研究，并非笔者的先知先觉，而是误打误撞。在漫长的访谈与拍摄过程里，笔者对摄影在口述史研究中的地位、作用以及拍影观念都有一个渐进的了解过程。当笔者以今天的想法来反思过去时，总是充满懊悔：为什么没能从研究活动一开始就以纪实摄影的观念去拍摄？为什么没有从一开始就重视对人物形象的刻画？有多少老人已经故去，有多少访谈不能重来。但又真的无法苛求当初，因为最开始对于能够找到哪些人、访谈到底能获得哪些重要信息，都无法估计，也无法判断该研究将形成何种观点。特别是笔者对于口述史研究都尚处于摸索之中（注：口述访谈前，笔者进行了近两年的纸本资料收集与研究），无法预先设计出有效的拍摄方案。起初，笔者能做的就是尽可能地去联系、会面、问和拍，对研究主题的把握、受访者性格特征的了解等观念都是逐渐清晰起来的。今天回过头来看这拍下的一万多张照片，发现第一年只拍了些资料性照片，以后才渐渐深入受访者内心，了解他们的性格和命运。笔者的拍摄观念是随口述史研究深入而不断变化的。

梳理照片数据库之际，深感意识决定存在，观念决定呈现。摄影师荆宏的拍摄思路，随着对口述史研究介入程度的加深和对摄影本身思考的深入，有过较大改变。起初加入“研究小组”时，他的初衷只有两个：一是帮助蒋蕾尽早完成博士论文，二是尽可能地留下记录历史的影像。他最初的拍摄思路就是“留资料”。这种想法构成了2007年夏天在哈尔滨、冬天在北京那两次走访老作家时的拍摄格局——以摄像为主，摄影为辅；摄影主要是翻拍资料和拍合影、工作照。这段拍摄留下的遗憾很多，因为对有的受访者只有一次采访机会，比如女作家梅娘，后来无法再去访问。这段访问虽然全程录像，却并未拍摄人物肖像，只拍了几张合影，这是非常大的遗憾。类似问题也存在于2007年夏天对哈尔滨作家陈隄等人的访问中，但2010年夏天对陈隄再访时笔者进行了补救性拍摄，这才有现在这幅多次被设计成"封面"的照片。

2008年年末，蒋蕾完成博士论文《精神抵抗：东北沦陷区报纸文学副刊的文化身份与政治身份——以〈大同报〉为样本的历史考察》[1]，对东北沦陷区文化人口述访谈的研究主题和中心问题更加明确了。通过大量纸本资料查证和口述史访谈调查后发现，东北知识分子在"九一八"之后进行了鲜为人知的"精神抵抗"，他们的文学生涯与人生经历曲折传奇，他们在报纸上创办许多抵抗文学副刊，发表抵抗文学作品，而他们的命运不外乎三种——被捕、被杀、逃亡。笔者所联系到的东北沦陷区老作家中，有半数坐过日本人监牢或被追捕而逃亡，如陈隄、李民、徐放、鲁琪、张烈等，他们所进行的精神抵抗与东北抗联的武装抵抗共同构成对日本侵略者的反抗。在此研究基础上，笔者对"东北沦陷区文化人"群体的精神实质有了进一步认识，摄影师荆宏也更深入地了解历史，对受访者人生命运、性格特点有了更加深刻的理解，并开始试图用影像去勾画老人们的群像。当他用新的拍摄视角参与口述史访谈时，他极大地改变了拍摄内容和拍摄主题，更多地将焦点聚在受访者表情、神态上，突出表现人物的精神世界。他不再满足于过程拍摄、场景拍摄，常常为没能拍下老人们脸上那一闪即逝的灵光而苦恼。

4　纪实摄影：口述史摄影的主要观念

口述史摄影到底拍什么？它与场景摄影、人物肖像摄影到底有何不同？总结实践经验，笔者认为口述史摄影是对历史记忆的影像书写，它以画面定格的形式来表现受访者的精神情态，蕴含着摄影师深度参与口述史研究的思考和理解。与文字整理的成果相比，它可算作"同题"而不同"载体"的作品。

口述史摄影忠实记录意识，尽可能地呈现受访者的生命史。一个口述史摄影的代表作品虽然只有精选出来的寥寥几张照片，但它是整个口述史摄影的"冰山"一角。一个口述史项目所真正包含的摄影作品相当丰富，它们不仅收录了对于访问场景的花絮式摄影，对受访者拍摄的肖像摄影，还记录了口述者的日常生活图景，用影像表达了对于受访者生存状态与精神特质的思考。东北沦陷区作家陈隄、李民、李正中是笔者访问较多的三位老

〔1〕 蒋蕾：《精神抵抗：东北沦陷区报纸文学副刊的政治身份与文化身份——以〈大同报〉为样本的历史考察》，长春：吉林人民出版社，2014。

人。陈隄自1942年元旦被捕，直到1945年8月15日日本投降才出狱；李民在日本留学时被捕，伪满时被监视，1943年逃亡北京；李正中在伪满时期是法官和作家。他们都经历坎坷而又刚直不阿，都从年轻时起练就健康体魄，一直保持着旺盛生命力，让生命延续到90多年。对于他们，摄影师不仅寻觅那些光影效果好、能展现他们硬朗精神的瞬间，还拍摄记录了他们的晚年生活——李民和汪玢玲夫妻俩对卧打吊瓶、陈隄90多岁还坐轮椅去市场、李正中95岁挥毫泼墨……笔者的访谈不仅仅让他们讲述过去的文学活动，还关注他们曲折传奇的生命史以及历经沧桑后的晚年生存状态。随着摄影的视角变化，拍摄主题、研究主题都发生转变，口述史研究内容也发生变化。

口述史摄影充满思辨，是非自然主义记录，让口述史研究从"钩沉历史"到"思考现实"。在笔者的访谈过程里，一个个无处求解的问题叩击心灵。这些文化老人都曾是20世纪30年代至40年代东北文坛耀眼的明星，他们有天赋、有创造力，在晦暗岁月里进行过精神抵抗，有的还受过日本人迫害——监视、抓捕。然而，抗战胜利后，他们中的很多人却背负"汉奸"之名，不再拥有写作权利，青年时代短暂的文学生涯竟成为其一生创作的顶峰。20世纪80年代拨乱反正后，他们都得到平反，却被遗忘。"遗忘"本不是口述史研究计划中的主题，但这被摄影作品清晰呈现出来，让人扼腕叹息。

5 口述史摄影：特征与难点

总结起来，口述史摄影有如下特征，而每个特征也正是摄影的难点所在。

第一，它是以人物为表现内容的影像写作，不是通常意义的人像摄影。

口述史研究是以人物为中心的、研究受访者的生命史。因此，口述史摄影是以人物为表现内容的影像写作。它与普通人像摄影有很大不同，它不要求受访者端坐，不能摆拍，也不以光影效果为追求目标，它试图表现人物的历史感、沧桑感以及精神气质。其拍摄方法为抓拍，要在访谈过程捕捉人物精神风貌的顶点——"决定性瞬间"。

口述史摄影是以定格的静态画面表现动态的人物命运。摄影的本质是记录，既记录可见的物质世界，也记录不可见的精神世界。想要在方寸之间表现人物多年的曲折命运几乎是不可能的，但人物在瞬间展现的面容表情能够表达主人公对过往的回忆、思考、自省等，这样的画面也可说是"一图胜千言"。在选取口述史摄影的照片时，其标准不是通常的人物形象的"美"，而是贴近人物心灵、贴近生存的真实状态。如女作家朱媞当年堪称"美女作家"，不仅年轻时容貌出众，年逾九旬、身患重病时依然气质超群，但最后，在这组人物群像中，笔者没有选取她最漂亮的照片而是选了神情最忧郁的一张。蒋蕾曾对此存疑，但最终认为，对于展现人物命运而言还是后者更恰当些。在挑选作家马寻的照片时也出现过类似困惑，实际上拍过的马寻肖像中有很多神情慈祥的照片，但最后选取的是他一个人站在家中，面向观众，表情孤独复杂的照片。一位观者说，从各个角度看这张照片，都觉得马寻在看自己。

口述史摄影的画面中不仅有人物，还有环境、常用物件等，含有丰富的符号信息。这是口述史摄影与“花絮”拍摄、普通人物摄像的不同，口述史摄影更重视对人物精神的再现和对人物生存环境的刻画。

第二，它是针对普通人的摄影，不是对英雄人物的塑造。

笔者的一个亲戚在看过这组摄影作品后“直言不讳”：为什么不能像邓伟拍的人像照片那样光彩照人？笔者解释说，邓伟拍的多是国际政要，他们既是名人，也是“职业演员”，他们在接受付费采访时，能在短时间里释放出巨大的光芒。而笔者的拍摄对象是普通人，普通人特点是隐藏光芒，偶然释放，他们与名人有着本质区别。

受访者的普通人身份，正是口述史研究的特征之一。口述史研究将对历史进行重构与解释的话语权交还给普通人。从笔者进行的这个口述史项目来说，拍摄对象还不是标准意义上的普通人，他们在上世纪30年代至40年代曾是东北文学界知名人士，但大多数在中华人民共和国成立后特别是“文革”后受到冲击，不得不“隐”起来，夹着“尾巴”做人，形成了小心翼翼、担惊受怕的习惯。他们这种“普通人”色彩在拍摄时表现出来的就是：光芒在脸上转瞬即逝，很难捕捉。这一闪即逝的光芒或者是平和冲淡的表情，正是口述史摄影所要捕捉和挖掘的。从这个层面来说，拍摄普通人要比拍摄名人更为艰辛。

但受访者的普通人身份与特殊人身份又是相对的。要发掘受访者身上“特殊人”的一面，寻找他们独有的记忆资源。不久前，蒋蕾看到某口述史项目的采访者对一位东北沦陷区作家的访问录像，只把老人当成普通历史见证人，没有追寻只有他才了解的信息——比如当时的文化现象、知识分子的生活境遇、他参与的文学活动等。口述史摄影要拍出受访者的“不一样”，如对诗人徐放、鲁琪的拍摄，像那样的闭目凝思只有历经沧桑的知识分子才会有。

第三，它需要漫长的持续拍摄，耗费巨大的时间成本。

绝大多数口述史访谈没有摄影师介入，其关键原因在于“成本”。很少有摄影师愿意花费那样多的时间成本去进行这样一个“低效率”的工作，也很少有工作组有足够资金买断一个摄影师几个月甚至几年的时间。针对每一个人物的口述史访问，时间成本都会以“月”为单位来计算。即使访谈时间只有十几个小时，但由于叙述者年事已高，每次讲述的时间都不会太长，所以访问活动要多次进行。再加上预先收集资料、翻拍资料等工作，摄影师跟随一个口述史研究项目，往往需要消耗大量的时间。经费、时间以及人员关系等客观原因，决定了摄影师与口述史研究的合作是极其有限的。比如笔者曾观看中国电影资料馆从事电影口述史的工作人员对“满映”作家李民先生进行的口述史访问，采访者两人一组，一人为主要研究者（负责资料收集与提问、文字整理等），另一人为摄像师，没有配备摄影师。几天的访谈结束后，访问者与受访者拍摄了几张合影。熟悉口述史研究的云南省社科院研究员李旭，曾与台湾摄影家林添福在《半个世纪的爱》摄影工作中合作，参与采访和记录工作。像笔者二人这样长期合作的例子极为少见，之所以能维系合作，不仅因为有共同志趣，还有夫妇关系。

这里围绕摄影师的工作提出三个问题：

1. 摄影时间安排：是长期接触还是片断介入？当然，只有全程介入才能构成真正的口述史摄影。按快门只是摄影师在口述史摄影创作过程中的一个小小部分，更重要的是他要参与研究、学习了解，这样才能深入理解口述史研究项目，抓住拍摄的灵魂。

2. 摄影师的角色：主角还是配角，拍资料还是艺术创作？优秀的摄影师是具有自我意识的，缺少自我意识则只会满足于“服务”。拍摄资料照片是必须的，但仅仅拍摄资料的摄影师就只是配角、助手。

3. 拍摄目的：过程摄影与灵魂探寻。口述史摄影的拍摄目标既包含了全程记录，也包含了用影像去探寻受访者灵魂，二者并不矛盾。在过程摄影的基础之上摄影内容才会有升华，才会接近受访者的内心。

第四，摄影活动与口述史访谈相伴进行。

并非所有历史题材的摄影都是口述史摄影。只有与口述史相遇，只有深度参与口述史研究、在口述史访谈过程中形成的摄影创作，才能是口述史摄影。它一定是伴随着口述史访谈而形成的。

口述史摄影一定要和口述史访谈同步进行吗？可否各自分工，分别进行？摄影师可否进行独立采访、独立拍摄？笔者的实践体会是：与访谈同步进行有利于口述史拍摄，个别补充访问也可以独立进行。笔者二人曾多次探讨：如果没有访谈调动受访者情绪，能抓拍到那么好的瞬间吗？在访谈进行过程中，受访者若陷入回忆，精神放松，摄影师将更容易调度和把握镜头，可以从容不迫地拍摄记录。摄影师独自拍摄也是一种采访，也要与受访者进行交流，但一旦受访者把注意力都集中在摄影师身上，摄影师受到目光紧逼，反而不容易拍摄。这方面的反例是笔者对田力健先生的采访。田力健是“满映”新闻电影编辑，也是伪满时期广播剧编剧、导演，笔者费尽九牛二虎之力才在北京某小区找到他。2010 年 5 月，蒋蕾独自去北京采访田力健，她一人承担了访问、录音和摄像工作，实在没有精力和能力拍摄照片。时隔不久，荆宏两度去田力健家里补拍照片，但因为与访谈不同步，拍摄效果不甚理想。这个例子说明：一、在口述史访谈过程中，摄影是一项非专业人士无法替代的工作；二、口述史摄影在与访谈同步进行时效果最佳。后来，笔者二人基本形成了这样的默契：如果不能同时参与访问，就取消访问计划。

综上所述，口述史研究需要专业摄影师加入，摄影师们也需要到口述史研究领域“开疆拓土”。

这是影像时代，也是全民摄影时代，专业摄影师们都在寻求突破，与口述史相遇的机会越来越多。普通人可以轻松拍摄有形世界，专业摄影师则要去拍摄那无形的精神世界。因此，口述史摄影虽然存在着诸多困难，却有广阔空间。观念、机遇、合作，是口述史与摄影相遇的必要条件。

记忆的情感真实与叙述的合理想象
——关于底层记忆的几点思考

◎姜成洋〔1〕

摘　要:

很多学者认为,口述史只可作为档案文字的辅证,这自然是口述史极重要的价值。但口述史的印证作用更多体现在精英层面,而对芸芸众生,广泛的口述调查可以作为单独的学术分支,即记忆研究。相对于传统口述史对客观性的追求,记忆研究更珍视回忆的主观成分。同时,与口述资料的庞杂相比,反映底层生活与思考的文字材料实在匮乏。记录乡村的学者面对这种庞杂与匮乏,无可避免地需要适度的想象,以此衔接重构乡村的历史叙述。

关键词:

史实;情感;想象力;集体记忆;底层口述

The Emotion Truth of Memory and the Reasonable Imagination of Narration
——Some Thoughts on the Underlying Memory

◎　Jiang Chengyang

Abstract:

Many scholars believe that oral history can only be used as supporting documents, which is one kind of important value. However, the confirmatory role of oral history is more reflected in the elite level, and for common people, a wide range of oral surveys can serve as a separate academic branch, namely memory research. However, compared with the pursuit of objectivity by traditional oral history, memory research values the subjective components of memory. However, compared with the complexity of oral information, literary materials that reflect lives and thoughts of grassroots are really scarced. Scholars who want to record rural area require a modest imagination, in order to reconstruct the historical narrative of the country.

---

〔1〕 作者简介:姜成洋(1988—),男,法学硕士,研究方向为当代乡村社会史、农民记忆。

Keywords:

Historical Facts; Emotion; Imagination; Collective Memory; Grassroots Oral History

1 底层记忆的史学价值

近些年,口述史研究方兴未艾,几乎成为超越历史学科的公众现象。但进门易,入室难,理论只有与实践结合才富有活力。有感于此,我利用近几年返乡之机,陆续采访过一些底层民众。初时访谈并无明确话题,只是围绕乡村变迁,家长里短,牛溲马勃。天马行空的漫谈,往往带来意外惊喜。但我也意识到,口述工作的重要前提,是对自己访谈的主题做好初步研究。当然,即便对问题有了了解,在与农民聊天时,我仍将自己扮演成一知半解的好奇者,而非抽丝剥茧的学术人。鲁迅先生认为:“与名流学者谈,对于他之所讲,当装作偶有不懂之处。太不懂被看轻,太懂了被厌恶。”[1] 与农民聊天,这种态度大概也挺合适。

我最初感觉,庞杂的口述材料很难应用到明确的史学写作中,它们也许只算文学素材。随着访谈逐渐增多,我意识到底层口述不仅反映过往乡村变迁,而且反映情感、政治等因素对个体记忆的影响。将口述资料作为记忆研究的素材,是对口述研究的一次深化。相对于传统口述史对客观性的追求,记忆研究更珍视回忆的主观成分。我进而意识到,与口述资料的庞杂相比,反映底层生活与思考的文字材料实在匮乏。记录乡村的学者面对这种庞杂与匮乏,无可避免地需要适度的想象,以此衔接重构乡村的历史叙述。

我之所以将着眼点放在底层记忆上,有个重要原因,姑且称作记录底层声音的情怀。底层民众不似社会精英,他们个体的言行对社会发展并不具有直接影响力。他们只有作为集体存在时,才能显示其推动物质与精神前进的某种力量。就此而论,底层记忆与哈布瓦赫集体记忆的理论有了某种契合。当然,哈布瓦赫的理论另有着眼点。他认为,一个在孤立情况下长大的人没有记忆,人在社会化的过程中才形成记忆。尽管“拥有”记忆的是个人,但这种记忆受集体影响,集体决定了成员的记忆。[2] 因此,在底层访谈中,尽管访谈者提供的是个人记忆,但这种个人记忆实际容纳了来自不同个体的集体记忆。[3]

景军同样认为,社会记忆研究的最终目标,是考察群体需求与集体利益对个人记忆形

---

〔1〕 鲁迅:《而已集》,北京:人民文学出版社,2006,第 154 页。

〔2〕 [法]莫里斯·哈布瓦赫:《论集体记忆》,毕然、郭金华译,上海:上海人民出版社,2002,第 95 页。

〔3〕 [德]扬·阿斯曼:《文化记忆:早期高级文化中的文字、回忆和政治身份》,金寿福、黄晓晨译,北京:北京大学出版社,2015,第 30 页。

态及具体内容的动态影响。[1] 虽然笔者对最终目标的提法并不认同——毕竟人的记忆中除反映集体的记忆之外，仍有反映个人性情的独特记忆——但仅从集体记忆研究的角度来看，个人记忆一定程度上的确代表着集体的时代记忆。同样，个人心态也反映了不同时代社会观念的整体变化。

底层记忆虽然数量庞大，其消逝的速度也令人痛心。德国历史学家扬·阿斯曼认为，对于集体记忆而言，四十年意味着一个时代的门槛。经历四十年，活生生的记忆将面临消失危险，原有的文化记忆形式也会受到挑战。[2] 自2012年零散访谈开始，我的确感受到岁月流转带来的记忆消逝。农民对"大跃进"之后的历史尚有详细记忆，但再向前追溯，可回忆的人已经很少，回忆的准确度与丰富度也大大降低。对历史研究而言，隔代著史固然使研究获得更多态度上的冷静客观，但同时也失去了更多情态的生动美丽。诚如当代史学者王海光所言，"情态"反映的是人们在历史现场中的历时性作为，描述在历史事件中不同当事人的态度、神态、言行等现场表现，是复原历史中最难把握的知性方面。[3]

除了情态生动性以外，底层记忆史料的另一价值在于，它以草根为重点，以微观个案为路径，形成"自下而上"的研究视角。长期以来，中国当代史研究一直存在顶层与底层的脱节问题。近些年，单从理论而言，自上而下与自下而上研究视角的结合，已经成为中国当代史学界的研究共识。此处不做赘述。

2　记忆的情感真实

2012年冬天，我从山西盂县梁家寨乡出发，徒步进入山间小村——大汖[4]。我感觉打开了一扇时光之门，它将我带回尘封五百年的历史深处。当时，这个小村只剩下十几位老人，与世隔绝的环境让青壮年选择了远离。我当时就意识到，这可能是我最后一次亲眼看到这个村落了。历史的新陈代谢，决定了它的消失不可避免。即使当地政府意识到抢救古村的紧迫，但为保留原真而进行的修复，本身已使古村丧失了原真性。就算五百年历史的古村被保存下来，实际上它已经被代替了。这是毫无办法的。人们只能保存具有典型性的一小部分物体，建筑物需要修葺的地方，材料会更新或更换。原真性随着时间的流逝会离残留物越来越远，直到只剩下这个指示地点的"这里"。历史总在无可挽回地消失，任后人如何抢救，那留存下的不过是个人想象的虚幻历史。

---

〔1〕 景军：《神堂记忆：一个中国乡村的历史、权力与道德》，福州：福建教育出版社，2013，第5页。

〔2〕 [德]扬·阿斯曼：《文化记忆：早期高级文化中的文字、回忆和政治身份》，第1页。

〔3〕 王海光：《回忆录的写作和当代人的存史责任》，载王海光：《时过境未迁：中国当代史采薇》，成都：四川人民出版社，2014，第273页。

〔4〕 汖，发音为pīn，但当地人读作chǎng。

这个旅行感悟，透视出历史保存与研究的悖论：历史的复原不过是脱离了原真性的"选择记忆"。记忆具有可重构性。"过去"本身在任何记忆中都不能完全保留，留下来的只是其中为社会在每一个时期中，借助这个时期的参照框架所能重构的部分。克罗齐所谓"一切历史都是当代史"，正是基于这样的思考视角。

就记忆研究而言，这种失真不仅体现在回忆者的筛选上，也体现在研究者的治史技术上。研究者在筛选文字与记忆，构建历史叙述时，其史学修养的高低也决定了历史叙述的质量。同时，记忆虽具有一定史料价值，但很多热心口述史的研究者担心，记忆的价值也受到下述因素的制约：口述者年龄、经历、记忆的清晰度；访问时的政治压力及个人情感好恶；最后的文字处理和编辑过程。他们特别警惕的是，受访者在回忆过程中掺杂了无法避免的主观情感。因此，不少研究者提出，对记忆史料的价值必须予以警惕。

记忆必然带有强烈情感，无论是个体记忆还是集体记忆。保罗·柯文在《历史三调》中对通过感觉认知世界有过这样的阐述："如果没有任何感知性的经验，人类将不可能存在。与人们对历史的感觉层面密切相关的是，经历也包含人们的所有情感，我们与真实的经历越接近，人们的情感生活地位就越突出。"〔1〕

当然，这里所谓强烈情感，并非单指受访者的情感释放，很多情况下，受访者也存在情感收敛的可能。比如，很多人往往不愿轻易触碰个人历史的伤疤，无论这种伤疤带有受伤的体验还是忏悔的痛楚。这种反应暴露了人情感脆弱的一面。对此，卢梭曾这样描述：

> 重温这些回忆，就是重尝它们的苦涩。我很不愿拿这些凄凉的回忆来加剧我现状的辛酸，因而尽其所能予以回避；我这样做往往相当成功，以致当我需要重述往事的时候，有的就再也想不起来了。这种对苦痛的健忘，正是上天给我在多舛的命运中安排下的一种安慰。〔2〕

无论是夸大、收敛抑或歪曲，强烈情感在记忆中都扮演着特别重要的角色。在个人生活回忆中，记忆和情感会融合成不可分割的复合体。正如德国历史学家阿莱达·阿斯曼所言："哪些回忆被这种起稳定作用的力量'赋予强烈情感'，恰恰是个人支配力无法决定的，也就是说，某些回忆的强烈情感是不能被个人理性操控的。"〔3〕

卢梭在他拷问灵魂的《忏悔录》中，把强烈情感称为回忆的重要的稳定剂。他认为"先

---

〔1〕［美］保罗·柯文：《历史三调：作为事件、经历和神话的义和团》（典藏版），杜继东译，北京：社会科学文献出版社，2015，第 64 页。

〔2〕［法］让·雅克·卢梭：《忏悔录》（第二部），范希衡译，北京：人民文学出版社，1987，第 348 页。

〔3〕［德］阿莱达·阿斯曼：《回忆空间：文化记忆的形式和变迁》，潘璐译，北京：北京大学出版社，2016，第 286 页。

有感觉后有思考”是“人类共同的命运”，因此情感的真挚流露和尽情释放，在他看来就是人类本性淳朴自然的表现。他的《忏悔录》是一种以主体回忆为表达的文体。卢梭大概是第一个针对自己提出可信度这一批评性问题的人。在自传性回忆的情况下，这就意味着回忆者展开自我调查，这种自我调查的最大障碍就是自己的情感。如果没有另外的证人，没有外部的标准进行校正帮助，在这种自我回忆中能够确立一个可信度的标准吗？卢梭的非凡之处，在于他清楚自己不能把过去的事件精确地重构，因此，他从一开始就否定了对其回忆提出客观真实性的要求，但是他却接受了对情感主观真实性的要求。他认为情感的真实性是植根于个人“情感（感情）之链”之中的：

> 为了弥补我记忆的不足，为了使我在这项工作里有所遵循，我也曾搜集了一些资料，但是这些资料现在都已落入他人之手，收不回来了。我只有一个向导还忠实可靠，那就是感情之链，它标志着我一生的发展，因此也就是我一生经历的事件之链，因为事件是那些感情的前因或后果。我很容易忘掉我的不幸，但是我不能忘掉我的过失，更不能忘掉我善良的感情。这些过失和感情的回忆对我说来是太宝贵了，永远不能从我心里消失掉。我很可能漏掉一些事实，某些事张冠李戴，某些日期错前倒后；但是，凡是我曾经感受到的，我都不会记错，我的感情驱使我做出来的，我也不会记错；而我所要写出的，主要也就是这些。我的《忏悔录》的本旨，就是要正确地反映我一生的种种境遇，那时的内心状况。[1]

卢梭告诉我们，真实并不是他生平事实的精确定位，而是指向他与这些过去保持的关系。按照他的想法，思想只有变得具体可感知才能进入记忆，成为记忆的对象。虽然卢梭的《忏悔录》带有为自己辩白的意味，但从更深层面来看，这种计划好了的诚实，本身也反映了一种真实的情感需求。可以说，一个人在记忆中说谎，由此释放的信号既包含真实，又包含不真实。说谎是因为他需要说谎，这本身代表了真实的情感需求。由此形成客观真实性与主观真实性既悖离又共存的问题。卢梭从哲学家的角度，给史学研究者提了醒。

治史者总以还原史实为职事，但记忆研究无可避免存在偏离客观史实的地方。与口述研究旨趣不同，记忆研究者恰恰追寻记忆中的主观价值。尤其在底层研究中，某些情况下，逻辑清晰、准确客观的个体记忆，其分析价值还不如掺杂了谬误的记忆。比如，我在采访中会遇到记忆移植的现象，这本身就是值得探究的情感问题。

所谓记忆移植，就是口述者将外来的口耳相传的历史叙述，挪用到自己的生活记忆中。在心理学与神经科学的研究中，这种记忆移植的现象被称作源记忆失忆症，也就是

---

〔1〕［法］让·雅克·卢梭：《忏悔录》（第二部），第348页。

说，回忆者无法对记忆的来源进行准确判断。[1] 这种虚假的记忆，最初可能只是信息刺激形成的联想，但因不断重复，这种联想就变成了自己的记忆。甚至老人在叙述移植的记忆时，他们每一次的表情、手势、言语内容都相差无几。就好像，他们忘记上次聊天时，也曾绘声绘色地讲过这个问题。

有次，听一位老先生讲述自己小时候的经历。他在谈起 1947 年国共内战期间的经历时说，一个国民党士官抓住一个老百姓，问他国民党好还是共产党好，老百姓的回答很机智："你们一样好，只有我们老百姓不好。"这个回答引得士官哈哈大笑。后来我翻阅胡素珊《中国的内战》，无意间竟找到一模一样的描写。[2] 我在其他乡村做访谈时，发现了类似的记忆，农民往往误以为这就是自己村庄或临近村庄曾有过的故事。可以肯定的是，农民关于这个故事的记忆，是一种记忆移植的现象。历史记忆之所以能够在口耳相传中发生移植，很重要的原因在于，这些被挑选出来的记忆素材具有很强的生动性，经过民间智慧的提升，很容易在人们头脑中留下印象，进而转化为他们叙述的谈资。人们在描述这段移植的记忆时，往往比自己真实的经历还要生动，绘声绘色，如身临其境。而随着时间推进，人们往往忘却了它是转述过来的故事。这种虚假记忆，也是一种集体记忆，表达了共同的情感需求。

当然，我们承认记忆情感具有真实的价值，但仍需思考批判使用记忆史料的方法。对记忆史料的运用，需要研究者对访谈的现场进行评价。这种评价是一种自我相对化的过程，也就是说，研究者需要意识到，访者与谈者共同参与了重构历史回忆的过程。在事后研究分析中，访谈的双方都成了被分析的客体。因此，治史者在使用记忆材料时，应当具有挑剔的鉴别眼光和精准的心理剖析能力。采访者既不能简单相信谈话对象的讲述，也不能简单否定内容的真实性。如阿莱达所讲："回忆固然并非总真实，我们却不得不认为我们的回忆是真实的，因为它们是我们赖以汲取经验和建立关系，尤其是赖以绘制自我认同图像的材料。"[3] 回忆者虽然不是全部历史的亲历者，却是自身历史的亲历者。这种个人的主观经验是我们观察和评说不同历史经历的个体基础。

总之，底层记忆尽管不可避免地存在强烈情感引导，出现话题细碎化等问题，但从这些细碎化陈述中可以窥见个体和集体的心态变迁，这更考验治史者的耐心和提炼细碎信息的学术能力。在这个问题上，底层记忆与精英口述不同，精英口述往往更具直接的史学

---

〔1〕［美］丹尼尔·夏克特：《找寻逝去的自我：大脑、心灵和往事的记忆》，高申春译，长春：吉林人民出版社，2011，第 315 页。

〔2〕何彭：《在内战最前线》，载［美］胡素珊：《中国的内战：1945～1949 年的政治斗争》，启蒙编译所译，北京：当代中国出版社，2014，第 107 页。

〔3〕［德］阿莱达·阿斯曼：《回忆有多真实?》，载［德］哈拉尔德·韦尔策编《社会记忆：历史、回忆、传承》，季斌、王立君、白锡堃译，北京：北京大学出版社，2007，第 57 页。

印证意义，而底层记忆则要有一种主观性的提炼。即便口述者的陈述存在事实错误，这种错误也具有主观真实性价值。治史者若是能兼顾精英口述与底层记忆的声音，则能更加深刻地理解他们当时的行为反应和心理动机。

3 叙述的合理想象

底层记忆极为庞杂，然而，记录底层声音的文字却相对匮乏。同时，考虑到记忆情感真实及档案本身的虚构，底层研究者自然面临一个问题：如何基于不确定的素材构建自己的叙述。

19世纪德国史学家兰克曾有名言："历史学家只是要表明，过去究竟是怎样的。"[1]受兰克史学影响，近代史家颇重实证，以考辨史实作为历史研究的主要任务。自然，书写历史最重要的是依据文献史料，坚持有一分证据说一分话。问题是，研究者几乎总要面临直接文献不足的问题，那历史研究何以可能呢？

20世纪以来，西方史学逐渐开始摆脱兰克史学的束缚。在罗兰·巴特、海登·怀特等一批学者的倡导下，后现代史学逐渐展示了影响力，其典型特点在于历史叙述中引入了合理想象。海登·怀特呼唤历史叙述学的回归，并认为叙述的目的在于建构外在于历史真相的复杂性。[2] 在这种思路启发下，后现代史学为历史研究提供了崭新面相。以《马丁·盖尔归来》为例，在面对档案史料的匮缺与虚构时，戴维斯的做法是根据具体时空背景和史料中的蛛丝马迹，推断其可能性。所以，她虽然叙述的是一个特定村庄的故事，却可能从本地或附近村庄的资料中寻找了大量线索。[3]

这种历史的"虚构"正是备受实证研究者诟病的地方。实证研究者认为，后现代的想象使历史书写背离了追求客观的原旨，成了一种介于历史与文学之间的文体类型。实际上，后现代史学虽然发生了叙述风格上的转变，但这并不意味着对实证研究的否认。后现代史学仍然坚持追求客观是历史研究不变的宗旨，具备区分事实与虚构的能力，这仍是历史研究基本中的基本。[4] 只不过后现代史学同时承认客观追求并不能完全实现。可以说，这种认知使历史研究者放下了一种负担，由此带来的改变是合理想象的引入。

合理想象的引入，一个重要原因是资料衔接的需求。历史研究几乎总要面临直接资料匮缺的问题，但从另一个角度看，一定程度的资料匮缺给历史书写带来了益处，它给书

---

[1] [德]利奥波德·冯·兰克：《近代史家批判》，孙立新译，北京：北京大学出版社，2016，第9页。

[2] Hayden White and Erlend Rogne, "The Aim of Interpretation Is to Create Perplexity in the Face of the Real: Hayden White in Conversation with Erlend Rogne," *History and Theory*, Vol. 48, No.1(Feb. 2009): 74.

[3] [美]娜塔莉·泽蒙·戴维斯：《马丁·盖尔归来》(第二版)，刘永华译，北京：北京大学出版社，2015。

[4] [英]艾瑞克·霍布斯鲍姆：《论历史》，黄煜文译，北京：中信出版社，2015，第9页。

写者提供面对历史的好奇与想象。这种想象进一步激发阅读者更广阔的想象。而一旦事件、人物的资料足够丰富,历史就如同置于显微镜下的切片,想象的魅力就此消失。一定意义上说,人对历史的感知力,其意义或许不亚于人对历史的了解。[1] 当然,对历史的想象是建立在已有史料基础之上的,也就是说,历史的合理想象并不是装饰性的,而是结构性的。是想象力衔接了零散堆积的史料碎片。[2]

合理想象的引入,也是时空距离带来的自然结果。历史研究的素材与再创造,本身都未曾离开想象。记忆的情感真实没有摆脱想象,这种情感真实如同戴维斯所言的"档案中的虚构",并不能简单将其视作一种"捏造",而是将"虚构"视作叙述技巧。[3] 另一方面,再创造的过程也离不开想象。记录底层声音的过程好比酿酒,访谈后的及时记录固然重要,因为它保存了访谈情境中生动的情态美,但真正回味此间甘美,提炼思考的精华,大概总是在数月之后的某一天。这段记忆资料的沉寂时间可以视作"发酵期"。必须承认,"发酵"后形成的文字,已经与历史的客观拉开了一段距离,它提炼了一种更有普遍意义的价值,也无可避免地加入了某种事后想象,好比酒的酿成使它不同于粮、水原本的味道。

记忆的情感真实与叙述的合理想象,使底层书写面临叙述风格的转向问题。在这个问题上,史学需要不断地从人类学、文学、心理学等其他学科中借用更多系统的技术和方法来协助研究,协助表述。

以文学为例,早在近一个世纪之前,美国历史学家、作家塔奇曼就认识到这个问题,并践行以文学的风格记述历史。她引用剑桥大学已故当代史教授特里维廉的观念:理想的历史写作,应该是勉为其难地用文学艺术的手法,把过去的事实中最有情感价值和智识价值的部分呈献给普通大众。塔奇曼认同历史应为普通读者而写的观点,认为只有为大众写作,才能写得清楚,写得有趣。[4]

就中国当代文学而言,20 世纪文学作品中,颇有一批生动反映了上个世纪中国底层变迁的作品。[5] 从保留历史情境的角度来说,它们保存历史的作用也许不逊于历史学本身。几百年后,也许人们更愿意也更可能通过文学了解历史。维克多·雨果用哲理性的话语启发我们:"历史有真实性,传奇也有真实性。传奇的真实和历史的真实在性质上是不同的。传奇的真实是在虚构中去反映现实。但,历史和传奇却有相同的目标:利用暂时

---

[1] [美]亨德里克·威廉·房龙:《人类的故事》,刘缘子等译,北京:生活·读书·新知三联书店,1988,第 381 页。

[2] [英]柯林武德:《历史的观念》,何兆武、张文杰译,北京:商务印书馆,1997,第 336 页。

[3] [美]娜塔莉·泽蒙·戴维斯:《档案中的虚构:16 世纪法国的赦罪故事及故事的讲述者》,饶家荣、陈瑶等译,北京:北京大学出版社,2015,第 4 页。

[4] [美]巴巴拉·W. 塔奇曼:《历史的技艺:塔奇曼论历史》,张孝铎译,北京:中信出版社,2016,第 35 页。

[5] 张炜《古船》生动再现了胶东地区"土改"至改革初期的乡村变化,小说中,"土改"对个体精神冲击的持久令人深思;古华《芙蓉镇》详细记载了湘西"四清"的历史,可视作文学书写历史的典范。

的人来描绘永久的人。”[1]

当然,合理想象与叙述风格的转向也带来新的问题。尤其需要警惕的是,如何避免为考虑结构安排而生成的后见之明。有学者深刻指出,追求叙述情节的编排,制造出一种假象,突出历史中事件、人物思想与活动背后深层力量的存在与作用,其结果是有意无意抬高了学者在解释历史上的独断地位。线索的勾勒与深度的获得,实际根植于时人所不知的历史结果——一种后见之明,根据历史后来的走向,立于结果,逆推其因,从而选择、剪接不同的史实构建出的线索,不过是“以后推前”“以今度古”思考方式的再现。[2]

在记录底层的历史叙述中,初步挖掘一个故事时,似乎无可避免会在头脑中形成大致的框架,结构安排确实免不了后见之明。理想状态中,记录底层的写作就像对河流蜿蜒脉络的探究。从河源出发,我们无法预料它将经历多少曲折,形成多少分汊,最终又将汇到何处。但现实写作中,叙述者几乎无法在思维空白的状态下从河源出发,但凡接触了故事后期的某些史料或回忆,其头脑中便已经形成了一点影响结构的印象,就好比在前往河源的路途中,已经间断领略过大河中下游的曲折壮美。现实写作中,叙述者能做到的也许只是基于现有回忆、档案形成大致框架。框架形成之初,叙述者已经分解了整体故事,其后见之明在这种分解中已经渗入。在每一段(按时间、主题延续)的分解基础上,叙述者可基于史料探究局部的未知脉络。而不同发展脉络错综复杂的呈现,可以在一定程度上修正先前设定的结构。

4 结语

在历史研究中,很多学者认为口述史只能作为档案文字的印证。这自然是口述史很重要的史学价值。但需要看到,口述史发挥的印证作用,更多体现在精英人物口述中,而对底层社会进行的口述工作,则有不同的学术旨趣。底层民众不像知识分子,后者的记忆显示出令人吃惊的理性与逻辑,这种理性排斥了记忆的感性美。我逐渐意识到,理性与非理性之间,尚有一种过渡状态,一种非理性的“超验”状态(比如传说、信仰等)。在与农民的聊天中,我真切体会到理性之外的生动观念——他们有自己的历史,更有自己的历史观。虽然这些记忆与“真实”和“理性”相去甚远,但正是这种距离,使他们的思维世界值得我们关注。正如霍布斯鲍姆给我们的提醒,“草根历史学家不是实证主义者”[3]。我们可以认为,底层历史不是实证主义,而是有理有据的想象,这正是它的魅力所在。将底层口

---

[1] [法]维克多·雨果:《九三年》,郑永慧译,北京:人民文学出版社,1990,第213页。

[2] 侯旭东:《告别线性历史观》,载中国社会科学院历史研究所马克思主义史学理论与史学史研究室编《理论与史学》(第2辑),北京:中国社会科学出版社,2016。

[3] [英]艾瑞克·霍布斯鲍姆:《论历史》,第317页。

述深化至记忆研究的层面，可以说是研究旨趣的自然转向。

实证研究者强调历史研究的客观性原则，而所谓客观性，不仅是方法和批评标准的问题，还是苦难和切身的关联被取消和淡化的问题。虽然我们要求治史者排除自己的主观思维，但没有自己的主观判断，研究者可能会面临无从下笔的困境。就此而言，研究者需要珍视底层记忆的情感价值。如同贺萧所言，跟其他任何可获得的、关于过去的片段一样，记忆总是受到“污染”，我们要对这种“污染”培养兴趣并保持尊重。[1] 而从哲学的层面看待这个问题，萨特也做出类似阐述，他否认“显象”与“本质”的二元论，认为“显象并不掩盖本质，它揭示本质，它就是本质”。[2] 也就是说，不客观是另一个层面的客观。

历史不专恃记忆，更是一种思维的方式。记忆者有自己的主观情感，治史者在此基础上加入了自己的主观评判。不仅如此，在面对底层文献资料匮乏与记忆庞杂的情况下，治史者也无可避免地需要结合记忆与背景档案，进而衔接个人的合理想象。就此而论，治史者要呈献给读者的，与其说是一种史实，不如说是基于不确定史实之上的诸多思考。情感真实与合理想象的引入，实际呼唤的是感性历史叙述的回归。当然，感性并不意味着价值预设，这是两码事。

克罗齐在其著作《历史学的理论和实际》中提到，“生活与思想才是真正的史料”。[3] 无论是研究者的还是回忆者的，从根本上讲，这种构成史料的生活与思想，都是叙述主体对生活与思想的当下反映。这种对生活和思想的当下反映，会不断修正对过去的生活与思想的回忆，给我们的生活提供一个连接现实与过去的历史通道。这也是伸展到未来的历史通道。

---

〔1〕［美］贺萧：《记忆的性别：农村妇女和中国集体化历史》，张赟译，北京：人民出版社，2017，第 32 页。

〔2〕［法］萨特：《存在与虚无》（修订译本），陈宣良等译，北京：生活·读书·新知三联书店，2014，第 2 页。

〔3〕［意］贝奈戴托·克罗齐：《历史学的理论和实际》，傅任敢译，北京：商务印书馆，1982，第 15 页。

口述史发展的三个向度:理论、方法与实践

◎白　帆[1]

摘　要:

对于口述史是什么,学界一直存在不小的争论和分歧。实际上理解并把握当代口述史发展的关键,应当从以下三个向度出发:理论、方法与实践。从理论上看,口述史研究可以成为当下史学研究的一种进路。口述史资料能够提供史实考证的重要依据,有档案文献无法替代的价值;更进一步,口述史理论能够承担史学观念的后现代转向,它凭借在个人化观察和经验传达上无可比拟的优势,解构了自上而下的具有整体性特征的传统史学,或将推动史学研究新变革。而就认识论的层面讲,它是基于唯物史观的,具有建构性和批判性,要求研究者用发展的眼光看待口述史料;拒绝承认因果决定论,尤其是将历史分析单元作为整合成型的总体以线性方式互动的假设;体现某种自我反思精神。从方法上看,口述史方法作为一种独立的质化研究方法和研究取向,将历史转换为一套叙述的话语,为历史文本的真伪问题提供一种另类观察与解释。作为方法的口述史吸收社会学、传播学、心理学等研究方法的优势,形成了跨学科的互动和应用。从实践成果上看,口述史料经由大众媒介进入公共视野,成为口述史作品并被传播推广。近年来涌现了许多表现手段多样的优秀作品,其中视频影像文本成为当下口述史与公众交流的重要载体。但口述历史影响力日益扩大的同时,也暴露出了畸形商业化等问题。

关键词:

口述史;史学研究;跨学科;大众媒介

Dimensions of Development of Oral History: Theory, Method and Practice

◎ Bai Fan

Abstract:

What is oral history? There has been quite a little controversy and divergence in academia. In fact, the key to

---

[1] 作者简介:白帆(1993—),男,中国传媒大学电视学院硕士研究生,主要研究方向:传播研究方法、弱势群体与大众传媒、媒介素养。

comprehend and grasp the development of contemporary oral history is following three dimensions——theory, method and practice. In theory, oral history could be an approach to contemporary historical research. Oral history materials can provide important evidence for researchers, having irreplaceable value compared with archives and documents. Moreover, the theory of oral history can assume the postmodern turn of historical research. It has unparalleled advantages on personal observation and conveying experience, deconstructing the traditional feature which is holistic and up-down, which probably promotes the new change of historical research. Oral history is also based on historical materialism, being constructive and critical, on epistemology. It requires researchers to treat oral history materials with the developing perspective, to recognize the limit of the causal determinism, including the assumption which researchers regard the units of historical analysis as an aggregation that each part molded in a linear manner to interact with each other, to embody the spirit of self-reflection. In method, as an independent, qualitative method and orientation, oral history tends to convert the facts into a set of narrative discourse, providing an alternative explanation of the authenticity of historical text. As a kind of method, oral history absorbs the advantages of the methods of sociology, communication, psychology and so on, which formats interdisciplinary interaction. In practice, oral history materials have come into public through mass media, and some of them are thought to be outstanding works in recent years. It is notable that image becomes an important media between oral history and the public. However, with growing influences of oral history, issues about its deformed commercialization are also being exposed.

Keywords:

Oral History; Historical Research; Interdisciplinary Approach; Mass Media

英国学者保尔·汤普逊(Paul Thompson)在考察口述史发展时曾有过这样阐述:“口述史就像历史本身一样古老。它是第一种类型的历史。”[1] 然而文字社会形成后,相当长的一段时间内,史学研究里“口头的证据”一直让位于文献记载,口述史仅被当作正史的有限补充。直到 1948 年,美国哥伦比亚大学成立“口述历史研究室”,才标志着口述史开始走向“学科化”。

对于口述史是什么,目前学界还存在着不小的分歧和争论。哥伦比亚大学口述历史研究室创始人艾伦·内文斯(Allan Nevins)认为“口述历史是通过有准备、以录音机为工具的采访,记述人们口述所得的具有保存价值和迄今尚未得到的原始资料”[2]。唐纳德·里奇(Donald A. Ritchie)认为“口述历史就是通过录音访谈来收集口头回忆和具有历

[1] [英]保尔·汤普逊:《过去的声音:口述史》,覃方明等译,沈阳:辽宁教育出版社,2000,第 25 页。
[2] 李向平、魏扬波:《口述史研究方法》,上海:上海人民出版社,2010,第 2 页。

史意义的个人评论”[1]。国内学者陈墨将口述史理解为“是针对个人记忆的对话与叙述”[2]。王宇英则反对“口述历史就是口述史料”的观点，认为口述史“着重于以自己独有的方式阐释历史，是历史研究后的成果”[3]。

这些定义分别强调了口述史的不同面向。笔者认为，理解并把握当代口述史的发展，应该从理论、方法和实践三个关键向度出发。

1 口述史研究的理论思考：作为史学研究的进路

学界争议持久的一个议题是：口述史到底只是权威文献细枝末节的修修补补，还是具有独特的文献无法替代的历史价值？当下越来越多的学者倾向于后者。笔者也认为，口述史作为史学研究的一种进路，正发挥着越来越大的作用。

理解这一观点，不妨先联系口述史兴起的特定背景。傅光明曾指出：“20世纪60年代后期，随着全球‘新史学’的兴盛，历史学在研究方法和研究对象上，都发生了深刻的变化，传统的政治史至上出现式微，社会研究开始占上风，长期不受重视的黑人史、印第安人史、移民史、劳工史和妇女史的研究，异常活跃起来。”[4]这实际上标志着史学研究由精英历史观向平民史观转变，即历史学开始重新构造那些过去一直被遗忘的社会个体的历史。

在笔者看来，这种转变的根本在于20世纪中期整个史学观念的后现代转向。这种转向可以理解为：历史学的重心不再是历史本身，而是对历史的解释。“历史学家通常给人的印象是，他只是在叙述，而实际上他却是在解释。”[5]由此形成了历史研究的两个新特点：一、历史学者开始不再只对史实感兴趣，而是注意到对当时当地人们的感受和价值观念的挖掘；二、解构了自上而下的具有整体性特征的传统史学，形成了多元的具有建构色彩的治史价值。

口述史研究成为史学研究进路的重要原因，即在于其能够承担史学观念的后现代转向：它在个人化的观察和经验传达上有着无可比拟的优势，能够关注社会个体的声音，发掘其特殊性和唯一性，为历史的多元叙事提供广阔的空间。

国内学者王宇英在研究“文革”史时发现，“史料搜集与整理工作开展得还不够很充分……档案开放程度还极为有限”，但“很多亲历者还健在，非常有利于口述史料的搜集”。

---

[1] [美]唐纳德·里奇：《大家来做口述历史：实务指南》（第二版），王芝芝、姚力译，北京：当代中国出版社，2006，第2页。

[2] 陈墨：《口述历史：人类个体记忆库与历史学》，《晋阳学刊》2013年第5期，第96—111页。

[3] 王宇英：《口述史：为何与何为》，《中国政法大学学报》2011年第4期，第151—157页。

[4] 傅光明：《口述史：历史、价值与方法》，《甘肃社会科学》2008年第1期，第77—81页。

[5] [英]帕特里克·加登纳：《历史解释的性质》，江怡译，北京：文津出版社，2005，第65页。

在这种情况下，口述史充实了"文革史"研究的史料来源；更重要的是，它拓展了"文革"史的研究范围和研究视角，甚至突破某些被限制的话语。王宇英在其研究中就意识到，"口述史方法可以大展拳脚的地方"就在于去回答现有文献史料很难回答清楚的问题，比如"'文革'时期的婚姻家庭、生活方式、风俗习惯、人际关系、价值观念和社会心理、文化传播方式、娱乐休闲方式以至于整个社会的结构及运作方式、精神状态、社会心理等是怎样的"。[1]

因此，口述史实际上是对传统文献学派"不存在文献的替代物，没有文献就没有历史"[2]的观点的质疑与挑战，是一种批判性的探索。它旨在建立这样一种史学分支：强调"要纠正对历史资料来源的传统偏见，认同历史研究的多样性，并以关注作为'社会关系总和的人'为核心，形成一整套治史体系"[3]。

笔者认为从认识论的角度，口述史研究应当基于唯物史观，具有建构性和批判性。

口述史研究基于唯物史观。唯物史观的基本观点认为，现实的人是一定社会关系的人格化，它要求我们用发展的眼光看待事物。因此该如何看待某个节点上个体的叙述？孤立地看，口述史是建立在个体记忆基础上的，但记忆又存在很大的不确定性。不少学者对口述史最大的质疑就在于：它的证据是可靠的吗？个体的记忆可信吗？早期的口述史学者曾努力维护个体记忆的真实性，甚至发展了一套评估口述历史记忆真实性的指南；但后来的学者渐渐认识到，"'记忆的不可信性'可能是一种财富"[4]。它的特殊之处在于：虽然口述史料本身可能相互矛盾，甚至与事实发生分歧，但这种分歧是口述者对"当时历史"真实的"当下感受"。进而就可以继续追问：他为什么会有这样的感受？他在这之间经历了什么？是记忆在这个过程中发生了变形，还是口述者主观上进行了修正？如果是后者，为什么会发生这样的修正？

原因可能如保罗·康纳顿(Paul Connerton)所言："我们对现在的体验在很大程度上取决于我们有关过去的知识。"[5]人们对现实的理解和已有的记忆之间，存在着复杂的互动关系。一个坚持唯物史观的口述史研究者，可以将过去与现在串联在一起，以发展的眼光看待这些史料，对个体记忆进行更清晰准确的把握与理解。例如傅光明在研究作家老舍之死时就谈到，"不把'老舍之死'作为'过去时'标本的'历史遗产'，而要作为'现在时'甚至'未来时'活生生的历史生命"[6]。实际上历史只存在于发生的时刻，由历史学家书写的历史都不再是历史事实本身，而口述史研究者是在打开更多连接现在与过去的通道。

---

[1] 王宇英：《口述史方法对"文革"史研究的意义》，《晋阳学刊》2006年第2期，第125—126页。
[2] 傅光明：《口述史：历史、价值与方法》，《甘肃社会科学》2008年第1期，第77—81页。
[3] 陈娜：《口述历史的不同形态与发展目标》，《人民日报》2014年6月29日，第5版。
[4] 杨祥银：《记忆是可信的吗——口述史学研究的记忆转向》，《人民日报》2011年3月3日，第23版。
[5] [美]保罗·康纳顿：《社会如何记忆》，纳日碧力戈译，上海：上海人民出版社，2000，第2页。
[6] 傅光明：《老舍之死与口述历史》，博士学位论文，河南大学中文系，2005，第2页。

口述史研究还具有建构性。它拒绝承认因果决定论，尤其是将历史分析单元作为整合成型的总体以线性方式彼此互动的假设。它将每个历史看成各自独立的彼此建构的过程，它们相互作用并不断建构新的关系，作用的方向和影响只能在具体的研究中得以理解。从这个层面上看，口述史回应了后现代历史学对历史连续性的否定：传统史观认为历史的发展之所以能被理解，是因为历史是一个不断积累的连续过程。它假定作为整体的历史是不断进步的，其发展朝向理想的未来。但米歇尔·福柯(Michel Foucault)强调应当"分解由历史学家不厌其烦编织起来的所有这些网络"[1]。口述史即是转换了研究视角，它强调历史的断裂，强调对历史定论的解构与重新建构。因此，口述史也就更加强调了个体的主动性，尤其是研究者的参与性与创造性。

口述史研究也具有批判性。传播政治经济学者文森特·莫斯可(Vincent Mosco)曾对"批判"一词进行解释，认为批判是"把知识看作是一种研究发现和其他知识体以及社会价值之间比较的产物"[2]。换句话讲，它寻求的是历史研究者可替代性的政治和社会参与。按照福柯的观点，作为历史叙述的一种知识的话语是和权力有着内在关系的，"权力能够建构知识，而知识反过来又成为权力"。[3] 口述史要探讨的则是在权力结构之外，历史是否还有另一种叙述的可能性。王宇英也曾提醒研究者们："我们不要忘了口述历史的立身之本。现代口述史学的诞生，是基于人类在知识观问题上的自我反思及探索……反映出人类要用自己的眼光和判断来读史、写史的自觉意识。"[4]

2 口述史作为方法：跨学科的互动和应用

前面笔者主要从学科建设的角度，阐释了对口述史研究的理论思考，并提出了口述史研究的认识论基础。笔者提出的这一观点，目前学界还处于争议之中，需要进一步讨论与研究。但口述史作为一种方法，不仅在历史学领域发挥了重要作用，也形成了跨学科的互动和应用；它既从其他学科中探求方法，反过来又能够成为其他学科进行研究的有力工具。

闫茂旭曾将口述史方法定义为"使用口述史料拓展和丰富研究对象，帮助研究者解读历史问题的研究方法"[5]，这一定义是比较完善的。一方面，使用口述史方法得到的口述

---

[1] [法]米歇尔·福柯：《知识考古学》，谢强、马月译，北京：生活·读书·新知三联书店，1998，第219页。

[2] [加]文森特·莫斯可：《传播政治经济学》，胡春阳等译，上海：上海译文出版社，2013，第13页。

[3] 葛兆光：《思想史研究课堂讲录：视野、角度与方法》，北京：生活·读书·新知三联书店，2005，第52页。

[4] 王宇英：《口述历史的危机与生机》，《中国图书评论》2012年第9期，第104—107页。

[5] 闫茂旭：《当代中国史研究中的口述史问题：学科与方法》，《唐山学院学报》2009年第22卷第4期，第16—20页。

史料能够补充并丰富既有的文献资料；另一方面，它强调了研究者的分析与解释作用，赋予了口述史方法的独有特征。

口述史是一种质化研究方法。质化研究的基本特征是：它强调研究者思辨的过程，关注对研究现象进行解释或阐释；但它又不同于定性研究忽视经验的传统，需要进行实地调查并收集一手资料，使研究更加规范化、系统化和相对精确化，从而具有科学的基本特征。

口述史的研究方法和研究取向，遵循的就是"质"的逻辑——这也使得侧重以个体记忆为研究对象的口述史必须小心翼翼地处理有关客观性的问题。这一点在唐德刚先生做《胡适口述自传》和《李宗仁回忆录》时就有体现，其注释文字几乎和口述正文相当。这种唐氏创造性工作体现了其治史的严谨：通过反复比对历史细节，使口述不再被看作简单的个人生活回忆，而成了有佐证的、充满细节的、比较准确的历史记忆。

当然，获得口述史料核心的手段还在访谈和口述上。口述史料是从访谈中得到的，但不是所有的访谈都是口述史料。为了获得口述史料，口述史方法创造性地赋予访谈新的内涵，拓宽了访谈的想象空间。

与传统口述访谈相比，口述史一个最大的独立特征是：把访谈想象成研究者与口述者共度的一场旅行，而非机械的你问我答，"让研究者和受访者一起来反省他们共同面对的世界，以一种精神的默契来共同看待这个世界"〔1〕。这种互动使得访谈双方进入相互影响、随机访谈的动态中，在这种状态下，受访者能够渐渐摆脱历史的不在场，与研究者走入一个共通的情境，这个情境能够减少受访者在讲述自己曾经的生命际遇时与研究者的隔阂，也能与研究者一起重新思索与检视当下。好的口述史访谈是一次良性互动的人际交往。

这也使口述史方法与语言学和传播学产生了千丝万缕的联系：口述史作为一种言语活动，是"采访人与受访人的对话交流和协商建构"，"采访人须具备交际语言能力和语言学知识，懂得营造和适应语境，熟悉地域和社会方言，遵守会话合作原则"。〔2〕另一方面，口述史访谈又是"人际传播的特殊形式"，它"符合信息生产的目标—计划—行动理论；传播过程具有循环性、协商性和开放性等特征"〔3〕，同时又不同于一般的新闻采访或人物访谈——为了完成这场共度的旅行，双方必须成为"陌生的交心人"，形成信息的有效传播。

我们还有必要把口述史访谈放在更大的环境中去衡量。社会学家 C. 赖特·米尔斯(C. Wright Mills)曾经提出："社会科学探讨的是个人生活历程、历史和它们在社会结构中交织的问题……我们需要范围更为全面的东西，而它们只能由人类社会历史多样性的知

---

〔1〕 李向平、魏扬波：《口述史研究方法》，第 42 页。

〔2〕 陈墨：《口述历史与语言学》，《西南大学学报》(社会科学版)2015 年第 41 卷第 4 期，第 125—144 页。

〔3〕 陈墨：《口述历史：人类个体记忆库与传播学(一)》，《当代电影》2015 年第 3 期，第 91—99 页。

识提供。"[1] 因此，口述史除了要将受访者个人生活历程和历史纳入研究，还应该考虑受访者所处的社会结构，认识到受访者不是孤立的个体，而是被结构化的个体。口述史研究者需要将历史的某一片段置于更广泛的事件序列中，这就要求口述史学者需要具备"社会学的想象力"，从而理解历史与个人的生活历程，以及二者在社会中的联系。

此外我们还要考虑到如下问题：口述史方法往往强调"我"的参与性，那如何构建信任？如何让受访者生活的环境激发其讲述的欲望？怎样在访谈中使研究者和受访者达到一致的心理状态？访谈达到共情有哪些实现手段？回答这些问题需要一个更加开阔的跨学科视野：除了语言学、传播学、社会学对口述史方法的启发，还需要从人类学、心理学、精神分析等领域汲取灵感。陈墨就提出"心灵考古"的说法，认为"口述历史工作是一项需要采访人与受访人密切合作的心理工程"[2]。比如可以根据相关的心理学知识，为受访者建立一套个性评估模式，根据这些并不外显的信息来建立好的访谈环境，确定合适的访谈形式。

一个来自人类学的有趣例子是，克利福德·格尔茨(Clifford Geertz)在研究巴厘岛"斗鸡"习俗时，遇到一次警察突袭斗鸡活动。根据人类学"入乡随俗"的原则，研究者也跟着一起逃跑，这一行为使其"被一个社会完全接纳，而且这个社会对外来者而言是非常难以深入的"[3]。它给口述史方法的启示是：要细致观察受访者的生活行为，行动一致可能会使双方建立进一步的信任。

另一方面，口述史作为一种独特的质化研究方法，还能够对其他学科研究有所启发。口述史强调以个体记忆为研究对象，实际上突出了其民主化特征，对于研究精英群体之外的社会大众能够起到很大作用。实际上，在英国，"口述史学从一开始就主要应用于社会学研究，比如工人阶级和普通大众的日常生活和工作条件等等"[4]。

从这个层面上看，口述史方法能够为传播学研究提供新的路径。以笔者研究流动人口媒介使用为例，当市场化的大众传媒以精英的姿态为城市中产阶级服务时，打工者"变成了大众传媒和影像中的'社会底层'和边缘人群"[5]。大众媒体公共服务是屡屡缺席的，正像孙皖宁指出的："底层人不仅没有钱，没有房子，同样重要的是他们没有说话的机

---

[1] [美]赖特·米尔斯：《社会学的想象力》，陈强、张永强译，北京：生活·读书·新知三联书店，2001，第154、158页。

[2] 陈墨：《"心灵考古"：口述历史的方法与模式探索》，《当代电影》2010年第7期，第40—47页。

[3] [美]克利福德·格尔茨：《文化的解释》，韩莉译，南京：译林出版社，1999，第489页。

[4] 杨祥银：《关于口述史学基本特征的思考》，《郑州大学学报》(哲学社会科学版)2010年第43卷第4期，第5—9页。

[5] 吕新雨、赵月枝：《中国的现代性、大众传媒与公共性的重构》，《传播与社会学刊》(香港)2010年总第12期，第1—24页。

会和平台。”[1]那么作为研究者如何接近他们？笔者在对北京、天津等地的流动人口群体做深访时就感受到了研究者和研究对象之间存在的区隔和沟通障碍。研究者用什么方式让他们发声？口述史的研究理念与方法为解决这个问题提供了启示，即为弱势群体提供了一套“将日常经验在口述史舞台上通过叙述来自我呈现”的途径，让研究对象借助研究者的理论储备与素养书写个人的媒介实践。这种研究方法能够将原本传播研究中存在的权力结构打破，激发研究对象的主体性。

3 口述史的传播推广:大众媒介带来的可能与挑战

口述史作为实践成果传播古已有之。国内最早可溯源到远古的神话传说，它“为后人保存了先辈生活、生产、军事、祭祀及治水等各种活动的记录”[2]。司马迁在治史时也搜集了大量的口述史料并编入《史记》。长期以来，口述史料都是文献的重要补充。但这些口述史料的社会认可度高吗？顾颉刚对口述史的看法，可以说明口述史料存在的争议性：“凡是没有史料做基础的历史，当然只得收容许多传说。这种传说有真的，也有假的；会自由流行，也会自由改变。改变的缘故，有无意的，也有有意的。中国的历史，就结集于这样的交互错综的状态之中。你说它是假的罢，别人就会举出真的来塞住你的嘴。你说它是某种主义家的宣传罢，别人也会从这些话中找出不是宣传的证据。你说它都是真的罢，只要你有些理性，你就受不住良心上的责备。你要逐事逐物去分析它们的真或假罢，古代的史料传下来的太少了，不够做比较的工作。所以，这是研究历史者所不能不过而又极不易过的一个难关。”[3]

如果从社会更关心的历史事实本身来看，口述史直到今天仍处于顾颉刚谈到的争议中。前文提到，由于文献史料的缺失，口述史料的确在弥补历史细节上发挥着很大作用；然而口述史也非常容易掺杂各种流言、臆见、假象，尽管我们“为记忆的不可信性”做出注解，甚至提出它的深层意义，即这种不可信处更能见证历史的深意，但仍然无法改变其可能对事实造成的某种扭曲。

所以，口述史研究者更需要遵循严格的学术规范。口述研究成果绝对不应该成为像访谈一样的简单记录。并非像唐纳德·里奇号召的“大家来做口述历史”，就都能做出优秀的口述史。它们是需要作为成果公开并被社会检视的。

近年来，口述史开始走出学术领域，以影像为书写方式的口述史节目进入大众视野，

---

〔1〕 孙皖宁、苗伟山:《底层中国:不平等、媒体和文化政治》,《开放时代》2016 年第 2 期，第 211—223 页。

〔2〕 岳庆平:《关于口述史的五个问题》,《中国高校社会科学》2013 年第 2 期，第 81—93 页。

〔3〕 顾颉刚:《战国秦汉间人的造伪与辨伪》,《史学年报》1935 年第 2 卷第 2 期。转引自岳庆平:《关于口述史的五个问题》,《中国高校社会科学》2013 年第 2 期，第 81—93 页。

这也为口述史带来了新的可能与挑战。按照蔡骐的观点，“这一节目形态的兴起不仅意味着一种类型创新，同时也是史观变迁在媒介生产领域的一种表征，人们从强调社会的、精英的、大写的历史转而关注那些个体的、草根的、小写的历史”[1]。口述史和影像结合，使历史呈现给了大众全新的形态：历史不再高高在上，它变成了可以接近的、具有感染力的文化样态。

引人注目的是崔永元的口述历史团队，近年来其一直致力用大众媒介多样化的形态实践口述历史，并取得了一定的社会影响力。《我的抗战》系列纪录片将丰富的口述史影像素材剪辑成了一段段生动的故事，将抗日战争史中诸多被忽略的不为人知的细节呈现给了观众。老兵们作为口述者，成为历史与当下对接的中介。纪录片用第一人称的视角，将独特的“我”的抗战经验与第三者的叙述区隔开来，只有“我”有资格讲述抗战，这是“我的抗战”，从而为历史的再现提供了一种强烈的真实感。

更重要的是，通过电视媒介的赋权，“小写的历史”进入到了公共领域中，得到了社会的关注与讨论。这就不同于教科书里传统抗战史的宏大叙事，一方面观众知晓了很多可能被历史遗漏的细节，感受到了历史细节的温度；另一方面，影像形成直接的视觉效果，加深了人们对于战争、苦难与人性的感知。

不过，口述史的传播推广也存在着问题。在王宇英看来，“《我的抗战》为口述历史多样化的呈现形态提供了非常有益的探索”，但她也认为，“《我的抗战》系列作品从整体上看，仍更接近‘口述史料’，而非‘口述历史’”。[2] 口述历史某种程度上是“和时间赛跑”的历史，但抢救和保存口述史料只是前提。影像制作者们不应只是简单地拼贴与呈现口述史料，而应具备并以更深的问题意识，去发掘史料背后存在的问题。比如在《我的抗战》“伪军”一集中，有两位昔日的伪军在访谈中表示自己不得已才选择做伪军，这是出于一种无奈，但他们在镜头面前回避了他们对普通百姓造成的伤害。蔡骐就认为“这种趋利避害的叙事在很多时候都妨碍了历史的客观性”[3]。

让读者和观众去鉴定口述史料的真伪往往是模糊的、不可能的，这需要研究者严谨治学以考证。但是在商品化社会中，大众媒介为受众消费口述史提供了可能。历史追求真相，大众传媒追求传播效果。由于人们对历史“被遗忘的秘密”存在天然的偏好，对反常、猎奇的细节的追捧以及对正统历史叙事时常抱有的轻视态度，为一些口述史料打开了满足这些消费心理的市场。姚力就认为，“很多口述史以大揭秘为噱头，大肆炒作领袖人物

---

〔1〕 蔡骐：《影像传播中的历史建构与消解——解析电视传播中的“口述历史”现象》，《新闻与传播研究》2012年第2期，第59—67页。

〔2〕 王宇英：《影像记忆：口述历史的介入与超越——崔永元〈我的抗战〉研究》，《现代传播》2012年第8期，第84—87页。

〔3〕 蔡骐：《影像传播中的历史建构与消解——解析电视传播中的“口述历史”现象》，第59—67页。

的私生活、反右派斗争的恩怨情仇、'文化大革命'的凄惨往事，似乎只有共和国历史上的曲折和失误才是口述史的重点，以至于人们将口述史与野史秘闻相等同"[1]。这一切的结果，只会导致众声喧哗，历史被再次消解且无法重构。

笔者指出这一点，并不是反对口述史的商品化。实际上，也正是经由大众媒介，口述史料才开始不断进入到公众视野中，形成了越来越大的影响力。笔者只是对口述史理论与方法建设的落后以及消费社会呈现出"娱乐至死"的样态隐隐担忧：如果大量非专业的口述史研究进入公众视野，会不会不但没有揭开遮蔽的真相，反而让人迷惑在没有价值的细节中甚至陷入历史虚无主义？

综而观之，理论、方法和实践是理解并把握口述史发展的三把钥匙。作为理论的口述史、作为方法的口述史和作为实践的口述史之间有着非常紧密的联系，丢失任何一个向度，口述史研究都不会完整。如何将三者更好地统一，以口述史为轴推动史学研究向纵深发展，值得学界与业界共同探讨。

---

〔1〕 姚力：《我国口述史学发展的困境与前景》，《当代中国史研究》2005年第1期，第96—100页。

从“动机”看口述历史的参与路径[1]

◎周俊超[2]

摘　要：

组织参与口述历史者，皆有其动机。将口述历史的组织者作为考察对象，以其参与动机为依据划分参与路径，既可以明确口述历史的组织者，又可明晰参与口述历史的路径。动机包括发端、方向、强度和持续性，依次逐层分类，可划出自发型与非自发型、营利型与非营利型、长线型与短线型等不同路径的口述历史。分类有助于比较研究，分析各路径的优缺点，进而统合组织者的各方资源，汲取各条路径的经验，同时发挥经营性文化产业与公益性文化事业在口述历史领域的积极作用，如此可汇集成推动口述历史发展的合力。具体到某个口述历史的参与者，在行动之前，首先要明确自己参与口述历史的动机，而后才能快速有效地制定出参与计划，并选择最适合的路径参与。

关键词：

口述历史；动机；组织；参与；路径；分类

The Participant Pathway of Oral History from the Perspective of “Motivation”

◎　Zhou Junchao

Abstract:

All the organizers and participants of oral history projects have their own motivation. Taking these organizers as the research objects and basing on their motivations can not only identifies who are the organizers of oral history, but also finds the participant pathway of oral history clearly. Motivation includes the originator, direction, intensity and continuity. According to different requirements, it can also be divided into the spontaneous and non-spontaneous, for-profit and non-profit, long-term and short-term types of different participant pathway of oral history. The classification is helpful for comparative studies and the analyses of the advantages and

---

〔1〕 基金项目：宁波大学人文社会科学培育项目“中国公众史学理论与实务研究（多卷本）”（项目编号：XPYA16001）。

〔2〕 作者简介：周俊超（1989— ），男，河南开封人，华东师范大学历史学系博士研究生，主要研究方向：口述史学、公众史学。

disadvantages of different paths, then assembles resources of organizers, drawing experience of each path, also playing a positive role in cultural industry and public cultural undertakings in the field of oral history. Such an integration can promote the development of oral history. More specifically, for the participants of oral history, before the action, each specific participant should have a clear motivation before practicing, so as to make plans and choose the most suitable pathway effectively.

Keywords:

Oral History; Motivation; Organization; Participation; Pathway; Classification

口述历史的组织者有谁,组织参与口述历史的路径有哪些?这是从事口述历史者首先要清楚的问题。以往对口述历史的分类多以口述者的职业、身份为依据,分成若干专题口述史,如电影人口述史、科学家口述史等。然而口述者的职业、身份种类繁多,如此分类繁而不全,多而有失。这其实是把口述历史“碎片化”,再以“碎片”的形式加以罗列。因此这种“专题分类法”缺乏逻辑性,对于理论研究助益无多。若将口述历史的组织者作为考察对象,以其组织、参与口述历史的动机为依据划分参与路径,则会有新的发现。

现有的口述历史参与路径大致有四。高校等科研单位的学者主持政府、出版社、科研单位发起的口述历史课题(简称“官方课题”),是口述历史最初的参与路径之一。如美国哥伦比亚大学的“中国口述历史计划”,台湾“中研院”的口述历史系列等采取的便是此路径。以“官方课题”的路径参与口述历史,对于提升口述历史作品的质量大有裨益,但其较高的门槛也限制了公众参与到口述历史当中。而由作家、导演、业余爱好者等自由发起的个人史书写,则更多关注公众。由于公众的历史普遍缺乏文献保存,他们便借助口述历史搜集资料,此为路径之二。如《93岁老父亲的口述史》[1],便属于业余爱好者为父亲书写个人史的案例。当越来越多的人重视起个人史书写,一些有商业头脑的人发现其中商机,成立营利性的传记公司,专门通过口述历史的方式为他人代写个人史(回忆录)。这在鼓励文化消费的今天,未尝不是一条参与口述历史的新路径。“北京永源公益基金会”“新历史合作社”“东方历史公益”等历史公益组织,团结各方力量,筹措起全国范围的口述历史推广计划,召集大中学生参与进来,这也是当下最火热的口述历史参与路径之一。

以上对口述历史参与路径的划分,是从口述历史的组织者入手的,但这仍是以身份、职业为依据的分类。学者、作家、导演、业余爱好者等身份或职业之间,既存在重叠,又容易混淆。况且,除了上述提到的,仍会有其他组织者存在或出现。但对于口述历史参与路径问题的探讨又离不开分类,这就需要寻找一个新的分类原则和方法,重新加以梳理。

---

〔1〕 曹泽民口述;曹淑文、曹书元整理:《93岁老父亲的口述史》,载林卉、刘英力主编《口述历史在中国(第一辑):多元化视角与应用》,桂林:广西师范大学出版社,2016,第160—200页。

凡组织参与口述历史者，皆有其动机。所谓"动机"，主要包括组织者参与口述历史的出发点和目的性。如：作家、导演、业余爱好者、传记公司、公益基金会组织参与口述历史的自发性强；政府、科研单位、公益基金会以非营利为目的；公益基金会、某些科研单位或个人在组织参与口述历史时，可能拥有较远的目标或较大的布局，并不满足于仅仅完成某一项课题。这些都属于口述历史组织者的动机。"动机，在心理学上一般被认为涉及行为的发端、方向、强弱程度和持续性。"[1]发端有自发与非自发之分，方向有营利与非营利之分，强度和持续性亦有强弱长短之分，这三种要素组成了组织参与口述历史者的动机。每一位组织者在行动之前，首先要明确自己发起口述历史的动机是什么，如此才能快速有效地制定计划、展开行动。因此对动机的分析卓有意义。

本文尝试采用"逐层分类法"，先从动机的发端入手，做第一层分类；进而根据动机的方向不同，做第二层分类；再根据动机的强弱程度和持续性，做第三层分类。当然，动机并非一成不变，如此分类的目的并不是为现有的口述历史活动定性，而是便于比较分析各条路径的利弊，为组织者明确目标、制定方案提供参考。

1 动机的发端：自发与非自发

所有参与口述历史者动机的发端可分为自发与非自发两类。自发，即不受外力支配而自然产生。自发型的口述历史，即参与者自由发起的口述历史，其内容与方法不受第三方干预。如作家、导演、业余爱好者等组织发起口述历史多数是自发行为——非承接自"官方课题"，不受官方干预，只要与口述者达成协议便可开展，由访谈双方自筹经费。具体案例如部队作家许福芦为舒芜写口述传记，写成《舒芜口述自传》[2]。自发型口述历史，不只是由采访者发起的，也包括口述者主动寻求采访者协助的情况。此时，口述历史的组织者由采访者转换为口述者。如中国社会科学院白吉庵研究员受梁漱溟先生之邀为梁老立传，出版《梁漱溟口述实录》[3]。值得注意的是，白吉庵的身份虽为科研单位的研究员，但受邀采访梁老属于自发行为，因此该部口述历史应归属于自发型口述历史。传记公司和历史公益基金会组织参与口述历史也具有自发性。

自发型口述历史虽多，但也有非自发型口述历史存在。上文提到，由学者主持"官方课题"是口述历史最初的参与路径之一。在该路径中，口述历史的发起者是政府、出版社、科研单位。学者虽也是口述历史的组织者之一，却不具有自发性，而是通过承接"官方课题"参与口述历史，并且至少在采访内容上受到"官方"约束。如中共宁波市委党史研究室

〔1〕 唐代盛主编《组织行为学》，成都：西南财经大学出版社，2010，第79页。
〔2〕 舒芜口述，许福芦撰写：《舒芜口述自传》，北京：中国社会科学出版社，2002。
〔3〕 白吉庵、李仲明：《梁漱溟口述实录》，北京：团结出版社，2009。

发起的“92名宁波籍全国劳动模范口述历史资料征集研究”课题，以“公开招标”的方式委托宁波大学钱茂伟教授主持，口述者名单由党史研究室拟定，内容也大致围绕劳模事迹展开，先期成果已由党史研究室负责出版。[1] 承接“官方课题”的学者多数来自高校等科研单位，具备相应的专业知识和科研能力，他们参与口述历史拥有专业优势。而课题制则为口述历史的开展和完成提供了制度保障：可为口述历史提供资金支持，也能为成果的出版发行提供便利。课题的主题鲜明，目标明确，可为采访活动指明方向，提高效率。拥有专业优势的学者更有条件申请到课题，反过来课题也有利于调动学者参与口述历史的积极性。前文提到的记者、作家和导演等，也有机会申请到“官方课题”，那么他们所做“官方课题”中的口述历史便属于非自发型口述历史。

比较自发型与非自发型口述历史可以发现，自发型口述历史的优势在于采访的时间、内容不受限制，允许口述者“放开讲”，在计划采访的内容之外通常能取得“意外收获”，故该路径搜集到的资料也更为丰富，但比之非自发型口述历史却不能保证效率。非自发型口述历史因受“官方课题”的约束，有完成时间的限制，可督促组织者抓紧时间、高效率地完成课题任务；而自发采访取得成果的时间相对较长，少则两三年，多则十几年。如《梁漱溟口述实录》的创作：“自1985年6月起至1988年1月19日最后一次谈话为止，前后约三四十次听其讲过去之经历，按计划此传早该可以完成了。”1985至1988年这段时间，采访者虽下了不少功夫，但“事出意外，有其他工作插入，把此事冲垮了：一次是写胡适传，另一次是要主编章士钊全集，兼写其传。如此一拖再拖，就把为梁老写传之事给耽误下来了”。[2]《梁漱溟口述实录》的创作之所以会被《胡适传》《章士钊全集》打断，正是因为前者是自发行为，不受时间约束，后两者属于“官方课题”须按时完成，于是前者只能让步于后者。

自发型口述历史是否可以引入课题制？答案是肯定的。因为课题制并非“官方”专利，民间也可以自发设立课题。组织者在组织参与口述历史时，要敢于突破职业、身份上的限制，借鉴各条路径之经验，谋求方法上的创新。“自发＋团队＋课题”或为一种更理想的模式。例如，崔永元口述历史团队也属于自发组织口述历史采集的一支团队，他们便很好地借鉴了课题制的优势，将口述历史划分为“电影、战争与回忆、外交与留学、共和国发展史”四个方向，“我的抗战”就是“战争与回忆”方向的一个课题，并邀请抗战史专家做顾问。该课题由组织者自发设立，且成立基金会为课题筹集经费，为口述历史工作的开展创造了宽松有利的条件。正因为有更高的自主性，崔永元团队并不只是把“我的抗战”当成

---

[1] 参见中共宁波市委党史研究室编《火红岁月——甬城全国劳模口述史》（上、下册），宁波：宁波出版社，2015。

[2] 白吉庵：《为梁漱溟先生立传之缘起》，载白吉庵、李仲明：《梁漱溟口述实录》，北京：团结出版社，2009，前言。

一个抗战史课题来做，而是尽可能多地收集口述资料。“采访的时间越来越长，为做节目15分钟就可完成的任务，崔永元却让老人们撒开了讲，讲他所经历的时代，历史事件，以及风暴。”[1] 这就在课题制的基础上发挥了自发型口述历史的优势。此外，传记公司的参与方式也属于“自发＋团队＋课题”模式。

综上所述，通过对口述历史参与动机的发端进行初步分类，作家、导演、业余爱好者、传记公司、公益基金会等自发组织的口述历史，大致可归于自发型口述历史；学者以承接“官方课题”的方式组织的口述历史，属于非自发型口述历史。其他组织形式可根据动机的发端是否为自发完成归类。初步分类之后，口述历史仅被分为自发型与非自发型两大类，过于宽泛，因此需要进一步细化分类。

2 动机的方向：营利与非营利

分类的第二步即从动机的方向入手。人的动机总会推动事件朝某一方向前进。动机的方向根据判别依据的不同，存在多种可能。其中，是否以营利为目的，是动机的方向之一。在自发型口述历史当中，传记公司分属营利型一类。传记公司最初是由个人代他人立传发展而来的。本文以传记公司为例，揭开营利型口述历史的奥秘。

代人立传并非新鲜事，但以商业公司的模式代人立传，却是近年刚兴起的。2012 年，一则新闻《大学生辞去机关工作：3 万字 8000 元为他人写回忆录》，讲述大学生王翔通过为他人代写回忆录而创业的故事。“签署保密协议、专业记者采访、搜集照片、编写润色、美编排版、三次校对、印刷制作……在王翔制作的宣传单页上，回忆录撰写的一系列流程严谨且完善。王翔说，回忆录撰写是个精细活，竭诚为客户制作回忆录，要求所有流程像媒体出版一样严谨。”[2] 这一系列复杂的流程单凭个人力量是难以胜任的，为追求高质量和高效益，团队协作和流水线作业成为趋势，传记公司应运而生。

那么传记公司是如何营利的，为什么会有人愿意花钱来做传记？

其一，媒体宣传有力度。电视、报纸、网络等媒体都对老人写回忆录的话题做过报道。如 2013 年 10 月 9 日早 8 点 36 分，CCTV 新闻频道《朝闻天下》栏目就报道了一则题为《走基层·我们和父母之间：柳白的老年生活》的新闻；2012 年 6 月 26 日，“搜狐读书”频道刊载了题为《三“百岁寿星”端午同出回忆录：一句戏言一辈子》的报道，后得到《北京青年报》的转载。此类报道还有很多。那么媒体为什么要做这类话题的报道？首先很重要一点是，老人写回忆录很有意义，“回忆久久”网将其总结为：“记载、感恩、传承”。这是对立传

[1] 喻盈：《〈我的抗战〉：崔永元做口述历史》，《时代周报》2010 年 6 月 10 日，第 C1 版。

[2] 李灿伦：《大学生辞去机关工作：3 万字 8000 元为他人写回忆录》，《南京晨报》2012 年 11 月 16 日，第 A11 版。

者自身而言的。它所带来的社会效应也相当积极,对加强精神文明建设、繁荣社会文化颇有助益,因此自然能获得媒体支持。

其二,宣传之所以能达到效果,关键还在于被宣传的对象有足够的意识去接受宣传的信息。比如宣传中总会讲一些“大道理”,但如果读者文化水平不高,不能理解这些“大道理”,那么自然也不能领悟回忆录的价值,无法接受宣传语中所传达的信息和精神。正所谓“仓廪实而知礼节”,当今中国公众不仅物质文明较过去显著提高,精神文明建设也随之加强。公众有意识参与,甚至主动参与个人史记录,便产生相应的文化消费的需求,传记公司的产生正迎合了这种需求。

其三,人民富足才舍得花钱立传。如果没有一定经济实力,恐怕也难以接受付费立传。付费立传动辄数千甚至上万元,对普通家庭来说不是一个小数目。但对于高收入、高消费地区的家庭,这笔开销相对容易接受。这也是为什么传记公司会率先成立于北京、上海、南京等发达城市。

传记公司既然收取高昂的费用,作品质量又如何?笔者考察了“回忆久久”网公开的百余部作品,其特色在于:内容结构上像正式出版的书籍,仅仅没有书号而已;书名格式统一且富有个性,如《傲骨冬梅——杨淑雯》《诗情画意锦绣人生——顾文霞》《人生路=坎坷+精气——孙金世》等等,与此相比,“我的六十年”“我的一生”等传统口述史作品的标题就显得毫无特色;团队专业校审严格,至少在行文上不会显得拙劣,内容表述得清楚流畅。传记公司亦有其弊,主要盲点在于,传记的质量与价格挂钩,高价出佳作,低价现庸品。“回忆久久”公司标出口述回忆录的服务价格,除根据采访次数的需要自由定制以外,有三种价位的服务标准,最低一档包括4次访谈,形成“约4万字的精编自述体回忆录一部(或收录150张照片,约3万字的精编画传回忆录一部)”;最高一档则包括9次访谈,最终完成“约10万字的精编自述体回忆录一部(或收录460张照片,约5万字的精编画传回忆录一部)”。我们很难想象仅仅4次访谈,短短4万字,能很好地讲述老人一生。定制的服务最低档甚至只需完成2次采访。[1]

传记公司组织参与口述历史之路径,在目前看来,参与人数和影响范围有限,不易为人重视。但从鼓励、推广口述历史的层面讲,传记公司的广告宣传确有助于唤醒原本无存史意识者的存史意识,并帮助他们实现存史的愿望,这一点值得肯定且不容忽视。此外,传记公司的另一亮点在于,口述者作为消费者,在口述采访过程中掌握了更多话语权。传记公司完全按照口述者的要求和意愿设计采访提纲,写出的口述传记完全是口述者所想要的,组织者一方干预较少。而且,只要口述者支付足够的费用,传记公司可以随时为之提供服务,不必被动等待组织者“找上门来”。在自发非营利型口述历史中也存在付费的

---

〔1〕“回忆久久”网:http://www.huiyi99.com/effect.html,最后访问日期:2016年5月21日。

状况，如口述者主动寻求他人采访自己，那么口述者往往也要为负担成本支付相应的费用。总的来讲，当更多人有意识主动“发声”，营利型口述历史的商机也就越多，此路径的前景依然光明。

在非自发型口述历史当中，政府、科研单位本身具有公益服务的职责，基本可分属非营利型。但也不排除部分出版社以营利为目的组织采集、编写、出版口述历史，这走的是畅销书的路线，把读者（受众）的旨趣考虑进来，在选题和表述方面注重通俗性。详情不再赘述。

综上所述，营利型口述历史，将口述历史作为一种文化商品来经营，需要关注到需求、成本、利润等商业因素；对口述历史选题、内容、质量的要求，则要视商业因素而定。这是营利型口述历史受限之处。但它能为广大公众提供一条文化消费的渠道，满足需求者参与口述历史的梦想，又有积极的一面。除了公益性文化事业，经营性文化产业也是推动口述历史向前发展的重要力量。对此，我们应当予以肯定。

3　动机的强度和持续性：长线与短线

口述历史的发展表现在质与量的双提升，“由量变到质变”是事物发展的一般规律。所以在口述历史发展之初，如何扩大参与者的数量，“抢救”更多历史，是口述历史学者最为关切的问题之一。口述历史组织者动机的强度和持续性如何，决定了他们所能完成的口述历史的数量并进而影响到质量。换句话说，在他们做第一部口述历史的时候，是只打算完成现有的课题任务，还是打算将口述历史的课题不断进行下去？前者属于“短线”，后者即“长线”。

之所以做长短线的区分，是因为两种类型的口述历史在具体操作中存在差别。预期、预算不同，采访计划也就不同。例如，崔永元团队起初只打算就“我的抗战”的具体选题来做口述历史，动机的强度和持续性相对较弱，制定出“短线”的采访计划。可实际操作中却表现出一种尽可能搜集资料的强动机，15 分钟就可完成的任务让老人撒开了讲，结果造成预算严重超标，采访时间不断延长，远远超出了预期。如果事先做好动机的强度和持续性分析，明确要做“长线”，那么计划和预算都会相应跟上，不至于在中途陷入被动。

长线型与短线型口述历史各有利弊。长线型口述历史，影响范围广，影响力大，参与人数多，作品数量多，但如何控制成本、降低门槛是个难题；短线型口述历史，成本较低，适合人力财力较弱的组织和个人参与，但影响范围和影响力过于有限，难汇小流成江海。从长远的眼光来看，欲保证口述历史的可持续发展，做“长线”是必需的。这需要开辟低成本、低门槛、高参与度的新路径。

当前较为可行的方案是，鼓励培养大、中学生参与口述历史的采访，尤其鼓励相关专业的文科生参与进来。大、中学生的优势在于数量多、分布广，如果发动起来可以在全国范围内组建起长期有效的口述历史采访团队。截至目前，已经开展的相关实践有：2011年起，“东方历史公益”等主办的“全国中学生历史记录大赛”（从第六届更名为“全国青少年历史记录大赛”），已连续开展七届；2014年起，由北京永源公益基金会等主办的“‘家·春秋’口述历史影像记录计划”，已开展三届。基金会可以为大、中学生的口述史实践提供资金支持；同时，口述历史学者可以充当实践的指导老师。如此一来，各方优势资源得以统合，质与量都值得期待。理想的状况是，将来全国各地每一所大学或中学都能拥有一支口述历史团队，凡有意愿做口述传记的人皆可就近到当地大学或中学寻求帮助。

目前，由大学生自发组织的口述历史活动业已出现，如2014年广东省湛江市90后大学生发起的“抢救广州湾口述史”调研行动，引起社会广泛关注。[1] 从中可以看到大学生参与口述历史活动的热情，同时也能发现其中的问题，如资金短缺，学习相关经验和技能的需求难以满足等等。这些问题并非不可解决，如资金可采取众筹方式进行募集；建立相关培训机制，可满足学习相关经验和技能的需求。这些也是目前培养大、中学生参与口述历史所采取的措施。

综上所述，以“长线”带动“短线”，是推动口述历史向前发展的最佳选择。如“大学生口述历史计划”是属于长线型口述历史课题，但具体到某个大学生所做的某个口述历史，可能只是一个短线型的课题。长线型课题能开发、支持更多的短线型课题，并扩大短线型课题的影响力；反之，聚“短线”而成“长线”，则积跬步以至千里。

4 结论

本文重点探讨的问题是口述历史的组织者有谁以及参与路径有哪些。口述历史的组织者有作家、导演、学生、业余爱好者、科研单位的学者、传记公司、历史公益组织等；参与路径包括学者承接官方口述历史课题，学者个人自发组织口述历史采访活动，传记公司有偿提供口述历史的采访、编写服务，历史公益组织自设口述历史课题，或发动培养大、中学生参与口述历史采访活动等等。但笔者并没有按照组织者的身份、职业而进行“一刀切”式的分类，而是根据组织者的动机不同，逐层分类。动机包括发端、方向、强度和持续性，依次逐层分类，可分出自发型与非自发型、营利型与非营利型、长线型与短线型等不同路径的口述历史。如此分类的目的是便于比较分析各条路径的利弊，为参与者明确目标、制定方案提供参考。

自发型口述历史的优势在于采访的时间、内容不受限制，所以这种路径收集到的资料

[1] 朱明杰、李宜珍、罗红波：《崔永元等微博转发支持此创举》，《湛江晚报》2014年9月4日，第10版。

也较为丰富。非自发型口述历史，因为承接“官方课题”，任务明确，有资金保障和时间约束，效率较高。“自发＋团队＋课题”或是更为理想的模式。营利型口述历史将口述历史作为一种文化商品来经营，为公众提供一条文化消费的渠道，满足需求者参与口述历史的梦想，这是亮点；但它对口述历史选题、内容、质量的要求，视需求、成本、利润等商业因素而定，则是盲点。长线型口述历史，影响大、参与人数多，是优势，但也存在控制成本、降低门槛的难题；短线型口述历史，成本较低，适合人力、财力较弱的组织和个人参与，但影响有限，推广不力。由历史公益组织提供资金支持，口述历史学者提供专业指导，培养大、中学生参与口述历史的采访，以“长线”带动“短线”，是条低成本、低门槛、高参与度的新路径。

总而言之，统合组织者各方的资源，汲取各条路径的经验，同时发挥经营性文化产业与公益性文化事业在口述历史领域的积极作用，可汇集成推动口述历史发展的合力。具体到某个口述历史的参与者，在行动之前，首先要明确自己参与口述历史的动机是什么，如此才能快速有效地制定计划，并选择最适合的路径参与进来。

Ⅱ　口述历史学科建设与教学实践

Discipline Construction and Teaching Practice of Oral History

公众史学学科体系下的口述历史[1]

◎王艳勤[2]

摘　要：

目前中国的公众史学学科建设方兴未艾，正促进历史学实现公众转向。建构中国特色的口述史学是推进中国特色公众史学学科体系建设的题中应有之义。在公众史学学科框架下，口述历史具有来自公众、服务公众、公众参与、面向公众的家族共性。在发展口述历史的中国道路上，由学院派史家撰写口述历史作品促进口述历史自上而下的通俗化传播，以青少年学生为生力军促进口述历史在公众中进行自下而上的生产与消费，两种路径应该并行不悖。

关键词：

公众史学；口述历史；中国特色

Oral History in the Frame of Public History

◎　Wang Yanqin

Abstract:

Public history is in its infancy in China today. It may lead to the public turn of history. Chinese-style oral history is the fundamental significance for public history with Chinese characteristics. In the framework of public history, oral history shares the common characteristics of its being from the public, for the public, by the public and to the public. Oral history is appreciated because of its down-to-earth feature in China today. Both popular historical writings by academic historians and oral historical works by students should work together on the way to Chinese-style oral history.

Keywords:

Public History; Oral History; Chinese-style

---

〔1〕 基金项目：本文系湖北省教育科学规划项目“我国高校口述史课程建设的现状与前景”（项目编号：QSY14019）的阶段性成果之一。

〔2〕 作者简介：王艳勤（1978— ），女，副教授，历史学博士，主要研究方向为中国近代史。

历史作为对过往的记录和建构，自历史学学科诞生以及职业史家群体出现以后，愈来愈走向书斋、远离大众。近年来，民间写史的发达、历史剧作的热闹、全民读史的浪潮，犹如一面多棱镜，学院派史家借此不仅看到了历史学的隐忧，更看到了历史学的机遇，构建包括口述历史在内的中国特色公众史学学科体系的呼声在这一背景下此起彼伏。

1 历史学的公众转向：方兴未艾的公众史学

通俗地讲，历史就是讲故事。换句话说，历史被认为是对过往的叙述和解释。因此，由谁来讲，讲什么，怎样讲，不仅关乎历史学的自我认知，也关乎历史解释的权利归属问题。中国公众史学学科体系在建构之初即积极回应这一问题，推动史学普及，使史学走向公众，主张个人、群体、机构、国家都成为社会多元历史观的建构者。[1]

尽管在一些基本问题上，比如何谓公众史学、作为一门学科的公众史学包括哪些分支、如何促进公众史学的学科建设，学者们远未达成共识，但越来越多的史家开始认识到公众史学对于历史学的革命性意义，认为“由精英史学而公众史学，无疑是当代中国史学形态一个不可更改的发展趋势”[2]，是“史学进入一个全新时代的标志和基本特征”[3]，甚至欢呼“21世纪是公众史学的时代”[4]。

建构公众史学学科体系，首要解决的问题是如何界定公众史学。在概念界定上，首先会面临概念的翻译问题。当然，名词翻译不是中国独有的问题，任何一个国家和地区都不可避免地要面对这一问题，但无论如何，这些国家和地区的公众史学都毫不掩饰自己走出书斋走向公共空间服务公众的意图。近10年来，随着公众史学在中国的兴起，其名称虽尚未统一，其他如“公共史学”“大众史学”“应用史学”“通俗史学”等都在使用，但无一例外都表达了在历史知识的生产和传播链条上不忘公众的追求。

目前，中国公众史学学科体系包含哪些板块，学者们尚未达成共识，但大体上都不否认口述历史应在其中占有一席之地。[5] 2013年5月23日至24日，由重庆大学人文社会科学高等研究院史学研究中心主办的“公共史学研讨会”上，与会学者在理论上探讨了公众史学与口述历史作为历史学的两个分支如何合作，在实践层面讨论了以口述历史为基

---

〔1〕 陈新：《自媒体时代的公众史学》，《天津社会科学》2013年第3期，第141页。

〔2〕 钱茂伟：《建构公众史学体系》，《社会科学报》2012年9月20日，第5版。

〔3〕 邵鸿：《大众史学时代的地域历史文化研究》，载中华文化学院编《区域文化与中华文化》，北京：知识产权出版社，2010，第8页。

〔4〕 周俊超、桂尚书、林坤、赵敏：《“21世纪是公众史学的时代”——中国公众史学研讨会综述》，《历史教学问题》2014年第5期，第134—137页。

〔5〕 郝日虹：《构建中国公众史学学科体系》，《中国社会科学报》2014年6月20日，第A2版。

础的纪录片的拍摄与制作；[1] 李娜基于公众史学的教学目的，在重庆大学开设“历史保护：公众史学的理论与实践”课程，引导学生运用公众历史等方法进行深度研究。[2] 钱茂伟构建的公众史学学科框架主要有五个部分：通俗史学、应用史学、小历史书写、公民写史、口述史学。[3] 学者们在搭建公众史学学科框架时的关注点虽有所不同，但口述历史已然成为讨论公众史学时不可或缺的内容。

在学科建设上，中国的公众史学从“公民写史”时代的到来中看到了希望。学院派史家在批评“公民写史”作品良莠不齐的同时，更多地认识到了历史学家的责任以及民间写史对于构建多元共生的历史学生态的积极意义，这也成了学院派史家推进公众史学学科建设的重要动力。在学科兴起之初，沿着何种路径建设的讨论见仁见智。李娜探索并反思了公众史学在美国、英国、澳大利亚等英语国家的发展路径与模式，她强调“公众史学在中国发展既需要借鉴美国的经验，更需要搭建适合中国历史传统和文化语境的概念体系、学科框架及与之相应的教学模式”。[4] 不同于众多学者以美国公众史学为模板的思路，孟钟捷把目光转向德国后发现，中国的公众史学“在学科框架上还存在‘归化’抑或‘并行’的不同意见，即公众史学究竟应被吸收到现行历史学的学科体制中，还是如美国公众史学那样另立门户”。他通过分析德国历史教育学改革的成功经验找到一条超越“归化”和“并行”的“整合”之路，即公众历史学家从一开始就应该具有以整合观念建设学科并带动整个历史学再次转型的意识。既然“公众史学的学科化之路，在各国都呈现出整体性与多样化的双重特征”，因此“中国的公众史学学科化之路若呈现出百花齐放的局面，当是题中应有之义”。[5] 法国经验则揭示了职业历史学家在公众史学建设中应有的政治和伦理责任。肖琦注意到，法国的职业历史学家基于公共责任感和知识分子的使命感积极参与公众史学实践，在研究生教育上将职业型硕士和研究型硕士分开培养的制度设计，某种程度上解决了历史学的应用之维。[6] 无独有偶，基于法国公众史学的发展路径，赖国栋在揭示学院史学和公众史学的差异时，更提醒历史学家“不能把公众史学仅仅看成是历史的普及化、娱乐化或宣传，而是要拓展学院史学、机构（例如博物馆）和大众文化之间的承接关系，

---

〔1〕 李娜：《跨文化视野下的公众史学——中国首届公众史学高校师资培训》，载陈恒、洪庆明主编《世界历史评论：叙述事实与历史事实》，上海：上海人民出版社，2015，第233—260页。

〔2〕 李娜：《连接学生与历史实践——公众史学在中国的教育体系建构》，《学术研究》2014年第8期，第95—101页。

〔3〕 钱茂伟：《中国公众史学通论》，北京：中国社会科学出版社，2015，第8—14页。

〔4〕 李娜：《美国模式之公众史学在中国是否可行——中国公众史学的学科建构》，《江海学刊》2014年第2期，第149页。

〔5〕 孟钟捷：《中国大学公众史学培养方案刍议——以德国柏林自由大学为参照》，《辽宁大学学报》（哲学社会科学版）2015年第43卷第4期，第40—44页。

〔6〕 肖琦：《法国的公众史学》，《历史教学问题》2014年第4期，第57—60页。

突出它们的伦理判断”。[1] 相对而言，陈新更强调公众史学的中国语境，尤其是当下自媒体的创作和传播，他主张以学术学科的建制与专业性眼光来建设公众史学。[2]

毋庸讳言，国内公众史学的兴起，与国外公众史学思潮的东来有关。然而，公众史学在美国和欧洲的兴起，本身就存在多种路径，呈现出多元发展的态势，这一方面是因为公众史学这一概念本身的不确定性，另一方面与各国的史学传统以及社会历史情境有关。中国学者注意到公众史学，既是公众史学全球发展的必然结果，更有中国本土的现实需求。从学科的意义上来讲，中国的公众史学更多是由史学理论与史学史领域的研究者基于学术视野从西方引介并将之本土化的。借由梳理美国及其他国家和地区的公众史学，学者们有了构建中国公众史学学科体系的自觉，同时也从未忽视国内本土的历史资源，正如他们已经意识到的那样，“要构建中国公众史学的学科体系，必须深挖中国本土的史学资源和遗产，立足本土，借鉴西方，走出一条自己的道路”。[3]

当然，中国的公众史学学科建设并不否认公众史学的共性。公众史学的关键词是公众，主张公众共享历史话语权、表达权和解释权，因此，新媒体时代中国特色的公众史学具备来自公众(from the public)、服务公众(for the public)、公众参与(by the public)、面向公众(to the public)的家族共性。随着公众史学学科意义的日益凸显，公众史学促进历史学实现公众转向，它迫使学院派史家思考和面对新媒体时代历史学的走向问题，即历史学如何走向公众。在这一过程中，历史学家应该如何作为，负有怎样的责任？如何处理学术与政治、普及与提高的关系？如何在商业和娱乐的消费大潮中保持历史学追求历史真实、服务社会大众的初心？

2 到公众中去：建构中国特色的口述史学

建构中国特色的口述史学是推进中国特色公众史学学科体系建设的题中应有之义。在公众史学学科框架下，口述历史作为公众史学的有机组成部分，同样具有来自公众、服务公众、公众参与、面向公众的家族共性。

首先，来自公众是口述历史的发生机制。在理论上，公众史学服膺“人人都是他自己的历史学家”的理念，口述历史则主张人人都可以做口述，人人都应该来参与做口述。一个“做”字，让口述立刻生动、活泼起来，让理论和实践勾连在一起。在实践上，每个人的生命历程都有其独特价值和意义。公众既是集体性概念，也是个体性概念，在阶层上既包括

---

〔1〕 赖国栋：《谁拥有过去——兼谈法国公众史学的发展》，《江海学刊》2014 年第 2 期，第 168 页。

〔2〕 陈新：《“公众史学”的理论基础与学科框架》，《学术月刊》2012 年第 44 卷 3 月号，第 117 页；《自媒体时代的公众史学》，《天津社会科学》2013 年第 3 期，第 137—141 页。

〔3〕 王记录：《本土化是中国公众史学必由之路》，《中国社会科学报》2016 年 6 月 3 日，第 4 版。

上层精英,也包括普通民众。大到国家、民族,小到社区、个人,从每个人的个别意义上来说,他们既是普通的,也是独特的。尽管在口述历史兴起之初,各国各地区的重点和取向不同,比如美国口述历史确立之初的访谈对象主要是一些政要精英,但是随着口述历史理论的完善、口述历史实践的深入开展,任何国家和地区的口述历史都必须在扩大公众外延的基础上才能获得永久性动力。

其次,服务公众是口述历史的基本目标。口述历史之所以受到学院历史学家的钟爱,除了可以弥补史料之不足,有助历史学的专业化写作,更在于它寄托着史家的责任感——服务公众。不管是专业的通俗化写作,还是面向大众的历史作品,在中国从来都不缺乏先例。尤其是在民族主义情绪高涨的年代,历史学家秉承对民族和国家的责任感,致力通俗化的历史写作。公众史学的兴起,重新触及历史的提高与普及、基础研究与应用研究之间的关系问题。一直以来,口述历史不仅关注个体生命史、家庭家族史、社区发展史等,还致力对区域史、国家或民族发展中的重大事件的研究。对于个体而言,口述历史可以帮助访谈双方增强历史意识,通过回忆过去看清现在,甚至还具有心理疗伤的功能;对于集体而言,口述历史通过挖掘民众记忆,加强社区认同,塑造民族认同,传播国家形象,还可为公共决策提供依据,〔1〕服务社会大众。可见,在口述历史那里,历史的基础与应用、提高与普及是并行不悖的。在公众史学学科体系框架下,口述历史基于服务公众的诉求,在作业方式、传播方式、应用效果等方面也必然会越来越专业、越来越简单、越来越有效。

再次,公众参与是口述历史的核心灵魂。没有公众参与的口述历史是无法想象的。在英国,口述史自诞生之初即被视为一种民主的选择,以挑战学术精英对历史研究的垄断,“不仅要给普通人在历史学中留有位置,而且还要使他们在具有重要政治影响力的历史知识的生产上发挥作用”。〔2〕在中国,公众史学兴起的原因之一即是公众对于历史的巨大热情。历史剧的热播、电视讲史节目的高收视率、网络写史的热闹、口述历史栏目的涌现,都展现了公众从历史中获得知识的期待。口述历史的整个作业流程都离不开公众参与:访谈前的准备工作很大程度上关乎口述访谈的质量和顺利与否,为了寻找合适的访谈对象,无论是采取哪种形式——借助官方的帮助,借助私人推荐,由受访人牵线搭桥,借助品牌效应,进行抽样选择——公众对于口述历史的认同和参与都是非常重要的;口述访谈阶段,即是访谈者与受访者回到历史现场的双向互动交流过程;在后期传播阶段,口述历史更需要借助图书馆、博物馆、档案馆、电影院等公共场所,促进历史知识在公众中的传播和消费。可以说,公众的参与度,是衡量一个国家或地区口述历史发展程度的重要指标。近10年国内口述历史的迅猛发展,正是公众参与度提高的结果与表现。

〔1〕 周国和:《口述历史可为公共决策提供依据》,《深圳特区报》2015年12月8日,第B10版。

〔2〕 [英]约翰·托什:《口述史》,载定宜庄、汪润主编《口述史读本》,北京:北京大学出版社,2011,第10页。

最后，面向公众是口述历史的题中应有之义。从公众中来，到公众中去，口述历史才构成一条完整的生产和传播链。当然，口述历史基于伦理道德和法律规范的要求，有一定的保密期限，有保护隐私的基本要求，但这些问题是在口述历史学科规范建立后不难解决的技术性问题。相较而言，如何更好地使口述历史的成果面向公众而不是成为无人问津的史料，使得公众参与的历史回归公众，更是值得思考的问题。口述历史承诺，最终呈现给公众的历史是一种能为普通人理解的知识，它自始至终高举"到公众中去"的旗帜，积极参与塑造公众的地方认同与国家意识。在新媒体时代，建立适合大众浏览的口述历史公共数据库应该是一条值得探索的路径。目前，国内多家图书馆、档案馆及高校单位正致力开发建立这样的数据库。建设数据库，不仅需要专业和技术支撑，更亟待从口述历史学科的角度加强规范，在口述历史数据库从建设到管理到维护再到利用这一过程中，应该摸索一整套可行的规范。而规范的建立，除了借鉴国际经验，更应该重视本土经验，在国内各机构各自探索的基础上实现逐步联合，在保留各地方口述历史特色的同时寻求合作，一方面避免资源的浪费，另一方面加快中国特色口述历史学科的建设步伐。对于公众而言，只有规范的口述历史数据库才具有被广泛利用的可能性。

中国学界建构中国特色、中国风格、中国气派的口述史学的愿景〔1〕，在公众史学学科框架下，更容易辨明目标和方向，有助于中国正处于上升阶段的口述历史的理论建构和实践规范。口述历史究竟是一门学科还是一种方法，国际国内学界目前尚未达成共识，或者二者本身就是兼容互补的关系而非非此即彼的对立关系。如果将口述历史放在公众史学的框架内，其历史学分支学科的属性即不言而喻。在历史学学科的意义上，口述历史是指运用口述访谈的方法获取声音（随着技术手段的发展，越来越多地呈现为音像）形态的史料，并对之进行整理和研究的一门学问。口述史料的真实性尽管因为记忆的不确定性曾一度备受怀疑，但随着学者对于记忆问题的研究，这种不确定性本身开始受到饶有兴趣的关注。他们相信，口述史料和其他任何一种史料形态一样，都需要小心地鉴别使用，口述与其他文字资料相比，互有优劣，相辅相成，如果想要尽可能地接近历史真实，那就需要人们尽可能地占有并平等地对待各种史料。不唯如此，尤其是某些缺乏文字记载的历史，更需要口述来补充。这也是被视为历史学分支的口述历史看重口述抢救史料之意义所在。反之，口述历史如果只是作为一种获取声音形态史料的方法，用来证明或论说学者想要说明的问题，这样的口述历史就离成为一种学科愈来愈远。公众的故事犹如一座富矿，尤其是像中国这样经历了 20 世纪战争与革命的国家，地域范围广，民族构成多元，区域差异

〔1〕 周新国：《构建中国特色、中国风格和中国气派的中国口述史学——关于口述史料与口述史学的若干问题》，《当代中国史研究》2004 年 7 月第 11 卷第 4 期，第 101 页；朱佳木：《努力建设中国特色的马克思主义口述史学——在"首届中华口述史高级论坛"开幕式上的讲话》，《扬州大学学报》（人文社会科学版）2005 年 3 月第 9 卷第 2 期，第 18—19 页。

大，如果口述历史不能将自己根植于广大民众之中，不仅是一种损失，更会缺乏源泉和动力。

毫无疑问，口述历史也有助于反思公众史学的学科建设。包括口述历史在内的公众史学在遵循历史学基本规范的前提下，应该以开放的心态吸纳来自其他不同学科、不同领域的力量，比如新闻传播学、民族学、人类学、社会学等，以便更好地在媒介传播、影像制作、软件工程等方面促进口述历史的发展，促进历史知识在公众中的生产、传播和消费。

3　两种路径：口述历史的中国道路

定宜庄曾感慨自己在口述历史道路上的孤独，她分析说这是“因为口述历史在国内开展得实在太晚了，一直是属于很零散的状态”[1]。近年来，口述历史借助各方力量宣布：与公众同行，此道不孤。随着口述历史的迅猛发展，国内口述历史逐渐呈现出遍地开花、区域融合的趋势。这种融合依托国内各大学和科研院所的口述历史教学与研究成果，联合民间口述历史平台，利用各种媒体的传播力量，吸引了全国各地各行各业的口述历史爱好者参与其中，既推动了学术交流，也培育了口述历史人才梯队。

2006年，西南民族大学、中央民族大学和北京大学部分师生尝试跨校学术合作，开展了“西南民主改革口述史”项目。[2] 自2011年始，由中山大学历史系主办的全国大学生口述史成果交流赛至今已经举办五届，从历届大赛的参赛情况看，全国各地二十多个省市的高校大学生都参与到了口述历史实践中来。其中，第四、第五届比赛由中山大学历史系和中华口述历史研究会共同主办，这不仅为口述历史的大范围交流提供了平台，更是中国口述历史改变各自为战、力量分散的困局的有效途径。在北京，崔永元从2002年开展口述历史实践，到2013年成立北京市永源公益基金会，更致力推动口述历史活动的普及。2014年，永源基金会发起了首届全国大学生“家・春秋”口述历史计划，由其主办、浙江敦和慈善基金会和腾讯网文化频道联合主办、中华社会救助基金会“我的历史”公益计划承办。2015年12月与2016年11月，第一届和第二届“口述历史在中国”国际研讨会相继在中国传媒大学崔永元口述历史研究中心举办，来自印度、美国、德国、韩国、英国、新加坡和中国台湾等国家和地区的专家学者与各行业口述历史爱好者出席研讨会，其间国际口述历史协会中国分会筹备会成立，通过了《定福庄宣言》及《定福庄公约》，这是中国口述历史走向国际，以本土化经验丰富全球口述历史的重要里程碑。与此同时，“口述历史”“人民记忆”等口述历史微信平台也在为全国口述历史资源的整合与口述历史的普及添砖加瓦。

---

[1] 闫志刚、张配豪：《口述历史：为未来，记录过去》，《人民周刊》2016年第2期，第32—37页。

[2] 四川民主改革口述历史课题组、杨正文主编《四川民主改革口述历史资料选编》，北京：民族出版社，2008。

2016年12月,“本土经验与国际口述历史的多元发展”国际学术研讨会在中山大学召开,会议由中国社会科学院近代史研究所、中华口述历史研究会及中山大学联合主办,就如何建设中国风格和中国气派的口述历史,与国际口述史学界展开沟通和交流,推动中国乃至国际口述历史的深入发展。

应该说,对于口述历史的中国道路各方力量已经形成共识:要建立有中国气派的口述历史,就必须在坚持全球视野的前提下,实现口述历史理论的本土化,这有赖于各方通力合作,在实践中升华本土经验。事实上,我国的口述历史发展正是依托了各地各区域的历史发展特色才形成了今天百花齐放的局面,才逐步具备了同国际学界对话的水平,才有了近年来渐趋频繁的国际交流与合作。

在公众史学学科框架内,职业史家和公众史家是什么关系?这一点在各个国家和地区有着不同的理解。目前国内学者大体上有两种意见,一种意见是将职业史家和公众史家分立,另一种意见是将公众史学定义为由职业史家参与而面向公众的史学。笔者以为,就中国的历史传统和现时的历史热而言,将职业史家与公众史家分立,无疑等于使职业史学家放弃了自己在历史通俗化和大众化中的责任,同时也丧失了学院史学开拓新领域的良好契机。因此,学院派史家遵循自己的规范在书写高冷的学术专著的同时,也有责任参与到公众史学的建构中来,从事口述历史实践,促进历史知识的通俗化和社会化。正如当初张爱玲品评胡兰成的论文时所言,体系严密,不如解散的好,“驱使万物如军队,原来不如让万物解甲归田,一路有言笑”[1],突破名词术语的禁制,放下学术权威的架子,或许会有意外收获。

在公众史学视野下,学院派史家的作品,专则专矣,故事性不强,学术型著作缺乏一般故事不可或缺的可读性,以及与大众传媒的亲密接触。历史作品如何既能可信,又足够可爱?历史学家的技艺如何兼顾真实性和可读性,这个话题并不新鲜,但在学院史家圈内,高冷的历史作品仍占主流。

在这样一个以成功为标签的“小时代”,历史作品想要成功进入公众视野,历史知识想要在社会化和通俗化的道路上走得更好、更快、更远,需要从很多方面来努力,从主题的选择、语言的表述到传播的形式,都必须接地气。人人都可以参与其中的口述历史,无疑为想要接近公众的历史学家提供了一种书写更接地气的历史作品的途径。

为了促使公众有效地、普遍地参与到口述历史中来,应该充分发挥青少年的作用。他们是一个国家和民族的未来,也是最有条件接触和实践口述历史的那部分人。如果每个中国家庭中的中学生或者大学生,甚至可以考虑延伸至小学生,都可以从了解自己身边的历史开始做口述,那么中国口述历史的未来前景极为可观。一个孩子背后至少是一个家

---

〔1〕 胡兰成:《今生今世》,北京:中国长安出版社,2013,第143页。

庭，这样口述历史就真正做到了家喻户晓。人人都可以来做口述，或者成为访谈者，或者成为受访者。到那时，地无分南北，人无分老幼，都可以参与到口述历史中来，上一代的苦难与荣光在回忆中重现，下一代则从过去理解了现在，看到了未来。

具体来说，除了目前的各种大赛，未来应该在课堂内外给予孩子们开展口述历史项目的机会和辅导。在学校，除了历史课，其他如语文课，涉及历史人物和社会生活等方面的内容都可以通过设计相应的环节引导孩子通过口述强化学习目标，让孩子在爷爷奶奶的回忆中学会倾听故事，感受不同时代物质条件和教育条件的变化，承接历史文化传统，有助于语文真正为人文素质教育而不是简单的语言文字学习服务。

在课堂外，我们可以引导和鼓励孩子走进社区，通过口述了解社区历史，增强社区认同，开展社区服务。孩子们的口述历史成果可以被吸收进地方志，可以帮助编写乡土教材。孩子们还可以走进图书馆、档案馆和博物馆，搜集资料，调阅口述历史影像资料，了解自己想知道的历史。当然，这提醒我们加强图书馆和档案馆的口述历史资料库的建设工作。目前，国内有些档案馆如云南档案馆已经身体力行在开展口述历史资料的搜集和保存工作，这样的工作应该有更多的人和机构参与进来。

由学生通过口述参与到对历史的建构当中来，参与到历史知识的生产和传播中来，这样的历史才是既可爱又可信的，才能真正引起学生的兴趣，这样的历史教育才是真正回到过去面向未来的。目前中国的教育体系中，许多人历史知识的获得主要依托中学历史教学，而中学历史教育亟待“接地气”[1]。接地气的途径之一即在中学生课程教学中开展口述历史项目，如美国的“狐火计划”早就成为典范，中国的“蒹葭影像计划”与之有很多相似之处。两者都是主要面向 14—18 岁的中学生，向青少年普及和推广口述历史理念。“全国青少年历史记录大赛”也以“人人都是自己的历史学家”相号召，形成了纸媒、网络、基金会和学术机构等共同参与、积极引导的模式。其他如 2011 年开始的全国中学生历史写作大赛，鼓励中学生运用口述访谈的方法了解自己身边的历史，中学生写家史成为“公民写史”大潮中一道亮丽的风景。

如果说，由学院派史家通过搜集包括口述在内的史料进行通俗化的历史写作，借助新媒体的强大传播能力，促进历史知识的大众化，是一种自上而下的方式，那么，由学生在老师的引导下在课堂内外通过口述获取历史知识，书写历史作品，传播历史意识，吸引公众参与，则是一种自下而上的方式。在构建中国特色口述历史的中国道路上，这两种路径应该并行不悖，共同致力口述历史在中国的繁荣。在这两种路径中，学生、老师、历史爱好者、社会机构、公益团体、出版传媒、图书馆、档案馆、博物馆、文化馆和地方志等办公室等应该充分参与、通力合作。

---

〔1〕《历史教育亟待“接地气”》，《深圳商报》2012 年 07 月 26 日，第 C8 版。

公众史学学科体系下的口述历史主张“人人都成为他自己的历史学家”，最大限度地开放历史写作的权利，充分地尊重公众讲述历史、书写历史的渴望，尊重公众个体对于历史阐释权利的追求，一反宏大叙事冷冰冰的面孔，温情记录每个人的生命史。在大数据时代，口述历史从公众中来，到公众中去，始终抱持对历史的温情和敬意，或可对历史学的书写产生重大影响，甚至可能参与历史学范式的转换进程。

择善而从
——美国哥伦比亚大学的口述历史硕士项目概览[1]

◎王宇英[2]

摘　要：

口述历史快速发展的现状需要高层次的专业人才。中国的口述历史硕士教育还在初创时期，需要借鉴国际先进经验。美国哥伦比亚大学的口述历史文科硕士项目致力推动学术力量与公众领域的连接，注重培养跨学科的复合型人才，渐进式的核心课程设置有助于学生顺利掌握口述历史所需要的理论工具及实践操作方法，专兼职结合的师资力量支撑了自成一格的课程体体系，教学方式生动、灵活，配套奖励多样、全面。哥大的口述历史硕士教育实现了课上与课下、理论与实践、教师与学生密切配合和良性互动的效果。中国传媒大学崔永元口述历史研究中心进行“艺术口述史”方向研究生培养时对哥大的先进经验有所借鉴。

关键词：

口述历史教学；哥伦比亚大学口述历史硕士项目；硕士教育

Following the Good Way: an Overview of Columbia University's Oral History Master of Arts Program

◎ Wang Yuying

Abstract:

Development of oral history demands high-level professional people. MA degree training of oral history in China is still initial and needs to learn from advanced international experience. Columbia University's Oral History Master of Arts Program is dedicated to promoting the links between academic and public and trains students in oral history method and theory. The curriculum combines professional and academic education. Working with an OHMA faculty member and an outside advisor, each student is guided through the process of

---

〔1〕 感谢吴尘提供的宝贵修改意见。

〔2〕 作者简介：王宇英（1977— ），女，副教授，博士。主要研究方向为口述历史、影像史学、公共史学等。

creating a thesis or capstone project. OHMA students also have access to research and travel funding, elective courses taught anywhere within the university and exclusive oral history internship opportunities. Cui Yongyuan Center for Oral History at the Communication University of China has drawn lessons from the advanced experience of Columbia University in training graduate students.

Keywords:

Oral History Teaching; Columbia University's Oral History Master of Arts Program; MA Degree Training

硕士教育,因其处于高层次专业人才教育培养的中间阶段,同时兼容学术型与应用型两种人才教育模式,是高等教育进行过程中不可或缺且极具灵活性的一个环节,对各个领域的人才培养都可以发挥重要作用。近些年来,口述历史在中国得到了极大发展,但领域内乱象频出,作品水平参差不齐,这与专业教育的缺失关系很大,越来越多的有识之士开始呼吁尽快推进中国的口述历史人才教育。

哥伦比亚大学不仅是现代口述历史的发祥地,也是口述历史硕士教育的领跑者。作为美国的第一个口述历史硕士项目,该专业紧紧依托哥大口述历史研究中心,致力训练学生通过收集、分析,撰写个人、社会与组织的历史,来为后代保留第一人称的口述历史叙述形成的记忆。[1] 其专业教育呈现出的许多特点,都非常值得我们借鉴。

1 复合型的人才培养模式

哥大口述历史硕士教育课程内容的设置是跨学科的,人才培养的目标是复合型的。在进行专业学术教育的同时,致力生产与公众社会关联性更强、更广泛的知识。因为这种富有创造力的实践,他们的研究生除了可以选择在人类学、社会学、历史学、新闻学、美国研究、法律、教育、社会工作等学科或领域继续深造外,也可以工作于博物馆、历史学会、辩护组织、媒体、艺术、教育、人权及发展等各个部门,参与口述历史项目的管理、任教或者为研究所及社区组织提供项目咨询。

在一年的系统学习中,培养学生制作数字音视频作品、编辑数字档案、设计及执行口述历史方案的能力。同时,他们会接受历史与社会科学分析法的训练,最后撰写毕业论文或者制作纪录片,进行表演、展览及创办网站等毕业设计。学生们还有可能获得研究及田野资助,在学校范围内的选修课程,并获得口述历史领域的实习机会。在培养过程中,学生始终处于一种学科交叉的培养模式中,一方面要掌握伦理的、以历史为出发点的,以及

〔1〕 参见哥伦比亚大学口述历史文科硕士项目网站:http://oralhistory.columbia.edu/why-ohma,最后访问日期:2018 年 10 月 12 日。下文对于这一项目的介绍,除特殊标注外,均参考此网站。

严格的、细致入微的研究能力，另一方面要始终勇于在口述历史领域中实验、应用新方法及新理论。

哥大的口述历史硕士项目为学生结业提供了两个选项：写一篇论文或者做一个毕业设计。论文可以着眼于公共话题与学术工作的结合点，也可以采取传统的学术写作形式，或者是创新性的实验作品，但都必须对口述史领域与学科有实质性及原创性贡献。选择写论文的学生要注册学习一门开设在春季的研讨课来帮助其写作；因为毕业设计要求将口述史成果优先应用于公共空间，所以选择做毕业设计的学生要在春季的田野调查课程中制作一个公共展览，同时要配套撰写一个简短的、关于目的及步骤的说明。做出不同选择的学生可以分期取得学位：写论文的学生可在5月或10月上交论文后获得学位，进行毕业设计的学生则要在春季学期结束时获得学位。

总的来看，哥大的口述历史硕士教育项目在鼓励有创造性的、严谨的、跨学科的学术探索的同时，也试图寻找有效的、创新的途径来推动学术力量与公众领域的沟通。在毕业成果中，学生既可以只是将口述史作为原始资料使用，也可以同时将口述史学科作为研究对象。它最终的目标是鼓励学生学以致用，创作出极具拓展可能的优秀作品。

2　渐进式的核心课程设置

到哥大口述史硕士专业就读的学生往往有着较为多样的学习及工作经历。哥大为帮助学生尽快熟悉专业学习，循序渐进地开设了3门核心课程（总计14学分）。

“口述历史工作坊”课程（2学分）持续一年，会邀请许多在研究中应用口述历史方法及叙事分析方法的学者走进课堂。在近距离了解口述历史业界动态的同时，学生也要参与探讨许多理论问题，如口述历史方法在社会及人文科学领域是怎样影响学科发展等。学生有机会参与频繁的课堂讨论与互动，开展自己的口述历史项目，最终完成对口述历史由观察到分析再到实践、展示的参与。

“口述历史方法、理论及阐释”课程（4学分）开设于秋季学期，主要介绍口述历史书写在历史研究、记忆研究、采访方法、生命史及田野调查等领域中的理论范式及其深度应用。学生会在前三周的课上参与一项田野调查，在历史语境中采访，并对此进行理论分析，从而深入了解采访及田野工作的运行机制，也要在应用现有学科范式进行采访的过程中分析采访方法的优缺点。课程还旨在引导学生思考由历史与记忆交叉引发的理论问题，理解、思辨当今世界对于过去的阐释。课程结束之时，学生对口述历史的方法与理论将会有更为深入的理解与把握。

“口述历史：田野、作品和档案”（8学分）也是一门持续一年的讨论及实习课。学生要学习及实践口述历史采访中的概念应用、理论分析及传播技能，后参加实习。在秋季学期，学生既要学习音频录制、转录、索引及数字化建档等具体的技术细节，也要掌握项目设计、构建不同类型的采访关系、关照学术研究成果及把握法律与伦理问题等策略问题，并最终以小组为单位完成课程要求的口述历史实践内容。课程是渐进式的，采访方式从最初同学间的互访到走向街头等公共场所。到春季学期，课程就以口述史料的数字建档及历史学、人类学的分析研究等内容为主，并要求通过声音编辑、线上呈现、博物馆展览及其他公共文化产品形式进行传播，鼓励学生创造出公共的、多媒体的、交互式的展示成果。

核心课程为学生由浅入深地接近口述历史提供了有效的引导渠道，而选修课程体系则为满足学生对口述历史的不同兴趣与诉求提供了更多的可能，这主要应归功于哥大口述历史硕士教育项目组建的一支高品质、跨学科、专兼职结合的教学团队。

3 专兼职结合的师资力量

哥大的口述历史硕士项目除3位专业负责人、1位行政人员外，还外聘了4位兼职教师、3位访问教授。其中兼职教师讲授的课程包括“从口述历史到文学写作”“口述历史视频制作”“关于生命史及叙事信息研究的社会科学及其他方法”“跨学科视野中的记忆”“记忆与可视化”等；访问教授开设了“口述历史中的对话经验”（2015）、“本土语境中的口述历史”（2017）等课程。学生除了3门核心课程之外，至少还要修习16学分的研究生水平的其他课程。可见，兼职教师及访问教授所开设的课程对口述历史硕士生的学习与教育同样起到了支撑作用。在专兼职教师的共同努力下，一系列专为口述历史硕士专业学生设计的选修课程成功开设。

其中专门讲授口述历史视频作品制作的短期课程（1学分）虽然仅仅持续一个月，但涉及了从如何选择相机、灯光、音响等相关装备到坐姿采访时的专业技术，以及视频的基础编辑与文件处理等内容。每位学生最终要编辑一个采访视频或完成一个短片制作，这对于学生快速掌握与口述历史有关的影像制作技能提供了有效的帮助。

“口述历史实习”课程（2—4学分）为口述史硕士项目的学生提供了一个有教师指导的实习过程。学生可以根据自身情况选择一个100小时（2学分）的，或是150小时（3学分）的，或是200小时（4学分）的实习项目。导师会推荐一些实习场所，也可以由学生自由选择。实习可以与任何口述史的实践或研究相关，包括但不限于项目设计、采访推进、分析、建档、展览、制作纪录片、撰写口述史作品或者创办口述史网站等。

“关于生命史及叙事信息研究的社会科学及其他方法”课程（4学分）旨在探讨社会科学应用叙事及生命史叙事的路径问题，并密切关注叙事及生命史研究所使用的分析工具，以及在社会科学及历史研究中应用的生命史分析方法。细致介绍社会科学在检视历史过程中所应用的方法与数据的同时，着重批判地、发展地、深入地探讨历史语境与现时代的关系，同时对一些典型问题进行重点分析，如医疗专业的个案史，人权工作者的故事，复杂事件发生的历史原因，以及通过做民权运动口述史来了解社会活动家的主张是如何形成的，纽约20世纪70年代艾滋病口述史，被污名化的同性恋者的内心世界，毒品依赖者作为普通人的一面等。

“从口述历史到文学写作”课程（4学分）讲授从口述史料中加工出一个非虚构作品的技巧及方法，所以尽管重点是围绕着口述史料，但也会重视信件、日记、采访及目击证据等支撑资料。课程旨在将口述历史的价值及应用空间从个人生命史记录的角度扩展到为学者、政策制定者、艺术家提供潜在资料来源的更为广泛的层面。

“本土语境中的口述历史”（4学分）课程是通过每周的阅读、课堂讨论、实践学习、独立研究引导学生将注意力集中在本土口述史的论述、讨论、方法、理论方式、哲学关注及应用等问题之上，将本土视角的口述历史既作为资料搜集的对象，同时也作为研究方法去应用。课程目标在于引导学生去理解与思考一些重要理论问题，如后/反殖民研究方法的特质，多元视角下本土口述史的特点及形式，本土口述史与传统在自身文化语境中的角色及在当地规则中的重要性，以本土口述史为基础的文化传统的发展历史，对本地口述史研究与研究成果的了解、审视及哲学思考。

综合来看，哥大的口述历史硕士教育项目并非以大而全著称，但也自成体系，极具特色。在中国推进口述历史的硕士教育，由于是首创，必须要充分借鉴国际已有的先进教学理念、设计与方式。哥大的口述历史项目，为我们提供了很好的范例。

4　多层次的教学支撑

硕士人才的培养，是需要在课上与课下、理论与实践、教师与学生的密切配合中来完成的。哥大口述历史硕士项目在很大程度上实现了这种多场域、各层次间的良性互动。特别在最为重要的课堂教学这一环节，哥大项目紧密结合口述历史的特质及优势，采用了一系列生动有效的教学方式。范海涛女士是第一位在哥大获得口述历史硕士学位的中国人，她曾在著作中推介“舞台演绎”“角色扮演”“同伴采访”“撰写脚本”“课堂现场口述”“博物馆教学”“论文指导课”等口述史教学方式。这些令她受益匪浅的教学方式，无疑非常值得我们学习。[1]

“舞台演绎”方式是由演员在电子大屏幕前演绎口述历史证词，屏幕配合显示相关提示词、照片或是纪录片资料，再配备一定的灯光设备，营造舞台剧效果。曾经亲身经历且

---

〔1〕 本部分主要参考范海涛：《就要一场绚丽突围：30岁后去留学》，北京：机械工业出版社，2016。以下如无原文引用则不再另行加注。

内心深受震撼的范海涛非常希望能将这样的方式引入中国。“角色扮演”方式则使她强烈感受到了口述历史叙事过程中的主观性，她认真记下了教授的总结：“在每一场口述历史的谈话当中，那些采访对象提到的人和事，其实都会有这样的自我辩解……我们不要听信一面之词。如果我们要通过个人史去记录公众史，我们就要尽可能多地采访事件中的多个当事人，尽可能地还原事件真相。多重的主观在一起，就能慢慢地加大事情原本面目浮出水面的几率。”[1]“同伴采访”活动有三个设计初衷：“第一，可以加速同班同学之间的相互熟悉程度，为以后的集体项目做准备；第二，继续让我们在采访与被采访中，体会什么是记忆的主观性；第三，锻炼口述历史的采访技巧。”[2]“撰写脚本”是让学生撰写一个“具有导演风格的脚本”，“要告诉将来导演这个剧本的人，在哪里要插入什么样的背景音乐，在哪里要出现什么样的道具，在哪里演员背后的大屏幕应该出现与‘台词’配合的照片和历史资料”。[3]“课堂现场口述”方式是邀请亲历重大事件现场的人在课堂进行现场口述。那种“叙述在空气中缓缓流动”的感觉给海涛带去了无法抹去的感受与记忆。[4]在“博物馆教学”方式中，教授经常将教学活动放到博物馆中进行，引导学生“体会布展人对于展品的陈列是如何考量的，或者让我们感受不同的陈列关系给人们带来的视觉冲击有什么不一样”[5]。“论文指导课”每两周一次，“同学们会把自己做的毕业项目拿出来和大家讨论，讲述自己在做项目过程中的收获和困惑，告诉大家还需要哪些资源。教授和同学们观看部分项目的内容后，会告诉项目设计者有哪些问题需要纠偏。如此一来，每一节论文指导课，都成为我们头脑风暴的天堂”。[6]

灵活多样的教学方式促进了对于口述历史的有效学习与深度认知，学生潜能得到了多方位的释放，探索型的自主学习模式得以激发。同时，哥大口述历史硕士项目又配套提供了较为丰富的资金及政策支撑，鼓励学生从学。例如，每位学生可以享受到最高 400 美元的旅行及培训资助，可以用来支付参加学术会议、收集学术资料或者接受学术培训等活动产生的费用。学生们被鼓励通过参加相关学术会议而与专业学会建立联系，从而寻找到更为有力的学习及职业发展平台。还有专门的口述史论文奖，奖励那些原创的、学科融合的创新型作品，每年有一名获奖者。2016 年开始，学生的优秀研究项目也可以享受到 250 美元的专项启动资助，可用于学术旅行、抄本制作、技术支持及相关装备采购等。

另外，与国内的研究生教育不同的是，学生是在一学年的课程结束后开始选择导师。他们除了可以选择项目中的一位教师作为导师外，也有机会选择系所之外相关领域的学

[1] 范海涛：《就要一场绚丽突围：30 岁后去留学》，第 113 页。
[2] 同上，第 117 页。
[3] 同上，第 154 页。
[4] 同上，第 170 页。
[5] 同上，第 174 页。
[6] 同上，第 196 页。

者或是艺术家作为第二导师，两位导师合作指导他们开展硕士论文写作或毕业设计。

哥大拥有22座实体图书馆及各类电子资源，其中的巴特勒图书馆（Butler Library）有哥大口述史中心的专藏，丰富的数据服务同时为计量分析及数据软件使用提供了有效帮助。同时，学校的写作中心承诺帮助学生解决阅读及写作的困难，可以帮助列出大纲，也可以在任何阶段提供各种文体的练习帮助，学生还可以为头脑风暴而拜访中心。

5 可借鉴的推广价值

哥大的口述历史项目依托于哥伦比亚大学丰富的学术资源，拥有优越的研究资助条件、领先的学科地位、灵活规范的教学设计，由此取得了出色的教学效果。从2008年开始，这一项目已培养了众多口述历史领域的专业人才，还包括三位来自中国的学生。其中之一的范海涛女士回国之后，不仅撰写了专书介绍其在哥大的学习经历，而且创立了“海涛口述历史·人物传记工作室”，用实际行动证明了口述历史在专业史学与公众社会间的桥梁作用。另一位是李笑岩女士，回国后供职于中国传媒大学崔永元口述历史研究中心，以其掌握的新知识继续为推进中国的口述历史发展贡献力量。第三位是吴尘同学，专注于创伤口述史，采访了被性侵的黑人女性、纽约地铁爆炸案幸存者、乌干达内战以及柬埔寨红色高棉亲历者。她继续在纽约大学学习创伤心理学，希望把口述历史和创伤心理结合起来。

在中国，口述历史的跨学科属性也已得到越来越广泛的认同。除了应用于历史专业，口述历史作为一种教育和研究手段还广泛应用于社会学、民俗学、人类学、种族学、戏剧学、新闻学等人文社会学科以及医学等自然学科。此外，还因其包容、沟通的特质，口述历史已成为连接过往与现实、精英与大众、国史与民史的重要桥梁。在这个方面，中国传媒大学崔永元口述历史研究中心发挥出了极为重要的作用。作为全国口述历史硕士专业人才培养的第一家单位，中心在前期所积累的300万分钟口述历史影像资料的基础上，立足于更宽阔的学术平台，致力成为中国在口述历史史料收藏、理论研究、人才培养、学术交流、传播应用等各个方面的领跑者。他们在培养“艺术口述史”方向的硕士研究生的过程中，积极借鉴哥大口述历史项目在教学方式、学科评价标准等领域内的先进经验，结合中国传媒大学优势学科，发扬学校特色，探索更为开放的培养方案及方法训练，充分发挥其在口述历史采访、建档、收藏、研究、发表、传播等各个环节积累的丰富经验，充分融合业界与学界资源，打通历史与现实，实现学术研究与公共知识生产的良性互动。

口述史在专科生通识类课程中的教学实践与思考
——以忻州师院专科部为例

◎任智英[1]

摘　要：

将口述史引入高校教学日益为人重视，但目前的实践与研究更多论及的是本科层次，在专科生中如何开展还是有待进一步开辟的领域。笔者立足于忻州师院专科部八年来的教学实践，阐释了通识类课程（主要是历史和政治学科）教学中贯彻口述史教学的宗旨，在剖析专科生特点的基础上探讨带领学生融入历史的可能，给学生营造一种代入感，使之获得参与历史的满足感，实现现代教育理念中的学生主体性与教师主导性的统一。在以往的教学中，本人主要做了"挖掘民间的历史记忆"（1949—1978）与家族史调查两方面的探索，前者效果不理想，后者比较成功。同时，指导学生社团开展的针对忻州历史文化的"四个一"活动和抗战老兵口述史调查，效果良好。由此，反思得出必须以学生兴趣导向为基点，在过程中给予全方位实际操作方法指导，分层次但高标准严要求，以及与学生社团合作以增进影响力的经验。

关键词：

口述史；专科生；通识教育；教学经验

Teaching Practice and Thinking of Oral History in College Students' General Courses
——A Case Study of Xinzhou Teachers University

◎　Ren Zhiying

Abstract:

Introducing oral history into college teaching has become more and more valued, but the current practice and research deal with the undergraduate level more. How to carry it out among junior college students is still a field to be further explored. Based on the teaching practice of Junior College of Xinzhou Teachers University for eight

---

[1]　作者简介：任智英（1978—　），男，讲师，历史学硕士，忻州师范学院历史系教师，主要从事中国近现代史研究。

years, I elucidate the purpose of carrying out oral history teaching in teaching general courses (mainly History and Political Science). On the basis of analyzing the characteristics of college students, this paper discusses the possibility of integrating students into history, which makes the students have a sense of being led to it and satisfaction at participating in making history. The unification of students' subjectivity and teachers' leading has been realized with modern educational idea. During previous teaching process, my exploration mainly about "folk historical memory" (1949—1978) and family history has been conducted. While the former one is not ideal, the latter is comparatively successful. At the same time, the two ideas are greatly effective in guiding the students' unions to take the two activities, concerning the investigation of the "Four 'One' Project" and the Anti-Japanese War veterans, which aims at the historical and cultural development of Xinzhou. As a result, the experience has been obtained that teaching should be on the basis of students' interest, that students should be given guidance of comprehensive and actual operation with layering, high standards and strict requirements in the process, and that students' associations should be cooperated with to enhance the social influence.

Keywords:

Oral History; College Students; General Courses; Teaching Experiences

目前,口述史研究已经成为一股热潮,口述史料甚至进入地方史志办档案征集的范畴。在高校教学方面,很多本科院校的历史专业甚至非历史专业都开始开设口述史课程。就现在情形而言,对高等教育专科阶段的口述史教育方面的论述还不多。鉴于目前我国专科教育的实际情况,在专科学校或者本科院校的专科生中间开设口述史课程,或者在相关学科的教学中渗透口述史学,仍然有很多值得思考与实践的地方,可以说这还是一个相对荒芜的领域。笔者将探讨在专科生中,尤其是在其通识类课程(主要是历史学和政治学)中开展口述史教学的一点做法,并将粗浅的思考表述出来,希望能够得到方家的指点。囿于视野和教学实际,本文提供的主要例子就是笔者进入忻州师院专科部八年(2008 年 9 月至 2016 年)来的教学事例。

1　教学目标、课程性质与教学对象

1.1　教学目标和宗旨

(1) 自觉的文化传承

"口述史与历史叙事,同属于社会记忆范畴",是"现代人对过往历史和当代所经历事件的一种文化自觉"。[1] 历史和文化教育的本质在于传承,让民族文化的记忆代代流传。所以笔者在日常教学中引入口述史,并且在教学全过程贯彻口述史教学,目的就是借此在

[1] 李宝梁:《现代口述史的兴起与研究述要》,《社科纵横》2007 年第 7 期,第 113—114 页。

学生心中形成一种自觉的文化传承意识。

(2)代入感与历史参与

司马迁眼中的史学目的是"究天人之际,通古今之变,成一家之言"。但是,作为通识类课程中的口述史教学不是培养专业历史学家。口述史在教学中不仅仅是作为一种知识传授给学生,也应该成为学生应当学会的观察社会历史的一种思维方式。换言之,就是让学生在掌握一定的历史知识的同时,学会用历史的眼光看待人世代谢,从而找准人生定位,更好把握现在和未来。相对前者而言,笔者更看重后者。如何将史学有效地与学生实际结合在一起,需要调动多方面的手段。口述史教学就是一种将现实中的自我融入历史的方法,能够给学生一种代入感。以此为切口,让学生更好地融入历史场景,实现另一种意义上的历史参与。

(3)史学与大众的联系

当代史学存在"向下"的指向,在宏观记录国家社会全景的同时,比较倾向关注一般民众的历史。"公众史学,可以较好解决史学跟普通人相关联的问题。"[1] 口述史的教学旨在建立一种史学与大众之间的联系,使学生乐意接受史学,感悟史学的魅力,让史学成为其认知的一部分。"人人都是他自己的历史学家",这是笔者在教学中引入口述史教学的一个初衷。口述史教学的目的就是促使学生用自己的眼光看待历史,记录历史,传承历史。"向下"使之容易进入历史,最终目标是"上与下"贯通,让他们真正认识宏观历史中的微观自我,更好地全面把握历史。

1.2 作为考查课的口述史教学

在以往的教学中,笔者主教中国通史、中国近现代史纲要以及自编教材课程中国文化概要三门课程。在我校,这些课程属于通识类考查课。基于考查课的特征,在教学过程中,就有一个如何立足课程、定位自身教学的问题。一是通识类课程的性质,其目标是拓宽学生知识幅度,增进学生人文素养,提升学生认识世界的能力;二是非专业课程的性质,要求既有一定的学科特征,也要有趣味性和易学性;三是授课与考查的灵活性,这给教师更大的教学自主性——考查不需要正式书面考试,又给教师评价学生的更多可能。所以,笔者在教学中引入口述史教学,以期更好地盘活教学资源,进而增强与学生之间的互动。

1.3 作为教学对象的专科生

(1)学业基础较差

虽然笔者所任教学校已经并入同城的一所本科学校,但是在既往的教学中,主要面对

---

[1] 钱茂伟:《公众史学:与公众相关联的史学体系》,《人民日报》2016年2月22日,第14版。

的还是专科学生，其中一部分还是初中起点的五年制大专生。这些学生入学成绩较差，学习上有很多不尽如人意的地方。以笔者2015—2016学年第二学期所带的中文系2014级学生为例：

2014年，山西省普通专科（高职）院校的文科最低录取分数线为160分。我校中文系学生入学成绩从220分到478分不等，总计招录了392名新生。按分数段划分：220—300分，总计190名，占48.47%；301—339分，总计91名，占23.21%；340—400分，总计94人，占23.98%；401—478分，共17人，占4.34%。由此可见，340分以下的学生占全部录取学生的71.68%，将近四分之三。同年，山西省专科第二批第二段文科分数线是340分，我校属于专科二批。所以，我校招录的学生普遍低于录取分数线，多数系补录。这是学生的基础问题。

笔者总共带了六个班中的专中142—146五个班，整体分数分布规律基本与全体学生相同。最突出的问题是有不同程度的偏科现象，甚至在文科综合方面，学生们的表现也不突出。简言之，就是基础较差，文科底子也不强。

（2）自主学习动力不足

目前，相当一部分学生存在学习目的不明确、动力不足的问题。他们普遍认为课程设置与其就业没有直接关联，所以学习劲头不够。学生也一直没有养成自主学习的习惯。

大学是个读书的地方，对于文科生而言，最重要的是阅读量。笔者曾经在英语系、中文系学生中做过一个调查，全年阅读量超过10本的学生寥寥无几。不客气地说，许多学生甚至不阅读。当然也有个别例外，中文146班的吕科霖同学，全年阅读量超过300本，基本每天读一本书，实属凤毛麟角。

即便阅读，也以电子书和网络阅读为主，基本上处于浅阅读状态。这是个普遍现象，全国大学生阅读量下降趋势明显。河北大学青年发展研究中心的一个报告表明："大学生平均一个月（四个星期）的纸质阅读量大约为1.47本，电子书的阅读量大约为1.92本，二者相加一个月也仅仅读书3.39本。"[1] 为了督促学生在学习教材的同时，增加其对学科知识的认知，笔者在教过的每门课上均开了课外阅读书目。在此基础上，要求学生在阅读某本书后，每学期撰写两篇读书报告。但是，完成的量够了，质却上不去。敷衍了事、拼凑成篇的现象极为普遍。原创作品不多，思想的深度和作文的水平都不尽如人意。阅读不足造成视野狭隘。笔者在讲课过程中会引用一些材料以加强说服力，但是大多学生连很通俗的资料也没有听过，以致笔者还得另加解释，反而加重了课堂教学的难度，这实在是个令人头疼的问题。

---

〔1〕《高校图书馆借阅量逐年下降——大学生"阅读危机"如何化解》，《河北日报》2015年1月30日，第6版。

(3)学习兴趣与能力欠缺

中文系学生是典型的文科生,文史本来就是不分家的,但除部分喜欢历史的学生外,一般学生仍然将历史视作枯燥无味的东西,认为史学类通识是需要死记硬背的东西,普遍欠缺学习的兴趣。在笔者随堂调查中发现,每个班至少百分之八十的学生对历史学习没有兴趣。即便在曾经与笔者课下接触的成绩比较好的学生中间,也存在一些值得反思的问题。其中一位同学给我留下深刻印象,她问的更多是通俗历史问题的细节,缺少宏观关照的思维,更缺乏主动查找资料解决问题的能力,学习方式还没有步入大学阶段。缺乏兴趣与对学科的错误认知有关,学习能力又与思维方式有关,这些都需要转变。口述史作为大专生调查实践的手段,既有助于增强学生自主学习的能力,在积累背景知识的过程中又有利于提升其自主探究的能力。在不断深入的学习过程中,有所获将使学生产生成就感,从而增强其进一步学习课程的兴趣。

2　两个教学案例

2.1　“挖掘民间的历史记忆”:回顾与反思

笔者进入忻州师院专科部从事教学工作,首先开展的是包括口述史资料收集在内的国史调查工作。现将笔者期末调查要求列举如下:

时限:中华人民共和国成立(1949 年)—改革开放(1978 年)

国史调查:调查、访谈、搜集旧时资料(日记、家谱、族谱、村志、档案或者石碑上的铭文等);收集、整理一切可以反映中华人民共和国成立以后山西各地的历史状况的资料或者口述资料等,形式不拘一格。

要求:

(1)限第一手资料,不可从网络下载。

(2)需真实再现历史,若选择口述资料则要原汁原味,不添加个人主观论断、偏见。写作时,不使用文学语言。

(3)调查内容主要以基层社区、普通人生活为主,反映下层民众的生活状况以及真实的社会情况。涉及面要宽广,比如可以涉及本地文化、婚俗、民风、政治变动中老百姓的生活、基层组织与基层政治生活等;也可以收集本村(乡、县)等基层社区“文革”前后的档案史料等。

(4)形式不拘一格,但应专注于一点,避免宏文大论。字数:1500—2000 字。

注:作业分两个学期完成——

第一学期,就以上感兴趣的话题写一篇论文,旨在为假期中的社会调查做理论准备(了解所做调查的历史背景),如“文革”“知青”或者人民公社等。字数1500字左右。同时,列一个调查提纲于文后,繁简不限。

第二学期,作业以假期中的调查为主,范围限定“文革”“知青”或者人民公社;调查前应该列调查提纲。除论文外,形式不拘一格,以调查报告为主。字数:1500—2000字。

参考网站:凤凰网·知青频道

从以上要求来看,笔者自认为整体指向明确,而且分步走,划分阶段。但是,在笔者教授中国通史课程的前五年过程中,收到的学生期末作业反映出很大的问题。坦率地讲,在这个教学实验中间,收获基本不大。笔者的主攻方向是中国近现代史,在要求学生进行调查,完成自身学习任务之外,也有为自己研究方向收集资料的私心。但是,很遗憾,能用的资料不多。首要的问题就是学生文章的资料来源问题,他们不愿意主动收集资料,更不愿主动调查身边人。即便是有效资料,也存在行文不够严谨,不符合学术规范的问题。从中笔者得出一个结论:必须限定范围、限定材料,方有出成果的可能。所以,笔者又进行了新的实践,即要求学生进行家族史调查。

2.2 家族史调查

家族史调查是笔者所任学科调整之后,鉴于中国近现代史纲要课程涵盖的时间断限正好与学生祖辈生活年代契合,所以要求学生结合近现代史所学知识,关照大历史背景下自身家族的发展变迁。笔者严格要求学生的访谈对象必须限定于(外)祖父母,以祖父母为主。这个就有效防止了学生不负责任的照抄,同时也方便进行对身边人的调查。

家族史口述调查的作业在第一节课布置。在布置作业以前,笔者首先问了一个问题,每个班抽取十名左右的学生回答。问题是回答五代父祖辈的名字,结果很多学生往往只能回答到爷爷辈,当然每个班总有一两个能够回答全部。笔者所在的忻州地区大年初一有祭祖习惯,即便没有牌位,供祭时也往往会书写始祖和五代父祖的名字。但是很遗憾,不少忻州本地的学生也无法回答自己的五辈先祖。在问答环节结束后,笔者告诉学生,自己只知道祖上四辈的名字,也无从搞清全部。这就引起学生共鸣。随后笔者告诉学生,问五代先祖的名讳,源于古代科举考试要求考生提供三代履历。学生恍然大悟的同时,笔者进一步提问学生是否愿意后人记住自己。学生的回答不一,多数希望自己在身后有人惦念。但是,也有为数不多的学生只愿意过好此生,后辈记住记不住无妨。在此基础上,笔者进一步启发:为什么我们要求别人记住我们,而我们却记不住父辈的名字,这岂不是逻辑不通?我们的五代先祖正好生活在中国风云变幻的近现代,在时代变迁中他们如何生活,如何应对时势变化,不正是我们需要了解的吗?所谓不愤不启,不悱不发,这样,学生往往较容易接受教师布置的作业。

下面的问题就是如何完成作业。第一是搞清楚书本上教授的时代脉络以及历史整体风貌,这是该口述史调查的学业基础;第二是教给学生完成作业的方法。笔者提供的方法是:首先找家谱族谱,作为基本文献参考;其次结合村乡县志,乃至市志省志,作为小环境下的大背景材料;最后,才是对父辈祖辈的口述史访谈。访谈一般放在节假日完成,不回家的通过电话、微信等方式完成。这期间有过反复,部分学生产生畏难情绪。但是,最终完成的作业情况出乎笔者意料。绝大多数同学在调查后,较好地完成了家族口述史作业。

就调查对象而言,多数为父系长辈,也有部分学生出于资料来源(主要指家谱)和家庭纠纷问题,选择了母系长辈。让人讶异的是,某些女学生也入了家谱,这反映了时代变迁下家族观念的变化。在家族口述史的调查中,发现祖父辈从事的职业多数为工农干部;内容方面,不少学生在写作中,大量描写了家庭关系层面的东西,尤其是女生,更是把祖孙关系描写得比较细致。同时,行文中也有很多的共情成分,不少学生表达了对父祖生活的理解和同情。如"听到这儿的时候,我突然理解奶奶的心情。那种苦、那种痛,与谁诉说?"[1] 另外还有家教传承,如"别人曾经教导我说:'你长大了要像你爷爷、你父亲那样,做事勤勤恳恳,多做实事,少耍嘴皮子功夫。'"[2] 着实让人动容。这说明学生并非情无所寄,不是只关心自己的一辈。他们选择的更多是父祖辈英雄事迹,或者苦难历程,口述史写作尤为重视家族中最值得关注、最令人骄傲的部分。如:"爷爷经过艰苦磨练,成长为一名战斗英雄。"[3] "爷爷是抗战中无数军人的缩影……爷爷虽然不是最伟大的人,但他是最可爱的人。"[4]

有些文章十分精彩,如145班李霞同学的《以朴启"厚"　以朴存"厚"　以朴传"厚"》一文,讲述的是太谷县商号"瑞隆裕"与其太爷爷李锡田的故事,可以说这是太谷零售商业的一个缩影。再如144班石子豪同学的《平凡生活也有趣——家族百年史》,条理清晰,叙事精当;平凡的家世,平凡的人生,但是写出了另一番韵味。146班吕科霖同学的论文更是给人以代代不同、时移世易的感觉,其描写出了一个地主家庭在中华人民共和国成立后的生存状况和心态变迁,值得回味。

值得肯定的还不止于此,许多论文中画出了家族树状谱系,理顺了家族关系,说明了家族来源。尤其是明代大量移民实边的事实,与山西地方史吻合。如"神池宫氏家族自明朝从安徽来此";[5] 再如"始祖崔友避元末战乱,率家人由保定府迁入高山疃定居"。[6]

---

〔1〕 专中143班常志慧期末论文,2016年,未刊稿。

〔2〕 专中144班刘其源期末论文,2016年,未刊稿。

〔3〕 专中144班胡晓玲期末论文,2016年,未刊稿。该生爷爷参加过抗日战争、解放战争。

〔4〕 专中144班江瑞:《血色征程》,2016年,未刊稿。该生爷爷参加过抗美援朝战争。

〔5〕 专中142班宫秀芳:《家史概述》,2016年,未刊稿。

〔6〕 专中145班崔琼琼:《谈崔氏家谱》,2016年,未刊稿。

学生作业中有关民国时期的避迁、逃荒的记载更加普遍。专中143班冯引娟同学在写完论文后，意犹未尽，趁热打铁，连续写了自己父母的许多家事以示敬爱。

不足之处亦有：一是照抄家谱现象仍有发生；二是资料引用范围相对狭窄，学生没有掌握引用文献资料的基本规范；三是论文写作规范方面也有待改进，行文仍然有不够严谨之处。但整体而言，就笔者自己看来，这次家族史调查十分成功。

3 两个社团范例

3.1 “四个一”活动

“四个一”活动是校团委社会问津团组织的系列活动，旨在了解忻州地区传统文化。这个活动在开展以前，社团负责人石子豪同学问计于我。我给他们提供了以非物质文化遗产为主体的创意设计，其中就包括对于忻州地方文化传承人的口述访谈工作。最后成型的是：走一趟文化古迹，看一场传统晋剧，品一次地方粗粮，做一场交流分享。整个活动由学生筹办，笔者并未介入。在活动最后的学术交流环节，笔者审核了学生提供的文稿，也提出了一些客观的建议。活动最后成效不错。虽然该活动中间涉及的口述史访谈仅是一个组成部分，但口述史调查的引入在增加活动目标实现手段的同时，又丰富了活动的内涵。诚如学生所言：“调研、体验、查资料、讨论，伴随着发现与思考，我们用笔记录下了我们体验到的文化。”[1]

3.2 抗战老兵口述史调查

抗战老兵口述史调查是中文系博雅文学社组织的活动，该社负责人吕科霖同学与我交往密切。在该活动进行过程中，笔者参与指导了部分工作。这个活动较之上个活动而言，更侧重史学调查。该调查开展时，恰逢抗战胜利七十周年，很有意义。他们一共选择了四位老人作为访谈对象，借助多种技术手段，形成了影像资料、书面记录和口述史报告等多种类型的成果。在调查结束后，我帮忙审阅了调查文稿，同时接受了该社组织的录像访谈。就历史上的战争与和平的话题，同学们进行了开诚布公的交流。鉴于几位抗战老兵生活不如意的现状，吕科霖同学还与山西资助抗战老兵的民间组织联络，在生活上给予抗战老兵以实际资助。

---

〔1〕 社会问津团：《这是一个不断发现、思考的过程——记文化体验“四个一”活动》，《忻州师范学院专科部校刊》2015年第2期，第62页，内部资料。

4 反思

4.1 必须切合学生的实际情况

口述史教学必须以兴趣为导向，切合学生的实际情况。前面笔者提到的两个教学范例，刚好从正反两个方面证明了这一点。第一个案例不够成功，原因在于要求学生达到某种水平，事实上学生囿于知识水平和认知能力的局限，往往达不到教师要求的标准。同时，忽略了大专学生存在的惰性，没有给出更加限定性的框架要求。第二个案例说明，只要激发学生兴趣，给出必要的指导，即便是基础很差的学生也能够激发自己的潜能，完成教师布置的任务。所以，教学实践还要认真思考学生状况，有的放矢地开展工作，方能事半功倍。

4.2 必须教给学生口述史的实际操作方法

笔者所带学生全部是非历史专业的，但是这并不妨碍他们成为好的口述史访谈者。“虽然有许多专业历史学者从事口述历史的工作，但是进入这领域并不需要历史学的学位。”[1] 诚哉斯言。当然，对于作为口述史初学者的学生，教师仍然有必要教给他们口述史的实际操作方法。

(1)口述史一般方法

做口述史虽然入门容易，但是为达到最后的目的，仍然需要一定的方式手段加以辅助。比如访谈对象的选择、访谈主题的确定、访谈中需要的交流技巧、访谈中技术手段的运用、访谈后资料的整理与论文的写作等都需要一定的专业知识。笔者主要采用唐纳德·里奇《大家来做口述历史：实务指南》(第二版)中提供的相关知识指导学生，以期他们自主掌握口述史访谈的一般技巧。对于领会能力较强的学生，比如吕科霖，则直接借予书籍和相应的口述史著作，让他自己在实践中揣摩。

(2)口述史调查对象的选择

一般历史教学侧重于宏观叙事，学生往往兴致不高。“中国缺的不是这种叙述，因为从我们的教育开始，就一直讲的是宏大叙事，但是我们的这种草民、普通人、你身边的历史是从来没有被关注的，我认为我们做个人史做口述影像，记录自己身边的历史，首先是为自己。”[2] 笔者认同这种说法，所以在做家族史调查时，指导学生选择的访谈对象主要是

---

〔1〕 [美]唐纳德·里奇：《大家来做口述历史：实务指南》(第二版)，王芝芝、姚力译，北京：当代中国出版社，2006，第9页。

〔2〕 唐建光：《我们为什么要做口述历史?》，腾讯文化 2014 年 10 月 24 日，http://cul.qq.com/a/20141024/045341.htm，最后访问日期：2016 年 8 月 28 日。

身边人、身边事,以自己的父祖辈为主要调查对象。当然,如果学生可以找到在全市全省乃至全国有影响力的人做口述史访谈,笔者也是欢迎的。在调查中也不苛求全面,容许学生回避一些过于私人化的东西。

(3)口述史调查过程中的指导

学生即便得到教师在课堂上一般性的指导,但是在实际操作中仍然会遇到不少问题。这就需要教师全程密切关注学生的口述史访谈。对于学生遇到的问题,老师应给予及时的帮助以利其顺利进行。

(4)口述史料与文献史料的对照使用

口述史最大的问题是访谈内容的真实性,这个问题取决于很多因素。所以,就存在一个甄别的问题——既要反映口述史对象的叙述内容,也要对明显错误的地方加以修正。考订史料的时候,要充分利用相关的文献史料加以印证。做到多重证据一起使用,从而确保口述史论文的严谨性、科学性。这也是学生在口述史调查中最容易忽略的问题:一是背景资料准备不足,提出的问题没有针对性;二是访谈过程中,缺少对访谈对象、谈话内容的甄别能力;三是写论文过程中,采用单一性资料导致口述史成果存在局限,再利用价值不高。王国维在史学研究中提倡"二重证据法":"吾辈生于今日,幸于纸上之材料外,更得地下之新材料。由此种材料,吾辈固得据以补正纸上之材料,亦得证明古书之某部分全为实录,即百家不雅驯之言,亦不无表示一面之事实。此二重证据法,惟在今日始得为之。"[1]这主要指的是出土文物和历史文献的互相印证。后来饶宗颐又提出了"三重证据法"。在口述史教学中也应倡导"二重证据法"乃至"三重证据法",使口述访谈对象的谈话、现场踏勘和历史文献记载相互印证。唯有如此,才能培养学生养成科学严谨对待问题的思维方法,写出来的东西才更能站得住脚、更有质量。

(5)作为成果的报告、影视资料或者论文

口述史调查最后要形成一定的成果,对此笔者不苛求形式一致,而是要求学生自己把握,无论是调查报告、影视资料、学术论文还是家谱类文献,乃至一般性的散文任其选择。但是需把握一个基本原则:必须原汁原味,不能随意添加个人主观论断与偏见。写作时,不能使用文学语言。也就是要坚持史学讲证据、客观性的一般原则。

4.3 必须高标准、严要求,对不同层次的学生给予必要的不同层次的要求

对于学生,虽然要结合自身实际,但是在口述史学习过程始终需坚持高标准、严要求,即便学生不好实现,也要树立标杆,坚持"法取乎上"的原则。当然,学生能力有高低,这就需要在整体上树立一般标准外,给学生个性化的要求,对不同层次的学生给予必要的不同

[1] 王国维:《古史新证》,北京:清华大学出版社,1994,第2页。

层次的要求。由于事先目标在实践中会遇到各种问题,所以对学生的要求就有个不断修正的过程,这需要教师悉心观察与随时调整。

4.4 与学校相关学生社团的合作

与学生社团合作是将口述史教学推向校园的有效手段。前文提及的两个社团负责人是笔者所带学生,他们与笔者的关系较为密切。尤其是吕科霖同学,在交往过程中,已经超越师生关系,我与他亦师亦友,指导起来也是随时随地,不分场合。这当然是建立在良性师生关系的基础上。实际上教师也可以利用各种途径主动介入学生社团活动,帮忙出谋划策,制定相应的口述史调查方案以供选择。2006 年,笔者读研期间,曾经组团报名《南风窗》中国大学生社会调查活动,虽最后落选,但是收获不小。尤其是笔者导师李金铮教授作为指导教师,给予了我们很大的帮助。目前全国有多个针对大学生的口述史竞赛活动,如"家·春秋"口述历史影像记录计划、全国大学生口述史成果交流赛,笔者在相关新闻报道中也看到很多教师投身指导教师行列,其团队都取得不俗的佳绩。这些告诉我们教师必须走出课堂,在课外发挥相应的影响,让口述史在校园中发挥更大的影响力。

大专生生源质量日益下降,教师必须改进教学方法以适应新的形势。我们应当"寻求并找出一种教学方法,使教员因此可以少教,但是学生可以多学"。[1] 将口述史引入大专生通识课程教学就不失为一个良好的选择。诚如笔者前文论述,口述史访谈所要求的背景知识鞭策学生自主探究相关历史知识,从而主动增加阅读量;写作又需要多重证据印证,这也有助于锻炼学生爬梳、对照史料的能力,从而形成一定的学术写作能力;在反思家族史演进与国家社会变迁的同时,形成多角度看待问题的科学思维;尤其是情感共通,又能让历史传承意识在看似无意中形成。真可谓一举多得。

---

〔1〕 [捷]夸美纽斯:《大教学论》,傅任敢译,北京:人民教育出版社,1984,第 2 页。

在高校普及口述历史理念的实践探索

◎柯　莹[1]

摘　要:

以东北师范大学"长白山之路"口述史实践为案例,创建口述历史协会,即档案馆与志愿者协同采集口述档案。此协会旨在传播口述历史的理念,建构大学记忆,提升志愿者的实践阅历和技能,锻炼和扩大口述历史队伍,为口述档案采集培养新生力量。同时,本文还探索口述历史理念的推广传播途径,在志愿者团队筹建、招募、培训、实施等各环节普及口述历史理念;最后分析实践中的数据及其运行效果,并展望未来的工作方向。

关键词:

口述历史理念;口述档案;团队构建;长白山之路

Generalizing Practice Exploring of the Idea of Oral History in Colleges and Universities

◎ Ke Ying

Abstract:

Taking the oral history of "Changbai Mountain Road" by NENU as an example, Oral History Association, is in which the archive and volunteers work collaboratively to collect oral archives is established. This study is designed to spread the idea of oral history, construct memories of colleges and universities, upgrade the experiences and skills of volunteers, train and expand the oral history team so as to cultivate new forces for collecting oral archives. This paper explores the way of popularizing the idea of oral history in each link——preparation, recruiting, training and implementation——in building volunteer teams. The roles of the archive and volunteers are respectively defined: the former dominates in topic selecting and planning, volunteer training and directing; while the later on expected to take their professional advantages to interview, film interviewers, and collate and copy texts. This paper shares the experience of co-work between the archive and the volunteer team. It

---

[1] 作者简介:柯莹(1966—),女,东北大学档案馆副研究员,教育硕士学历,研究方向为口述档案、档案收集指导等。

at last analyzes the data and effect in practice and makes suggestions for further study.

Keywords:

The Idea of Oral History; Oral Archives; The Team Building; Changbai Mountain Road

现代意义上的口述历史自发端开始，就在多个学科里包含了明显的学术兴趣的转向，各个学科从各自的视角探索超越传统认识的观点、方法，进行口述历史的采集、整理和研究。尽管口述历史至今仍没有成为独立学科，但从诸多口述历史的实践来看，它以讲述保存历史，从形式上改变了历史的存在状态。口述历史浸润在多学科当中，其理念有价值、可追求，而且通过追求可实现。

在《口述历史的档案价值、选题规划与实践路径》[1]一文中，笔者已经对口述历史的档案价值、选题规划做过详尽论证。本文的研究对象是构建大学记忆的专题实践——“长白山之路”口述史。通过口述历史访谈环节，可采集东北师大在特定历史时期的办学模式和办学特色的口述史料；体会东北师大独特的大学精神和文化内涵；从口述者严谨的治学精神和严肃的治学态度中获得启发和教育，组织志愿者团队做口述历史的访谈者，使其从中得到学习、受到锻炼、收获成长。

1 东北师范大学“‘长白山之路’口述史”采集构想

1.1 选题及采集目的

“‘长白山之路’口述史”是“东师记忆口述史”中的一个组成部分。“长白山之路”是东北师范大学进入“211 工程”行列的重要支撑。

“长白山之路”具体内容：20 世纪 80 年代，党中央国务院为推进现代化进程，多次召开优先发展农村基础教育的会议，并做出全面部署。我校由校领导带队，分别到东北三省的农村进行了实地考察和调研，确定了将基础教育薄弱、经济发展落后的吉林省长白山区的抚松县和东丰县作为基础教育的服务区和教育改革实验区。此举得到原国家教委和省市教育主管部门的大力支持。学校组织了专门的教师队伍，与地方政府配合，走进农村深入到学校课堂，参与教改，推广科研成果，踏上了被人们称作“长白山之路”的征途。

采集目的：“长白山之路”是东北师大的特色校史。笔者曾参与过档案文献的收集整理和专题数据库的建立工作。但传统的纸质档案和声像档案像一副骨架，缺乏血肉感，难以呈现生动鲜活的历史。口述历史能够恰切地补充现有文献的缺憾，让已有的档案丰腴

[1] 田丽君、柯莹、李竟彤：《口述历史的档案价值、选题规划与实践路径》，载林卉、刘英力主编《口述历史在中国（第一辑）：多元化视角与应用》，桂林：广西师范大学出版社，2016，第 70—80 页。

起来。最早参与“长白山之路”的领导和教师有些已经不在世了,有些年岁已高却还能够讲话。把他们的记忆抢救下来,丰富档案资源,使这段历史更丰满,就是保留下那个年代的共同记忆,对于积淀东师文化、弘扬东师精神都是很有意义和价值的。

1.2 锁定采访对象

首先分析“长白山之路”的内容,选出采访对象,即“长白山之路”的设计者、决策人和在抚松、东丰两县为基础教育服务的教师。这可以从档案馆档案中查到名单,可以直接联系到人。但是档案提到的领导和教师中,每个人承担的任务不同,在活动中担当的角色也不同,又鉴于学生有限的活动时间不能逐一访谈,档案馆工作人员为学生选定访谈对象,约定走访,同时遵循就地就近原则,即分散在各个学院的当年下乡的老师由该院的学生进行访谈。

就构建记忆的完整性看来,采访对象还应该有抚松、东丰的地方政府教育局和合作校的教师,团队将对这一部分人员的访谈设立为二期工程。学生在校期间只做校内教师的口述史采访。

1.3 准备背景知识

这是学生了解访谈对象,为正式的访谈做准备的过程。档案馆为学生提供必要的资料。本活动开展之前,档案馆网站主页上挂有基础教育的专题图片展,展览的时间轴是1985—2011年,覆盖“长白山之路”的全过程。学生可以通过研究图片展示的合同、相关照片,结合选择的访谈对象找出问题,在访谈中提问。另外还有些没出现在展览中的纸质资料,也可以到馆查阅。

访谈过程中的问题设置和语境设置直接影响到访谈的结果。其实这一过程并不是简单的我说你录的过程,正如唐德刚先生在《张学良口述史》中提到:“如未经严格训练,而乱拿笔杆,其结果也是要出天大笑话的。”[1] 这是一个对采访者谈话方式的短暂培训过程:无论受访者是什么人,话题一定要定位到我们正在谈论的那段历史上来。我们的受访对象绝大多数是教师,具备一定的谈话逻辑基础,比较容易接受口述历史的理念。至于达到郭于华老师描绘的“力图拓展一方‘讲述’的空间,在其中,普通农民能够自主地讲述他们的经历、感受和历史评判”[2],则需要采访者优良的素养和沟通能力。

---

〔1〕 [美]唐德刚:《代序:张学良自述的是是非非》,载张学良口述、[美]唐德刚撰写:《张学良口述历史》,太原:山西人民出版社,2013,代序第9页。

〔2〕 郭于华:《倾听底层》,桂林:广西师范大学出版社,2011,第40页。

2 采集口述历史筹备工作

2.1 创建档案馆和志愿者协同团队

高校大学生群体中有些人本就对口述历史有所了解且向往，传媒、新闻、历史等专业的学生和口述历史有着天然的联系，助力这些星星之火，有利于保护口述历史爱好者的积极性，对于其他专业的爱好者，档案部门也为其开辟通道助其参与采集口述历史。

大学生群体具有较强的学习能力，经过培训能够成为具有学术素养的口述历史协会中的志愿者。

2.2 招募志愿者

由档案馆和校团委协商，指定数学学院团委做具体招募工作。招募条件不分专业、不分年级，但必须热爱口述历史工作；更欢迎有特长者，诸如会采访、会摄像、有良好的沟通能力的同学。这条件是希望尽量多的大学生参与到活动中来。至于能力培养，笔者坚信当代大学生经过培训后能够胜任采集工作。

在招募过程中，采用传统的海报张贴和现代的微信发布两种形式。利用大学生喜闻乐见的微信公众号宣传优酷网上口述历史频道的 80 多部作品，发挥经典作品教科书式的作用，让学生对口述历史有初步的认识。通过观看《电影传奇》《我的抗战》，从口述历史素材应用到制片最终表现形式中认识口述历史，期望达到润物细无声的效果。

招募过程中还通过问卷调查志愿者对口述历史的困惑，收集问题，并在培训过程中加以解答。

2.3 培训志愿者

培训是推广口述历史的重要环节，具有启蒙科普的效能。虽然口述历史在国内外蓬勃发展，但相较传统意义上的历史仍然很小众，在大学生群体和口述历史爱好者中做推广普及仍然非常有必要。

(1)介绍口述历史的成就和机构

为避免枯燥说教，先向学生展示口述历史的成就，比如诺贝尔文学奖获得者阿列克谢耶维奇的《切尔诺贝利的回忆：核灾难口述史》、大家唐德刚口述历史的实例，从而推广普及唯物史观、现实主义的理念，激励志愿者做口述史的崇高感和使命感；再向学生介绍口述历史的研究机构及其研究成果，使学生了解口述历史发展的高度与深度；最后向学生介绍档案馆在国内口述历史行动中的规划和作为，使学生了解自己在即将参与的活动中的目标和方向，从而明确在行动前应做的准备。整个过程呈现由远及近、由大及小、由他及己的"镜头拉近"形式，向学生普及口述历史在世界范围的发展格局和分布大势。

(2)口述历史的采集过程

宏观的口述历史采集是一个建构大学记忆的系统工程。档案馆需要总体把控，在对传统档案梳理后，遴选出适合做口述历史的部分作为选题，这样做出的口述档案才能对传统档案有适当的补充，发挥出口述档案重细节重过程的优势。选出适合带学生制作的题目，这部分虽然由组织者操作执行，但在培训中，应该让学生有所了解，以便日后学生独立工作时能成为一个训练有素的行家里手。

口述历史采集是一个具体的访谈过程，需向学生系统地介绍口述历史的操作规程，使学生掌握口述历史的做法。培训中为学生提供一些常规的范式，便于其了解、确认受访者基本情况。开放的问题需要受访者说出细节。在这一过程中，需推广、普及问题意识和伦理道德。

(3)向受访者普及口述历史理念

在走访中向受访者推广口述档案理念：规则观念、知情同意、过程完整不停机等各项内容。

口述历史有别于新闻采访，不是进行时式的及时报道，而是对受访者记忆深处历史的唤醒；有别于宣传报道，不要宣传中的鼓动和喧嚣，要口述者学习史官秉笔直书的耿介姿态，如实地表现历史真相；有别于做节目，不是经过演练编排，而是要向受访者普及口述历史知识——说明我要做什么，请您做什么，在草拟出的提纲中，回答您想要回答的问题。在整个访谈过程中，要做录像而且不停机，这样留下的光影记忆才是口述历史。

笔者通过调查了解到，口述历史的提问环节是难点。为确保学生在此环节能顺利进行，在培训时为学生提供一些范式作为采访提纲，分为两大类：一类是封闭的问题，需要向受访者确认相关信息；另外一类是相对开放的，即要求受访者说出细节和过程。为使访谈能够顺利进行，笔者还提供了采访问题给志愿者作参考，要求学生在采访前向笔者提交提纲，以此来培养学生的问题意识，避免口述访谈无题可问。

(4)口述档案的技术要求

口述历史访谈全部采用摄像形式，学生完成访谈，向档案馆交光碟，之后上传到数据库。上传格式要求——

视频格式：ASF、WMV

音频：MP3、WMA

照片：JPG、GIF、BMP(像素 300dpi)

3 “‘长白山之路’口述史”访谈案例

3.1 档案馆工作人员访谈

案例:“长白山之路”的亲历者周敬思书记访谈

通过对已有纸质档案的研究,拟定采访提纲:“长白山之路”源起;选址过程中学校和省教委商榷的细节;确立选址以及如何和当地政府建立联系;政府的态度如何;政府如何确定实验校;实验校态度如何;选址后下派哪些教师;教师具体工作;所做课题的内容;研究什么问题;呈现成果形式;课题实验周期;效果如何;此项活动受到什么样的关注;对我校进入“211 工程”行列有什么作用。

周书记是当时负责此项工作的校领导,在已有档案记载的卷宗中,他就像剧本里的男一号,出现频率最高,这也说明他了解的情况最多。遵循口述历史经历优先原则,我们选定他为口述对象。以下为周书记口述内容:

> 1987 年,全国教育工作会议提出教育发展向农村倾斜。学校积极响应国家号召,改革教育研究要回答中小学改革发展的实际问题。当时郝水校长提出:我们要坚定为基础教育服务的正确的办学方向,坚定地要做些实事。经过省教育厅厅长梁植文同志建议(梁厅长是咱师大数学系毕业生,和我同期),确定把基础教育薄弱的白山市作为服务区、实验区。1987 年年底派招生办主任赵鑫到当地打前站,初步确定抚松三中作为实验校。1988 年春,我带队到当地考察。1988 年 5 月白山市来东北师大签订合同。学校派各学科教师到当地指导教学。最初当地实验学校的校长并不欢迎,甚至很冷淡。咱们教育系教师金和德在动员会上讲德育为先,素质教育,当地的校长和教师也持怀疑态度。我深入课堂听课,发现教学中存在的问题。比如外语课就讲怎么考试、怎么答题,训练怎么答题,一节课就上完了。后来我就了解,学生告诉我说:“前排是考高中有希望的,我们坐在后面都不行。”这是典型的应试教育的教学模式。我们一定要改变这种状态,让每个孩子的素质都有长进。
>
> 经过教育局调整,换了校长,叫王才,他理解我们,表现也很积极,我们的工作才开展起来。鼓励东北师大的教师辅导当地教师采取优良的教学方法,驾驭教材内容,制作教具引发学生学习兴趣。开全课程引导学生提高整体素质,音乐课使农村的初中校园唱响起了歌声,美术老师利用当地的胶泥教会了学生捏小猴子小青蛙,体育课上科学的锻炼方法让学生在区运动会上也名列前茅。初中会考是检验教学效果的关键时刻,实验校又是优势显著。1989 年,鉴于已取得的成效和有待研究的问题,我作为项目负责人,承担了教育部课题《农村初中课程结构改革试验》的研究。鼓励我校

教师做课程结构改革、撰写乡土教材，地理就编抚松地理，介绍家乡，培养学生爱家乡。热爱家乡你才能爱国家。历史，把这些地方史、抗联故事都编到校本课程里去。把农村素质教育这篇文章做好。1992年课题结题。地理、历史等学科编写出乡土教材；其他学科的教师发表文章结题报告。最受益的是抚松三中的教师和学生，因为教师的教学水平提高了，学生的综合素质提高了，在升入高中的考试中三中表现出绝对的优势。抚松三中火起来了，当地官员和百姓都愿把孩子送到教学质量高的学校。东北师大也名声大噪。国家基础教育司司长马力同志来了，由我陪着，一路走一路调查，很感动，说这些老师坐这个车太破了，我帮你解决台日本产的面包车吧。很快，华夏基金会来考察，我陪他们看看，他们很满意，很快，就拨来一辆丰田面包车。原来我们那个车，夏天一身土，冬天一身霜。这回好了，夏天有凉风，冬天有暖风。1991年杨振宁曾到实验区考察。1991年国家教委朱开轩、柳斌来我校考察，对参与此项工作的教育专家表示敬意，和专家合影留念，在坐座位时，让实验专家坐在中心位置，两位教委领导坐在两边。朱开轩说，你们做的是大课题呀，全局性问题。没来看的时候，我还以为是小问题。教委主任何东昌到抚松调查，我陪他去的，他给我两条建议，很有远见、很深刻：你们师大中文系老师牵头，把全县的语文老师组织起来成立一个协会，带带他们写文章，搞文艺创作；还有就是你办个实验农场，养鱼比农家养得好，种果树比农家种得好，当地老百姓才能信你。对我非常有启发。1993年，“211”预审时，教委领导对此饱含感情，予以充分肯定，在后来正式评审时也鼎力支持东北师大。[1]

周书记的讲述内容，档案文献中有所记载的，是对档案的确认，但细节、过程都是档案没有记录的。档案里保存着朱开轩、柳斌和教育专家的合影照片，但没有记录更多的内容。周书记陪同教委领导考察的照片也有保存，谈论的话题却没有任何记录。口述历史的优势恰恰能弥补这些缺失，这也是只有口述历史能完成的使命。

在周书记口述中出现的问题可以在其他人的讲述中得到解答。如与专家的合影一事，就在陈永芳、赵大明等老师的讲述中得到互证。

周书记叙述中提到的人物和事件，可以在对其他老师的访谈中加以核实互证，并做深入提问。对于每个人的个人记忆内容，最终在档案馆收集完成时汇合成对整个事件的共同记忆。

3.2 志愿者团队访谈

案例：中文系退休教师陈永芳老师访谈

按照培训时提供的采集步骤，笔者为志愿者准备好相关的档案文献，志愿者访前讨

[1] 柯莹：《周敬思口述历史访谈》，东北师大档案馆128室，2016年6月6日。

论，明确采访目的，拟订采访提纲。按照培训时的约定，采访陈永芳老师的志愿者就是现在文学院的学生。师范专业的，可以对教材教法提出问题；新闻专业的，可以移花接木用新闻采访训练做口述访谈。

从文献中得知，1990—1994年，陈老师在抚松三中服务，是“优化农村初中教学内容和教学过程实验”课题组成员，辅导当地教师上县里教学能手公开课并获奖。同时，还指导学生作文在全国作文比赛中获得一等奖。档案馆还存有当年印的作文集，封面上有陈老师题写的集名：春苗茁壮。

志愿者比对文献后提出各自好奇的问题，如：辅导了哪位老师，当时的基础如何，用什么教学方法让其进步，什么背景下出作文集。

志愿者带上这些问题对陈老师展开走访。遇到陈老师，就像遇到了一座宝藏。陈老师谈及往事时不仅激情饱满，回答问题之外还说出大量档案以外的信息。笔者又带领学生重新讨论，调整提纲内容，对于出现的新信息深入追问，以获得更有价值的口述资料。

就同学们的提问，陈老师口述：

> 优化教学内容，我选用特级教师颜振遥主编的教材，采用自学辅导式的教学方法。这是“一种”以学生为主体，教师为主导，思维为主帅，教材为主力，训练为主线，创造为主旨，优化教学内容和教学过程的教学方法。我搞两个重点模式，一个是阅读课教学模式——初读，复读，研读，质读，练读，归读，还有一个写作教学模式——识题，受导，复作。每篇作文做三遍。我们还是先解决教学内容和教学过程的问题，教学过程还有什么呢？语文不只是识字呀，还可以组织语文活动，比如演讲比赛、作文比赛，都可以，学生都愿意做。全县有活动了，语文基础知识大赛、环保作文大赛、语文知识大赛、作文大赛、环保知识大赛好几个，那九一年搞的大赛，九二年、九三年大赛，三个大赛抚松实验班四个年级参加全得奖了，全是团体一等奖。二中不行，最好的学校都不行。最后大家不敢和抚松三中比赛。我们的教法加上活动，全是练出来的，不怕。有一个叫杨万秋的小孩，居然写了两篇有创意的文章，一个是诗歌，叫《月亮》，他写的诗歌：“月亮月亮，你转过脸来，为什么老是背朝着我们？是不是你的新郎对你不好，你不敢见人，你不要悲伤。”，这个得了全国竞赛一等奖。这是诗歌。他还写了一个，叫《二十年后回故乡》，想象作文，二十年后他从外地回到抚松去了。现在抚松连个火车站都没有，当时有相当像样的火车站。抚松养人参，建立参场，人参带发动起来，他递上去了，写这个也是全国竞赛一等奖。后来升高中的时候，考了前几名。就是你只要搞下去了，什么都好。怎么说呢，农村孩子也不笨，就是咱们过去各种条件造成他的贫乏、他饥饿没有营养，没能力开发。
>
> 白山市所有的语文教师进行培训。还有接着的内容，由我带的三中青年教师，就

是张彩华老师，二级教师，她后来被评为县模范教师，市模范教师，而且她在东丰县，吉林省语文教育研究会，做大会发言，就讲这个内容。我去参加会议，我作为专家参加，她作为教改人员参加，很快迁移了。她的教改实践由一个县初中，扩展到市的初中，扩展到全市，后来通过东丰县扩展到全省，后来在农安，长春市我们一会儿也讲，就是这个内容。后来我还到香港，九七年、九八年、九九年我去了三次，在香港语文研究会上，向世界讲了。香港国际语言大会，我讲了创造语文教育，把这个内容讲了。

后来，我把学生的优秀作文（汇集起来），出一个集子叫《春苗茁壮》。[1]

通过陈老师的口述我们得知：他不仅把自己的教改经验传给当地的青年教师，使其成为教学骨干，还在此过程中发展和丰富了自己的教学理论，传播到世界。这些珍贵的经验不仅丰富了“长白山之路”的内容，也是东师文化的重要内容。更可贵的是 85 岁的老人仍然在做课题，这体现出老人对学问不断的探索，也是东师学人的人格精神。

4 简要总结

4.1 志愿者分析

档案馆携手校团委，以成立社团创建口述历史协会的形式，传播推广口述历史理念，采集口述档案。口述历史协会是东师历史上首个由学校直属单位支持的社团。

协会招募人数 103 人，组成 20 个小队，参加培训 70 人，按照就地就近原则在各自所在的校区采访所在院系的教师。

招募人数：不同于舞蹈协会、书法协会，口述历史协会没有专业基础或童子功底之类的门槛，加之有档案馆这样权威的机构支持和培训，因此报名人数是团委组织的社团中史上最多的。

掉队分析：口述历史看似没有门槛，但做起来并不轻松，需要扎实的文史功底，善于思考的问题意识，临场发挥的机智应变能力，能够忍耐寂寞的专研心性。社团本来就是兴趣爱好的发展通道，知难而进者为勇士，知难而退者也符合常理。我们组织队伍处于学期中，开展工作时学生已经开始备战期末考试了，有些学生报名后就无踪影。如果我们把组队的时间放在学期之初，学生能挤出时间做准备，可能会减少掉队人数。

收获分析：做口述历史的 5 组同学都是意犹未尽，愿意继续领任务，其制作的口述史中有价值的信息也比较多。再经过历练，都能很好地完成任务。

---

[1] 郑琪、段妍、任涵冰、霍慧敏、李玲、柯莹：《陈永芳口述历史访谈》，东北师范大学档案馆，2016 年 6 月 15 日。

4.2 受访对象分析

在两个月的采集中，亲历“长白山之路”的学校方面的领导、课题实践教师、社会实践教师都从各自角度，站在口述历史的立场讲述了那段往事。欣然接受采访的是近30年前年富力强、现在退休的老先生们。他们当年响应学校号召，学习老八路吃苦耐劳的精神，为改变山区落后的教育做出努力。如今这些老师虽然老了，但谈起当年的风光，依然神采飞扬。最年长的曹琦老人92岁，尽管完全失聪，仍畅快长谈当年的作为，贡献了100分钟的口述历史访谈光影资料，还不断叮嘱采访人去抚松看看他当年制作的占了一个教室面积的教具和两箱子标本。另外两位80岁以上的老人也做了近300分钟的访谈。

4.3 采集内容分析

在两个月的盲人摸象式的口述档案采集中，我们邀请亲历“长白山之路”的教师用记忆构建文化。正如费孝通先生在《乡土中国》中所说：“我们要发展记忆，那是因为我们生活中有此需要。”[1] 通过采集，档案馆纵观全局，“长白山之路”从缘起到基础教育服务区示范区的课改、教改实践都在亲历事件的先生口述中变得生动丰满。每位口述者都有不同程度的贡献，每一份口述史料都有可圈可点的档案价值，各个阶段的实践都有见证的代表人物。

赵鑫的口述证实了他受周敬思指示到白山市打前站，并详细口述了在白山工作的细节，又展开叙述了他在基础教育处这个重要部门率先垂范、上传下达、深入两区的工作经历，和周敬思的口述衔接得严丝合缝。赵鑫提到的老教授的工作业绩又在陈永芳、赵大明等先生的口述中得到证实和展开。杨兆山老师讲述了他在东丰县实验中学做班主任工作时独具时代特色的家访、好玩的英语猜谜，他对教育最初倾注的情感从中可窥一二。江桂珍老师讲述了她作为当地培训教师的体会以及收获的尊敬和信任。

未来的工作仍有巨大的开拓空间，比如在实验区和示范区可做当地亲历者的口述历史。学校和地方的口述史工作相互印证，犹如一枚硬币的两个侧面，相得益彰才能圆满。

---

[1] 费孝通：《乡土中国》，北京：人民出版社，2008，第20页。

Ⅲ　口述历史公众传播与普及

Public Communication and Dissemination of Oral History

走近“牛干冬”[1]

——马来西亚槟城乔治市文化遗产机构口述历史试点项目

◎赖素春[2]

摘　要：

在东南亚11个国家中，除新加坡外，其他国家的口述历史大多由个别机构、组织、研究人员、历史学家搜集。由于没有标准、系统的方法学引导，收集的记录质量参差不齐，而且没有存档和供查询的途径。马来西亚乔治市文化遗产机构以“走近‘牛干冬’”作为口述历史试点项目，设立规范收集口述历史的方法和流程。

作为试点项目，除了收集口述史资料，也同时记录整个项目的运作，包括项目设计、研究与培训、访谈过程、建档、文档处理与传播等，以作为将来口述历史项目的敲门砖。本文从顾问的角度叙述项目运作前各阶段所需考虑的因素，项目进行过程中各阶段所遇到的挑战和项目完结后的总结与回顾。项目历时8个月，虽然规模不大，但因为是一步一脚印地走完整个口述历史方法学的流程，其中包含众多学习点，如今已成为该机构下为时三年的口述史项目的指导范例。

关键词：

口述历史；方法学；运作流程；拓展；学习点

Cherita Lebuh Chulia

——Oral History Pilot Project by Georgetown World Heritage Incorporated

◎　Lye Soo Choon

Abstract:

Oral history in the eleven countries of Southeast Asia, with the exception of Singapore, were mostly conducted by research institutions, organizations, individual researchers and historians based on their own needs.

---

〔1〕 牛干冬，街名，乃马来文 Kandang Lembu 的闽南语意译加音译。该街为马来西亚槟城乔治市著名老街。

〔2〕 作者简介：赖素春，新加坡国家档案馆口述历史中心高级研究员，本文试点项目顾问。

Quality of records varies as there wasn't bench marking standard nor done with systematic methodology guidance. Archival of records and platform for accessing the records were also absent. Georgetown World Heritage Incorporated, Malaysia initiated a pilot oral history project ——"Cherita Lebuh Chulia" to develop methodology and processes in the collection of oral histories.

As a pilot project, in addition to collecting oral history records, it also documented the entire workflow, including project planning, research and training, interviews, documentation and dissemination, to establish a standard practice for future oral history project. This paper presented the 8-month project from the consultant's perspective, documenting the entire process and identifying challenges encountered and successes achieved.It is not a big project, however it has a step at a time to complete the entire oral history methodology processes with many practical learning points which later serve as a good guide for the incorporated coming 3-year project.

Keywords:

Oral History; Methodology; Workflow; Dissemination; Learning points

1 楔子

在东方,口述历史研究开启得不如西方早。英国国图下属的声音档案馆[1],便拥有20世纪初"一战"后的访谈录音。美国哥伦比亚大学也早在1948年成立了口述历史研究室。

亚洲学界在20世纪60年代开始注意到口述历史的重要性,如台湾"中央研究院"近代史研究所自1959年便积极推动口述历史工作,印度在1966年开启了尼赫鲁图书馆口述历史计划等。在东南亚国家,口述历史计划则多附属于档案馆或高等学府。如新加坡国家档案馆于1979年设立了口述历史中心,为该国口述历史的统筹机构。同时新加坡国立大学、东南亚研究所、新加坡管理大学等,亦有各自用口述历史作为研究法的项目[2]。

马来西亚方面,没有一个统一机构来筹划该国的口述历史活动,多由各政府部门及学术机构各自开展,如马来西亚国家档案馆,沙捞越博物馆,国家语文局,文化、青年与体育部,国民大学,马来西亚的大学及马来西亚各州的历史学会。最早从事口述历史征集工作的是沙捞越博物馆,于1957年开始,收集的多为文化传统资料。马来西亚国家档案馆则在1966年才设立口述历史计划。各个口述历史计划收集的资料范围很广,包括名人传记、地方史、社会、经济、政府行政、医学、文学、文化、历史事件、表演艺术、口述传统等。马来西亚首相公署也有口述历史计划,收集有关已卸任首相的生平、思想,和其任内的政纲、行政措施、政策拟定过程及对人民的影响。国民大学则于1970年,由当时的系主任拿督

[1] British Library Sound Archives

[2] 林孝胜:《漫谈口述历史及其发展》,《星洲日报》(新加坡)1982年1月1日,第73页。

柴纳教授主持过州史研究计划,鼓励攻读荣誉学位的学生到各州做田野调查,采集文献与口述历史资料,撰写毕业论文,以马来西亚中心史观重写各州历史。其研究范围着重放在各州的社会、经济和宗教发展方面。1978 年,首个东南亚口述历史学术会议在槟城召开,同年马来西亚国家档案馆成立了口述历史部门。

可惜的是,马来西亚的口述历史工作收集到的成果,目前大多都没有公开,无法寻到原始录音。当时有一部分的访谈是文字记录,没有录音,并不符合目前的口述历史方法学范畴。在马来西亚国家档案馆无法搜索到口述历史资料,各机构、学府口述历史项目的录音也未公开,这让近期有志于开启口述历史计划的当地组织无例可循。

2 马来西亚槟城乔治市与口述历史

乔治市,马来西亚第三大都市,乃槟城州的首府,是槟城州乃至整个北马区的政治、金融、旅游、文化和高等教育中心,也是马来西亚华人较多的城市。该市于 2008 年 7 月 7 日被联合国教科文组织收入世界文化遗产名录,并于 2009 年筹划成立管理组织,2010 年 4 月正式注册成立了"乔治市文化遗产机构"[1],宗旨为"保护、促进、维护这个市镇的持续成长"。它与州政府、联邦政府、地方议会以及一些非官方组织紧密配合,负起监督、促进、执行与"世遗"相关的活动。自 2009 年开始,由其负责举办一年一度的"世界遗产日",也常年举办各种文化、历史相关的活动。

其中一项反应热烈的活动为"乔治市活宝"("The Living Museum"),该活动自 2011 年开始访问并收集邻里鲜为人知的故事。参与者在职员、义工的带领下走进街道,听老街坊讲述有关的故事,之后将收集到的故事编成"历史走道"。基于可带领去参观的人数有限,次数亦有限,加上老街坊不断重复叙述亦不是长久之策,乔治市文化遗产机构开始探索更妥帖、可推广给更广大群众的模式,寻求更有计划性、系统性和可行性的方法。当时有义工、文史组织认为,口述历史方法学是可考虑的最佳方法。

由于马来西亚口述历史先例难寻,未有公开的案例可以成为"萧规",因此乔治市文化遗产机构开始向邻近的国家探询。2012 年,常为乔治市文化遗产机构策划活动的柯丽芬女士到新加坡口述历史中心参观,了解何谓口述历史及其操作过程。由于新加坡与槟城曾同为海峡殖民地的重要港口,曾拥有相近的历史背景、族群结构、文化宗教,而新加坡又有三十多年开展口述史方法研究的经验,因此十分适合作为学习对象。回到槟城后,柯女士向乔治市文化遗产机构大力推荐。在新加坡口述历史中心的义务协助下,乔治市文化遗产机构于 2013 年 1—8 月展开了口述历史试点项目。笔者为新加坡口述历史中心代表,

---

〔1〕 乔治市文化遗产机构网页:http://www.gtwhi.com.my/,最后访问时间:2018 年 10 月 12 日。

在项目中担任项目顾问与培训员。

3 项目设计

从1月份的项目设计到同年7月于“世界遗产日”展示成果，及后来的项目总结，为期仅8个月，时间紧迫。从顾问角度，笔者首先提出的建议是，这必须是个小项目，方案必须精确，范围注重深度而不在广度，要顾及其可行性。此外，基于马来西亚槟城作为反对党州及其社会背景，“政治”“宗教”这两个课题是不适合碰的。当时，项目组织也曾给口述历史下定义，由以下三种意见综合而成：

> “……由准备充分的采访人员，向受访者提问，以录音或录影的形式录制访谈对话……收集个人对历史事件的记忆和评论……”[1]
>
> “……访问参与过历史事件的见证者，以重建历史……”[2]
>
> “……是收集和使用过往记忆的过程。”[3]

综合后的定义要点为：采访人员必须准备充分，做过一定程度的资料收集与研究工作，对所要收集的课题有一定理解；受访者必须是亲身经历过历史事件的见证者；执行方法是以录音或录影形式记录访谈，并在收集工作完成后进行研究，使用受访者的记忆重建历史。

由柯丽芬女士带领的工作小组，在参考了相关书籍、咨询了槟城的历史学者及核定可用资源后，将项目主题定为“收集乔治市的25年黄金岁月——1945年到1970年的故事”，即“二战”后到槟城不再是自由港的时期。由于资源有限，小组在乔治市具有历史意义的街道中，选出“牛干冬”为目标，设立了“走近‘牛干冬’”（“Cherita Lebuh Chulia”）这一项目。

选择牛干冬的原因是，这条街至今深植乔治市老街坊脑海中。一个地方之所以有意义，是因为它蕴含了记忆。对游客来说，今天的牛干冬可能只是个散布背包客客栈、便利店和汽车站的普通旅游区，但对世代在此居住和工作的街坊来说，牛干冬是他们三四代人的家。这里同时也是他们家族事业的源头、功成名就的发迹地，是充满亲切、温暖、沮丧、伤痛记忆的角落。

---

[1] Donald A. Ritchie, *Doing Oral History* (Twayne Publishers, 1995), p.19.

[2] Ronald J. Grele, “Directions for Oral History in the United States”, in David K. Dunaway and Willa K. Baum (eds.), *Oral History: An Interdisciplinary Anthology* (Walnut Creek, 1996), p.63.

[3] Trish Walker, Allan Redfern, “Talking in Class: Oral History and the National Curriculum,” *Oral History Association of Australia Journal*, The Issue 20(1998), p.63.

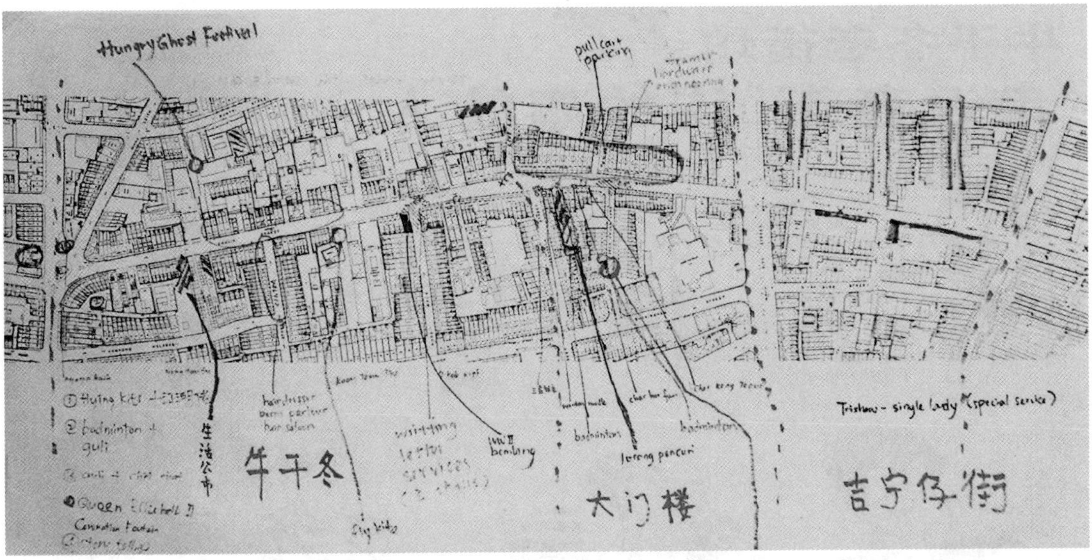

图1　项目研究期间的工作图。项目小组从街道图勾画出重要地标，列出受访者可回忆的事项

在选择受访者时，考虑到要有各种族、族群代表，因此有各种籍贯的华裔、马来人与印度人。同时，受访者散居街头巷尾(见图2)以确保不会有地点上的倾斜。此外，选出的受访者，亦来自各行各业，不偏向某一行业(见图3)。受访者的另一条件，是必须在1945—1970年间居住或谋生于牛干冬的老街坊。访谈以受访者最熟悉的语言进行。

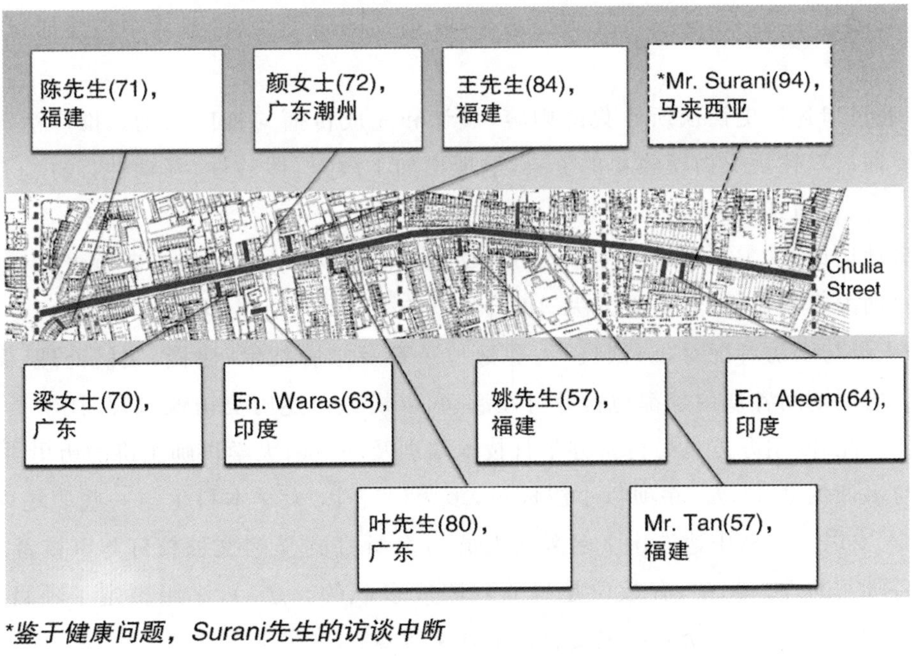

图2　受访者族群与居所分布。括号内为受访者的年龄

图 3　受访者来自各行各业，包括布业、电镀、化工、美发、摄影、船务、机械、零售等

项目开始的前 5 个月乃是研究、培训及口述历史素材的征集，后 3 个月为成果的推广。所设定的目标是：

(1)鼓励社区参与。通过口述历史访谈，收集社区居民故事，并从中构建居民与街道的历史；

(2)通过口述历史访谈所收集的内容，设计和完成传播与推广活动。推广活动中，项目小组要通过口述历史访谈收集的资料，呈现出如下效果：体验性、互动性，浅白、有趣，教育意义，个人化与亲近感。

在启动访谈前，工作小组为工作人员与义工举办了为期 3 天、由笔者负责的口述历史培训。培训内容涵盖：口述历史方法学的介绍与定义，项目设计，采访人员遴选、受访者遴选、采访人员与受访者配对，访谈技巧，器材与录音及录影技术，建档，文稿处理、保存，拓展活动。培训期间各项内容都包含针对性活动，以模拟口述历史访谈流程，让学员在课堂实习操作。此外，主办方也另行举办半日技术培训及一些由大学讲师主讲的历史讲座。

参与培训的共 17 人，除项目小组成员，多为研究生、大学本科生与一些职场青年，平均年龄 30 岁以下。从中遴选出 7 名采访人员、8 名听打员、7 名文稿校订与审核者、2 名翻译与 4 名研究助理。其中，有数位是身兼双职或多职的。之后，小组拟定了项目访谈大纲，供采访人员参考。访谈大纲主要有以下几个重点：

(1)受访者个人资料：出生日期、教育背景、家庭背景；

(2)在牛干冬的生活经历；

(3)牛干冬的变迁；

(4)特别地标，如大世界游艺场、咖啡店等；

(5)特别事件，如节庆等。

4　收集到的内容

在培训后开启的访谈活动中，7名采访人员在1个半月内访问了10位老街坊，很可惜其中一位受访者因身体问题未能完成采访。

所收集的访谈原始资料以两种方式呈现：一为访谈录音或录影；二为听写、听打逐字稿。在做逐字稿的时间空隙，采访人员与听打员会一起筛选有趣、可用的内容，为拓展活动做准备。

整理出的访谈主要内容都是与老街坊们的生活息息相关的。有拉车的辛劳，为逃税走私纱丽(印度一种服装)的方法，全民出动的花车游行庆典，移动小贩、海员带来的生意机会，在大街上(游艺场)卖膏药的江湖郎中，私会党在咖啡店的谈判，孩提时放风筝的回忆，一家人住在一个房间的挤迫，50人同住一屋的回忆，为街坊留住记忆的摄像馆，许多跑码头的海外明星的留影，如冯宝宝、沈殿霞，第一家有冷气、有制服的为海员服务的理发店……这些虽然在老街逐渐消逝，但深深留存在当地居民脑海中。因此，用这些内容策划拓展活动，很容易勾起街坊们的兴趣与情怀。

5　拓展活动

从9个访谈[1]中，选定10个主题作为拓展活动的主轴(见图4)。各个拓展活动都围绕这10个主题，在2013年6月29日—7月7日的乔治市文化遗产周举行。

---

[1] 其中一个访谈未完成，故没有使用其内容。

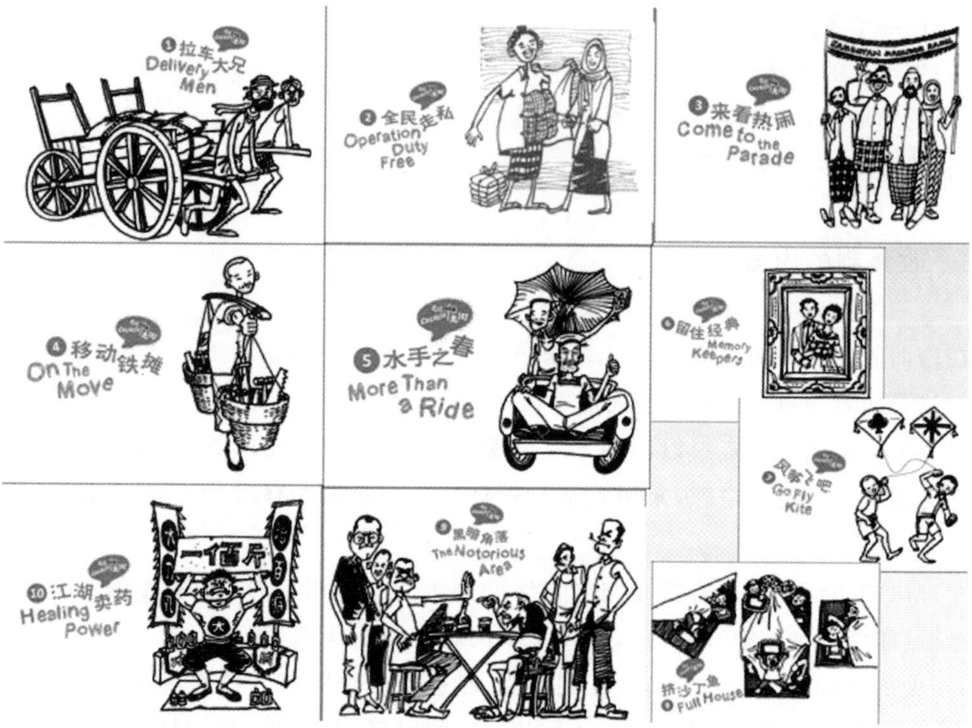

图 4　结合所有访谈整理出的 10 个主题

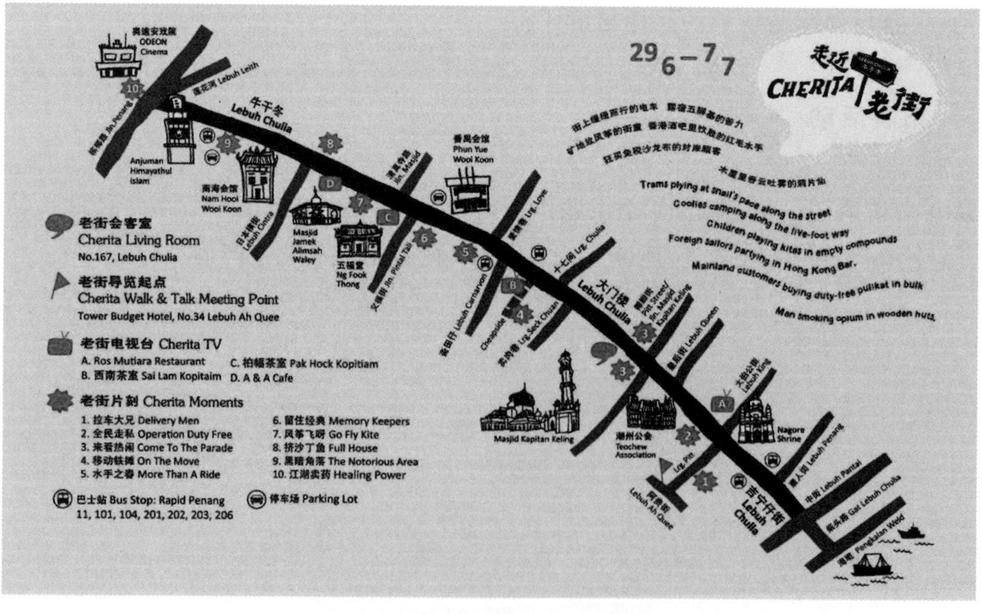

图 5　拓展活动举行地点一览图

(1)Cherita 电视

这是根据 9 位受访者的讲述制作的短片，内容在访谈后拟定，其中有些画面是访谈后有针对性地补拍的。长约半小时的短片，在当地暂时充当“电视台”的四家咖啡店播映。观赏者包括当地居民和来自马来西亚其他州与海外的游客。遗产周结束后，短片上传到 YouTube[1]、Dailymotion[2] 等网站，让各地公众在网上观看。

(2)Cherita 画板

画板展示，是槟城人十分热衷的活动，他们特别喜爱在古旧的角落与设立于此的和该地标故事有关的人形画板照相。这些年，画板在槟城各项活动中经常出现。口述历史项目拓展所铺设的画板，名为“老街片刻”，10 个画板分布在街头 10 个角落，每个画板分别述说该特定地点的故事，让人们回忆起熟悉的集体记忆(见图 6)。

图 6　在古街 10 个点放置人形画板，供公众照相。右图为摄像馆外曾是放风筝的空地摆放的画板

(3)Cherita 漫画书

若留意到网上传播的槟城街头艺术，就会理解槟城人对绘画、漫画的喜爱。因此针对爱好文化的新潮年轻人，项目出版了一册漫画书，在其他活动结束后，可当成纪念或收藏品(见图 7)。

---

[1]　短片网址：https://www.youtube.com/watch? v=rIvE8fx8trw，最后访问时间：2018 年 10 月 12 日。

[2]　短片网址：http://www.dailymotion.com/video/x35a2pc，最后访问时间：2018 年 10 月 12 日。

图 7　配以中、英文说明的漫画册

(4)Cherita 步行分享

这是导览活动,在文化遗产周中的周末举行,与以往的“乔治市活宝”相同。参加者在阿贵街集合后,由义工带领从牛干冬街头走到街尾的奥迪安戏院,为时两个半小时。义工边走边复述从口述历史录音中得来的老街的有趣故事,在 10 个画板前让参加者照相,并安排参观一到两家商店,与受访者交流,让参加者更亲近、深入地体验老街曾经的辉煌。

(5)Cherita 展览

展览为期一周,名为“老街会客室”,在牛干冬街上大门楼前的一栋历史建筑内举行。每位受访者都有一块配以中、英文说明的展板,除了个人介绍,便是他们所叙述的有趣故事。除了展板,也有受访者借出的旧物件及相片的展示。项目小组还在展览厅布置的长桌上,勾勒出整条牛干冬街的街貌,让参观者以小纸条方式分享自己的记忆(见图 8)。这在达到参观者参与交流的目的之余,也收集了牛干冬街的更多故事。

图 8　工作人员把参观者对牛干冬的记忆小纸张，放置于老街相对应的地标上

除了 5 项拓展活动，项目小组在网上也开设了博客和 Facebook（脸书）的账号[1]，除了宣传、报道项目外，也让采访人员、听打员交换心得，解答公众对口述历史的询问。

文档建设方面，每位受访者的文件夹都备有以下资料：

· 访谈编号，录音文件名、录音收藏处
· 受访者个人资料
· 采访人员笔记
· 访谈合约[2]
· 向受访者征集的旧相片
· 摄影师为受访者拍摄的个人照
· 采访人员撰写的访谈概要
· 访谈逐字稿

---

[1] 乔治市口述历史项目博客网址：https://penangoralhistory.wordpress.com/about/，最后访问时间：2018 年 10 月 12 日；脸书网址：https://www.facebook.com/Cherita-Lebuh-Chulia-115852788623763/，最后访问时间：2018 年 10 月 12 日。

[2] 访谈合约乃版权部分。受访者或签署文件，或授予口头协议，版权按照马来西亚法律（Copyright Act，1987），归乔治市文化遗产机构所有。

6 学习点

由于项目规模小，只有10位受访者，因此遇到的状况并不太多，总结下列几个重点。

(1)受访者的遴选：真正感觉到口述历史工作的迫切性

乔治市进入世界遗产名录后，许多老街坊因租金问题面临迁居，许多潜在受访者因此失去了消息或联系方式。即使联系上，工作小组也可能面对需要离开乔治市到别的地方做采访的情况。更重要的是，工作小组发现合适的受访者人选年龄都偏大，譬如战后故事的采访人选都至少70岁。他们中有些人记忆已开始衰退，有些已经往生，剩下的老街坊越来越少，就如10位受访者当中的一位，便因健康问题无法完成访谈。

(2)受访者不愿受访或时机不对

在见过面讨论了访谈内容、设定了访谈大纲后，再见时，受访者因其他事务要退出。因此访谈最好在访谈内容、大纲确定之后一周内开启，越快越好。

(3)有他人在场

因旁人在场，有些人不好意思接受采访。因此询问受访者意愿时，最好没有其他人在场，以免受访者有压力，影响他的态度和观点。

(4)处理逐字稿的挑战

语码夹杂是东南亚国家人民的语言习惯，尤其当访谈语言是方言时，听打员得时不时停下来做注释。甚至某些俚语，并非年轻一代听得懂或所熟悉的。

在马来语方面，则有书面语与口语发音的差异。由于马来语用罗马字拼写，逐字稿在保留发音时，便遇到研读文本的问题。同时，马来语也分地方性语和全马来西亚教育下的“普通话”版，这些都增加了处理逐字稿的难度。

基于要顾及非当地或将来的使用者，文稿的整理都是以最接近原来的语言为准，再加上注释说明。目前来看这十分费时费力，但以资料长远的重复性使用概率来看，所投入的资源是值得的。

杂音。包括外在的，如车流、人流的嘈杂声，也包括采访人员不经意发出的声响。虽然培训时强调过要注意杂音，但由于是第一次做访谈，采访人员可能会顾及不到。到采访人员也做听写或校订文稿工作时，便切身体会到避免杂音的重要性，往后就会特别注意。

(5)采访人员的晕轮效应

笔者在审核访谈时发现，采访人员偶有晕轮效应。晕轮效应(Halo Effect)属于心理学范畴，是指人们对他人的认知判断首先根据整体印象，然后再从这个判断推论出认知对象的其他品质的现象。这体现在某些采访人员在提问时，会事先设定问题的答案，或事先摒弃某些话题，又或者预设话题范畴。最常出现的是采访人员采用引导性问题，或以自身经验和印象来访问受访者。

这在口述历史方法学的访谈技巧里是不鼓励且应该避免的。因为这种采访方式局限了受访者的意愿及其分享的内容，甚至限制了受访者的发挥空间，隐蔽了可能被发掘的精彩故事。

(6)项目展览中的互动机会，为往后工作做铺垫

这是工作小组取得的巨大收获。展览介绍老街的口述历史，不单在内容上吸引公众，同时也提高了公众对口述历史的了解。在往后进行采访时，不需要太过费劲地解释什么是口述历史，减轻了一些工作负担，也更容易说服受访者接受访问。

从参观者中发掘受访者。受访者不一定是参观者，也可能是他们的亲朋好友。可通过参观者提供的信息，建立受访者联系网。

从参观者写的小纸张上，可获取更多的小故事，发掘出新的有趣课题，完善之前口述历史访谈所未收集到的内容。

为受访者提供相片、地图，可协助受访者回忆与叙述。此项目中，项目小组所勾画的街道路线图非常有用，不仅能协助受访者叙述，还可以显示街道的流动形态与社会活动状况。

观察受访者的情绪，在其情绪不佳时，不要勉强进行访谈，否则，所得资料不会太详尽。

7 总结

牛干冬成为旅游景点后，丧失了许多珍贵的历史痕迹。乔治市文化遗产机构自成立后，也同样面对这些变迁的压力。该机构努力保护文化遗产、保留当地特色，希望乔治市成为“活生生”的博物馆。

8个月的口述历史试点项目，在不到20人的努力下，展现了种类繁多的成果。反观这个项目的意义，是远超单一的录音成品的。通过这个项目，乔治市当地的年轻一辈，有了多维度了解承载自己成长记忆的土地的机会，也为年长一辈提供了情感的宣泄口，有助于乔治市成为世界遗产之后，不因过多的变化而丢失了历史内涵。这个项目，让当地的年轻人与年长一辈可以进行两代甚至多代的交流沟通，也让当地人直接参与了保留历史的活动。目前收集到的访谈录音，已收入乔治市文化遗产机构的资料库，将来会开放给公众使用。

再者，这个项目最大的收获与意义应该是为往后的槟城口述历史树立了范例，让有志从事口述历史研究的人有例可循。项目的成功，也让乔治市文化遗产机构重视口述历史，并在2014开启3年计划——“乔治市的故事”(“Cherita George Town”)，目标为访问99

位受访者。其中,因有了试点项目的经验,组织培训班时,内容更具针对性与具体执行性。同时,也设立了录音室,加强墙壁的隔音效果,减少嘈杂声。在挑选受访者方面,虽然目标受访人数增加十倍,但因有了之前10位受访者,及在展览时接触到的参观者,试点项目建立起的联络网解决了不少人选方面的问题。原有的采访人员与听打员以兼职性质加入新计划中,获取按录音或录影时长计算的收入。

目前新的3年计划已接近尾声,收集到的资料除了已在这两三年里用于乔治市文化遗产机构的各项文史活动中外,机构亦在筹备出版一本有质量的口述历史文史书:*99 Voices of George Town*(暂名:《乔治市的九十九个声音》)。除了这个历时3年的口述历史项目,得益于牛干冬的试点项目,马来西亚其他州市亦开始开展口述历史项目,怡保、马六甲、古晋等地也开始向乔治市取经。

搭建百姓口述史料征集平台

——基于如皋市紫陌口述史料馆(筹)“我的老故事”项目

◎周子华[1]

摘　要:

近年来国内口述历史(档案)的征集与研究方兴未艾,但征集的史料仅局限于地方名人大家、创伤性记忆等,有功利性、短平快倾向。社会上面向平民百姓的口述史料征集机制较少。如皋市紫陌口述史料馆(筹)运营的“我的老故事”项目,直接面向如皋地区145万市民,致力搭建百姓口述史料征集平台,通过讲述人亲历、亲见、亲闻的故事,构建“如皋印记”,丰富社会记忆。截至2016年7月,平台已征集口述素材870件。“我的老故事”项目有较强的地区可复制推广性。

关键词:

口述历史;史料征集;社会记忆;档案管理

To Build a Platform to Collect Oral Historical Material from Ordinary People

——Based on the Project “My Old Story” by Zimo Oral Historical Museum in Rugao

◎ Zhou Zihua

Abstract:

In recent years, the domestic collection and research on oral historical archives are still in the ascendant, but the collection of materials is limited to local famous people, traumatic memories, etc., leaning towards utilitarian and quick result. There has few collection systems of oral historical materials for ordinary people. The project “My Old Story” is operated by Zimo Oral Historical Museum in Rugao, aiming to provide a platform to collect oral historical archives from 1,450,000 citizens of Rugao district. The “Rugao Imprint” arises from the stories shared by the relaters who have experienced, seen or heard of stories themselves, which enriched the social memory. Up to July,2016, 870 oral works have been collected. The project “My Old Story” has a considerable replicability.

---

[1] 作者简介:周子华(1976—),男,江苏省如皋市人,大学本科学历,档案专业副研究馆员,现就职于如皋市人力资源和社会保障局,研究方向:社会保障及口述史料的征集、研究与口述档案应用。

Keywords:
Oral History; Collection of Historical Archives; Social Memory; Management of Archives

江苏省如皋市地处长江三角洲北翼,人口145万,东晋置县,至今已1600多年,是中国工农红军第十四军诞生地、江苏省历史文化名城,被国际自然医学会评为世界六大长寿乡之一,有着丰富的历史文化,积淀着深厚的人文底蕴。

"我的老故事"是一个公益性档案项目,由民办非企业——如皋市紫陌口述史料馆(筹)发起并运营,旨在收集整理如皋市行政区域内市民亲历、亲见、亲闻的故事素材。2016年初试运行,截至当年7月底,已收录各类口述素材870件,其中视频素材24件。

1 "我的老故事"项目缘起

笔者大学所学的是中文秘书专业,文书学、档案学是其中很重要的课程,后在乡镇企业局、人力资源和社会保障局(劳动局)办公室工作,兼职档案管理工作,成功主持开发了如皋市人力资源和社会保障局数字档案馆系统项目,2014年取得档案专业副研究馆员专业技术职称。口述档案是笔者档案管理专业研究方向之一,作为社会记忆的组成部分,口述档案史料的征集积累及研究利用值得作为一项事业终身坚持,并传世继承。

1.1 如皋无全民口述史料征集渠道

当地报纸《如皋日报》副刊辟有"记忆""万家灯火""龙游江海"版面,如皋电视台频道设有"面孔""天下如皋人""星期七"等栏目,这些都是以个人为点、时间为线,刊登报道地方名人大家、亲情回忆性文章、创伤性记忆、新闻人物消息等,虽记录了社会记忆,但不符合口述历史相关要素。且报纸上刊登出的稿件文字表达要求高,作者须会著文,符合报纸刊登要求,电视新闻也要契合采访报道主题。

官方档案馆藏机构——如皋档案馆,近年来着手收集整理口述档案,注意力更多地集中于地方名人、重大历史事件亲历者记忆的征集保护上,没有向普通人征集口述史料的工作规划,无征集通道。

1.2 尝试以退休职工口述档案项目为载体

如皋市现有退休职工五万多人,多数曾在工商企事业单位工作,经历了国家初建时期的社会主义改造、"大跃进"、"文化大革命"及计划经济向市场经济转轨等特殊历史时期。这些人中,有中华人民共和国成立前的老工人,也有历经战争洗礼的人,他们的人生履历非常丰富。如皋市社会养老保险管理处(人社局下属事业单位)负责退休职工的社会化管理服务,包括养老金核发、退休职工体检、文体活动等。时在人社局办公室任职的笔者,经与该机构负责人商量,由局办牵头,拟与如皋市档案馆合作,在退休人员管理中加载退休职工口述史料征集、利用的功能,拓展并丰富退休职工社会化管理内涵。该提议经完善后形成“如皋印记·我的记忆”退休职工口述档案项目方案,得到时任局领导批准。项目实施中,邀请了省档案局征集接收处负责人做口述档案专题辅导,前往侵华日军南京大屠杀遇难同胞纪念馆调研学习,并以人社局离退休老干部为征集对象进行了先行先试——有两位老人应征,征集到口述史料 7 份。但该项目从计划开始,功利性导向便贯穿始终,导致了项目的不稳定性,后因人事调整而终止。

1.3 以“我的老故事”项目为载体搭建百姓口述史料征集研究平台

口述档案过于学术专业,不易被百姓理解和接受。讲自己的家庭、家族的故事,讲自己的故事,讲身边人的故事,大家都能听得懂,也能讲得出来,于是面向大众、通俗易懂的“我的老故事”项目便应运而生。为了让项目运行顺畅,项目组先期搭建了以易表软件为开发基础的数据库,确立了以 360 云盘为依托的史料素材电子化存储模式,并搭建了网站平台,推出了手机 APP 客户端,下一步正筹建民办非企业如皋市紫陌口述史料馆,完善“我的老故事”项目运营模式。

2 “我的老故事”项目史料征集理念与征集情况分析

作为如皋市紫陌口述史料馆(筹)征集史料的项目载体,“我的老故事”项目健康平稳运行的关键是确立办馆宗旨,与口述档案和口述历史等厘清边界、关系,明确方向,并统一项目运营团队的思想认识。

2.1 确立史料征集理念

(1)厘清三个关系

厘清口述史料、口述历史与口述档案三者的关系,明确“我的老故事”征集方向。

左玉河认为,“口述历史旨在以访谈方式发掘、采集、整理与保存口述者的历史记忆,呈现口述者亲历的历史真实”,“口述历史是以挖掘历史记忆的方式追求客观的历史真实,其特点是以口述者的历史记忆为凭据再现历史真实”。[1]

1984 年,国际档案理事会出版的《档案术语词典》将口述档案定义为“研究利用而对个

---

[1] 左玉河:《口述历史视域中的真实性》,《人民日报》2015 年 9 月 21 日,第 20 版。

人进行有计划采访的结果，通常为录音或录音的逐字记录形式”。[1] 用档案定义的标准，也可以通俗地将其理解为国家机构、社会组织以及个人，从事政治、军事、经济以及科技文化等活动直接形成的，具有保存价值的，由事件当事人或事件亲闻者口述的，以标准方法采集的各种文字、声像形式的历史记录。

“我的老故事”所征集的材料不同于口述史料、口述历史、口述档案，它是记录、存储个人亲历亲见亲闻的故事素材，包括个人研究成果、学术著作等，追求讲述对象的宽泛、讲述内容的丰富、记录形式的多样、保存介质的唯一。它被称为“史料”，仅是时间概念，与文献相比，它不一定具备历史学所称的“史料价值”；保存的是老百姓自己的见闻故事，应是“社会记忆”的组成部分。将馆名暂定为“紫陌口述史料馆”，亦是其意。

(2)厘清一个边界

明确“口述”的内涵。“我的老故事”来源包括但不仅限于口述。

从口述历史、口述档案的定义可以看出，它们是研究者为了“一个主题”或“研究课题”等，有目的性地通过调查、访谈等途径，以录音、录像或文字记录为载体形成的具有保存价值的历史记录。其“口述”的方式呈现采访者主动、受访者被动和访谈内容作为历史见证等特性，但也存在割断受访者的记忆、访谈具有功利性、访谈者整理加工材料等不可弥合的缺陷。

而“我的老故事”从最初设计开始，即遵循对讲述者呈“开放式”“包容式”状态的原则，主要表现为四个方面：

一是讲述者主动，不排除存在访谈受访者的形式，但访谈应是极少数的。

二是讲述内容不限定，可以是亲情，可以是见证的历史事件，可以是邻里故事，亦可以是对珍贵照片的回忆。内容丰富，涵盖面广，但所讲述的内容必须是讲述者的亲历亲见亲闻。

三是形式不限于口述，当事者撰写的书面文字材料、谈话录音、家庭的录影等皆可。

四是征集内容包括但不局限于传统史料。普通人所历经的人事，大多不具备史料价值，是官方档案机构、口述历史研究学者极少关注的。比如当事人的声音、一段能呈现人物情绪状态的视频，它们的史料价值不大，却是一个人、一个家庭甚至是一个家族值得留存的记忆。

(3)确定征集宗旨

理顺与口述历史、口述档案的关系，明确“口述”含义，对确定“我的老故事”征集宗旨意义重大。

---

[1] 转引自360百科：http://baike.so.com/doc/5097457—5325785.html，最后访问日期：2016年8月14日。

经前两个部分的论述后，确定了“我的老故事”项目征集宗旨：史料素材征集以个人为口述单位，以人的生活年代为建档顺序，以口述人亲历亲见亲闻事件为口述内容且以一事一件（以一个故事为一个归档文件）的格式形成文字内容，以图片、音频、视频等电子文件为记录形式。征集对象为如皋市行政区划内有讲述意向的所有公民。

如皋市紫陌口述史料馆（筹）馆藏即以如皋市民个体为口述对象，以图片、音频、视频等电子文件为记录形式，无纸化存储的“我的老故事”集合体。

如皋市紫陌口述史料馆（筹）向民政部门申请登记为公益性的民办非企业，免费珍藏讲述人故事，并经讲述人授权，无偿提供对外研究使用，推动并促进口述史料的成果转化，实现其社会价值。

2.2　推动讲述，轻松易行

口述的要求与写作不同，但市民还是很害羞，因为他们会觉得自己肚子里没“墨水”“没学问”，怕讲不好。“我的老故事”项目从推出伊始，即寻求简化讲述，尽力消除讲述带给口述人的恐惧。

（1）提供讲述参考

“我的老故事”项目发布的征集范围仅供有讲述意向的市民参考，这些范围以启发作用为主，并不限定市民的口述内容。征集范围共十大项：

——加入红军，或参加过抗日战争、解放战争、抗美援朝等战争战役；

——从中华人民共和国成立到改革开放前，经历过包括“三反”、“五反”、公私合营、“大跃进”、人民公社、农业学大寨、“文化大革命”及其期间发生的城镇人口下放和知识青年上山下乡等；

——参与过改革开放后的经济社会建设，包括国家、省、南通及如皋重点项目、重要工程，以及计划经济向市场经济转轨等经济体制改革、行政区划调整、机构沿革和管理体制变更；

——学历教育深受国家政策调控的影响，如私塾教育、工农兵大学、“文化大革命”后的首届高考等；

——参与过城市规划建设、河流改造、桥梁建设等；熟悉古城的风土人情、风俗习惯、历史古迹、民歌、传说；

——发明过实用专利，参与制定过国家、行业及企业标准；对某一领域曾有研究，研究成果在一定范围内有影响；曾经从事的职业或拥有的老手艺独特，能独树一帜，有地方特色；

——曾与省部级以上领导、中外名人大家共事，或受过他们的接见、慰问；

——参加过灾区抢险救灾、对外援建以及各类志愿服务活动等；

——家庭家族重要记忆：古籍善本、古建筑、家谱及书画文物等“传家宝”传承载体，对家庭成员的重要记忆；

——其他需要采集的有重要保存价值的个人记忆素材，如对珍贵影像、录音的回忆等。

(2)简化征集方式

与口述历史征集活动的科学严谨相比，“我的老故事”项目素材的征集体现出宽泛性、包容性的特点，重点是通过面对面定点采集和口述人撰写故事材料两种方式进行，以后者为主要形式。

项目组制作并发布了《口述人登记表》《我的故事采集意向登记表》和《赠予合同》文书(简称“两表一合同”)，简化征集手续。《口述人登记表》是对讲述人身份信息进行采集，同时采集讲述人签名、拇指指印，在首次讲述时即采集建档。《我的故事采集意向登记表》是由讲述人提出故事梗概，工作人员判别采取何种采集方式，并给讲述人建议参考。《赠予合同》是通过条款明确地规定作品的著作权、公开范围等，规范征集馆行为，保护讲述人权益的法律文书。讲述人可从网站下载“两表一合同”，填写“两表”后在网上提交DOC版本，并可附上讲述材料的扫描件、照片、音频和视频等电子文件。

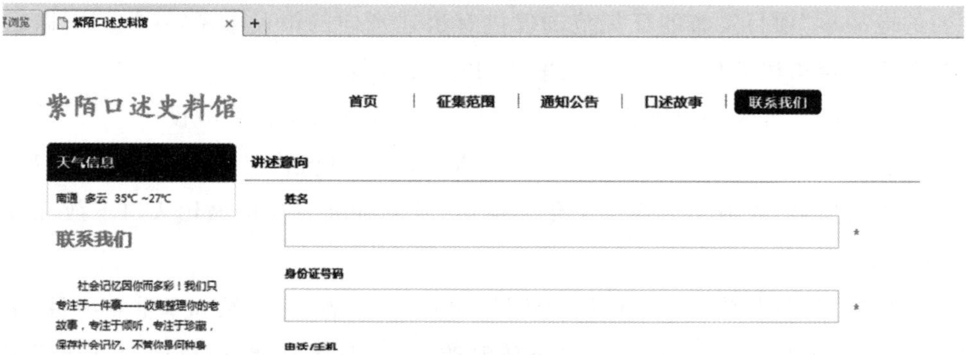

图1 “紫陌口述史料馆”官网“讲述意向”栏目的网页截图

图2 “老故事”APP手机客户端二维码

项目组开发了“紫陌口述史料馆”官网(www.rgzmksslg.icoc.cc)和“老故事”APP手机

客户端安卓版(分别见图 1 和图 2)。应征者可网上提交"'我的故事'采集意向",经史料馆工作人员审核后再行指导其选择何种方式应征,以保护讲述人的隐私,缩短史料馆与应征者间的沟通距离,提升老故事应征质效。

(3)力求讲述最简

有些普通百姓,因不认字等因素,其经验故事只能口口相传;有点文化水平的,又因为没有撰写回忆录的习惯,因此缺乏讲述经验。为妥善处理好"我的老故事"讲述问题,特提出以下要求:

讲述要素规范。提出"我的老故事"讲述内容"五要素"概念,即交代清楚时间、地点、事情、参与者、最后结果。"五要素"最重要的是交待清楚事情的细节问题。

讲述形式灵活。在讲述形式上不拘一格,文字、音频、视频任选,只要适合讲述者皆可。不过,无论选中何种形式,为证实讲述故事史料的有效性,讲述者应当留下身份证明信息。比如:撰写的文字材料需要讲述者的签名与拇指指印;在音频和视频开始阶段讲述者应当亮明身份;视频中应当出现当事者的身份证件。

权利义务明确。"两表一合同"是"我的老故事"应征的必备法律文书,亦是完整的建档材料,缺一不可。其中最重要的是《赠予合同》,合同中明确了公开范围的选择,有公开、有限公开、不公开三个选项,以保护讲述人隐私,消除讲述带给讲述人的恐惧。如果讲述人没有书面赠予,或不明确赠予的内容是否会产生法律纠纷,那么讲述的故事就不会被收藏,以避免产生不必要的知识产权纠纷。当然,已在报刊媒体公开发表的素材除外。

2.3 确保故事归集有序

(1)构建信息系统

随着征集理念及办馆宗旨的明确与传播,"我的老故事"项目会逐步为社会所接受;随着时间的推移,社会大众越来越会认识到"我的老故事"项目的意义,愿意接受讲述并将个人讲述史料移送馆藏。如此,征集的口述史料量大、繁杂、体裁多,如何使其有序,并能在今后被轻松利用,且符合档案管理要素,是信息系统构建时必须考虑周全的。

建馆初期,项目组选用一款非常经典的数据管理软件——易表。经开发、测试和初期运营,该软件小巧精干,易于开发,且数据便于管理,完全适合"我的老故事"项目运行要求。利用该软件,项目组构建了"口述人库""报刊媒体库""老故事库""利用库"四个数据库,同时和 360 云盘共同组建起"紫陌口述史料馆信息管理系统"(一期),该系统建有数据备份机制。

(2)选择数据存储机制

在策划"我的老故事"项目时,即明确采用无纸化存储的方式。一方面随着信息科技的发展进步,大容量的存储介质日新月异,内存由过去的 MB 级发展到现在的 TB 级,且还在不断扩容，而介质实体体积却在不断缩小。另一方面随着互联网技术的发展，云存储技术已相当成熟，除免费提供一定空间外，亦可通过缴费购买存储空间。而且，纸质等实体档案存储对空间需求大、保管环境要求严格，而“我的老故事”项目存在工作人员少、经费紧张、场地紧缺、口述材料建档复杂等实际，因此，无纸化存储方式为最优选择。

为便于存储，项目组选择 360 云盘作为“我的老故事”项目素材的存储合作方。另从安全角度考虑，口述素材电子文件保存两份，一份以 TXT 格式保存于紫陌口述史料馆信息管理系统，一份以 DOC 格式上传至 360 云盘，今后还将同步备份于磁盘中。上传至 360 云盘的电子文件路径形成的网址数据，以超链接方式保存于信息系统中，便于迅速查阅、下载以供使用。

(3)编制索引目录

征集的口述史料以一个故事为一个归档文件，在“老故事库”按采集录入的时间先后顺序由系统自动生成档案序号。为保证序号不间断，一旦完成口述史料的采集、归档、上传，数据即被锁定，不可再行更改。

信息系统的开发和利用，让数据检索变得简单易行。为做到科学规范，按照档案索引编制要求，结合“我的老故事”项目的特点，项目组将索引目录分为五大类：一是口述人/采写人，二是故事类别，三是交融程度，四是开放程度，五是口述语言。同时在系统内可通过故事题目、故事内容两个字段进行全文检索，亦可多字段多条件联合检索。“我的老故事”索引目录分类及检索字段详见表 1。

表 1 “我的老故事”索引目录分类及检索字段

索引目录分类	检索字段
口述人/采写人	姓名、身份证号码
故事类别	政经改革、战争战役、工农商业、城镇变迁、工程建设、科技发明、文体教育、语言宗教、乡土民俗、民间传说、自然灾害、事故灾难、公共卫生、社会安全、公益慈善、技能绝活、邻家故事、人生履历、家族沿革、传家宝汇、学术研究、名人轶事
交融程度	亲历、亲见、亲闻、综合
开放程度	公开、有条件公开、不公开
口述语言	汉语普通话、汉语地方方言、其他语种

2.4 征集情况分析

截至 2016 年 7 月底，如皋市紫陌口述史料馆(筹)共征集各类史料 870 份，按主要要素分类如下——

按来源分：口述0份，摘录870份，其中报刊媒体摘录869份(《如皋日报》755份、如皋电视台24份、《钟山风雨》1份、《新民晚报·新如皋》89份)，大众整理1份("如皋老乡会网"1份)；

按载体分：文字素材845份，照片集1份，视频素材24份；

按故事类别分：政经改革10份，战争战役65份，工农商业46份，城镇变迁39份，工程建设10份，科技发明0份，文体教育61份，语言宗教21份，乡土民俗40份，民间传说71份，自然灾害4份，事故灾难4份，公共卫生4份，社会安全0份，公益慈善5份，技能绝活19份，邻家故事15份，人生履历171份，家族沿革139份，传家宝汇47份，学术研究35份，名人轶事64份；

按交融程度分：亲历354份，亲见154份，亲闻105份，综合257份；

按开放程度分：公开870份，有条件公开0份，不公开0份；

按口述语言分：汉语普通话861份，汉语地方方言9份，其他语种0份。

现阶段本馆征集的素材虽主要来源于报刊媒体，但并不是一摘了之，而是对已发表文章的史料价值进行挖掘，加工整理提炼成标题，让口述史料的主要元素醒目地表现于标题中，这是与报刊发表文章最显著、最突出的区别。比如，《新民晚报·新如皋》2015年1月18日发表周思璋的一篇文章《如皋名商李浩民"太平轮"罹难》，细读此文，方知李浩民为国际知名刑事监识专家李昌钰的父亲，周思璋的母亲与李昌钰的母亲是童年好友。此文收录进馆后标题改为《李昌钰的父亲李浩民"太平轮"罹难》——档案编号：22；故事类别：家族沿革；交融程度：亲闻；开放程度：公开。再比如，《如皋日报》2015年6月5日"记忆"栏目发表如皋市档案局工作人员吴红梅撰写的《罪战反正蒋军通行证》一文，并配有珍贵图片，其收录进馆标题改为《马道来珍藏〈罪战反正蒋军通行证〉》——档案编号：596；故事类别：传家宝汇；交融程度：亲见；开放程度：公开。

3 "我的老故事"项目面临瓶颈及应对方案

"我的老故事"项目启动八个月，如皋市紫陌口述史料馆登记注册仍在筹备当中，"紫陌口述史料馆"官方网站及"老故事"APP手机客户端已上线试运行，"两表一合同"法律文书制作完毕并提供网上下载，但"我的老故事"项目自诞生起由于体制机制原因，生命力仍较脆弱，有众多因素非自身可以克服，唯有突破体制机制的束缚，方能保障项目的运营及史料馆的生命力。

3.1 信任危机——唯与官方合作，方能取得百姓信任

中国自有文字始，即为官方著史，虽有野史，却散落于少数文人的笔记中，并且也只是

为皇帝诸侯、朝廷官员、封建礼仪所书写的，反映的是朝廷兴衰的官方史和豪门权贵争权夺利的历史，抑或为帝王的皇家史。

中国家庭留下的史料也鲜有个人自传，多以家族、家庙的文化材料为主。记载家族史的，便是族长、长辈编纂的族谱（家谱）。项目组收藏的素材中有三篇涉及家谱，包括阮汝林撰写的《我藏有民国线装本泰兴双凤堂〈蔡氏宗谱〉》、陈璋炎撰写的《续修如皋西乡〈陈氏宗谱〉》（乙未版）和周思璋撰写的《周氏家谱变卖记》。家谱的局限性仅涉及血脉的继承，未能反映谱中人的经历。

与讲述人间的信任危机源自四个方面：一是中国文化中平民百姓没有撰写传记的习惯；二是中国历史传统为官方修史；三是"文化大革命"浩劫整整影响了几代人，讲述者有顾虑，担心讲述内容成为日后清算依据；四是中国文化中官方修史机构一直是百姓的依赖和依托，对非官方机构，百姓难以认同。

应对方案：先期与官方档案馆、党史办、史志办或地方学校合作，共同运营"我的老故事"项目，推动紫陌口述史料馆与百姓间建立持久的信任关系。联合发布"我的老故事"征集公告，部署"老故事"征集工作，组建征集网络——当然"老故事"项目的宣传、故事史料的征集建档仍由紫陌口述史料馆完成，不受官方机构左右。

3.2 运营危机——唯有建立有效组织，方能科学规范运作

作为档案管理组织，紫陌口述史料馆（筹）馆藏需要承载的是几十年甚至上百年的沉淀与传承，但不同于官方机构可以通过政府组织来维系生存。最大挑战来自两个方面：

一是缺乏组织支撑。作为项目发起人，笔者虽然志向于口述档案的征集、研究和应用工作，但毕竟身兼公职，且一人的力量有限，发起的事业没有长久的生命力，这也是紫陌口述史料馆（筹）迟迟未申请注册登记的主要原因。

二是缺乏工作人员。项目建立及宣传推广初期，由于征集史料少、网上传输的便捷，不需要太多的工作人员，但是随着应征人数的增多、征集史料整理量和史料查阅利用率的增加，开始需要一个稳定的工作团队。

应对方案：筹建由官方档案馆、史志办及相关研究机构等组织组成口述史料征集、研究理事会，再由理事会发动紫陌口述史料馆注册申请。这样，由于发动申请组织的固定性，解决了由个人申请建馆的弊端，确保馆藏的生命力可延续几十年甚至上百年时间，同时理事会还可以聘任史料馆负责人，监督史料馆工作的开展等，保障馆藏工作的运行顺畅。同样，工作人员不足的问题，可根据工作需要通过招募志愿者、社工、退休人员等加以妥善解决。

3.3 生存危机——唯有不间断的资金支撑，方有源头活水

经过与如皋市社会养老保险管理处的短暂合作，项目组已充分认识到非营利性、非功利性是“我的老故事”项目生存的最大障碍。档案的征集与存储、史志的研究与编纂出版等，尽是些烧钱项目。前些年，苏南部分县级市档案馆开展了有偿保管私人档案工作，按保存年限收取相应费用，为档案馆的生存做出了有益尝试。但随着云存储技术的快速发展，免费存储空间的不断扩大，这项有偿服务业务亦会萎缩停滞。以项目养馆是资金来源的一种渠道，但不是史料馆生存的依靠。如何解决民间档案机构的经费渠道问题，是困扰史料馆持久生存的大事，国家目前也尚无财政支持计划。“我的老故事”项目运营初期，可以充分运用发起人的电脑、家庭场所、人力以及免费的 360 云盘空间等，实现较少投入甚至很长一段时间不需要再有投入，但从长远看，没有稳定的资金支撑，藏馆的征集、研究等还是缺乏生命力。

应对方案：建立合理稳定的资金渠道，首要的是应当建设稳定的理事或会员队伍。理事会除官方的研究机构外，有必要吸纳部分企业作为理事单位，缴纳的会费作为藏馆运行经费的主要来源。当然，接受社会捐赠，订制个人讲述作品，策划出版“老故事”项目研究衍生品，亦是开源的重要方面。除此以外，合理预算、节俭办馆的方针也是长久生存之道。

其他瓶颈还有诸如征集产品的版权论争、信息系统的安全与存储机制、政府的支持等，但与信任危机、运营危机和生存危机相比，都显得微不足道，可以通过时间、技术和法律加以解决。

4 “我的老故事”项目前景展望

“社会记忆因你而多彩！”是“我的老故事”项目设计的广告语，“你讲我录、你捐我藏、你研我有”是紫陌口述史料馆（筹）馆藏服务宗旨。

人民群众是历史的创造者，社会记忆的群体中不应缺少普通人的身影。作为政府的官方征集机构，各级档案馆关注的是名人大家和官方史料，较少征集平凡人的档案资料，百姓故事更是进不了他们的视野，这些无疑是档案史料征集的重大缺失。官方的研究机构，关注的是正史，口径统一，信息源多，而对野史的研究需要花费大量的人力、物力，研究成果还不一定具有说服力。

欧美的历史档案管理经验[1]告诉我们，历史档案的征集工作唯有采取开放式、包容

---

〔1〕 浙江省赴欧洲档案工作业务考察团，王剑平执笔：《档案馆已成为再现欧洲文明历史的文化宝库——浙江省赴欧档案工作业务考察团考察报告》，《浙江档案》2007 年第 11 期，第 49—52 页。

式的态度，不评判、不评论，更不要武断地销毁所征集的史料，否则那将是历史档案事业的重大灾难。对征集的档案资料做好整理分类保管，并妥善加以利用，应当是档案馆藏的首要职责。

用心搭建百姓口述史料征集平台——“我的老故事”项目没有功利性，通过个人记忆，对地域政治、经济、文化、教育、城建、民俗等进行有益补充，让历史、民族、家族、个人记忆变得鲜活，有血有肉。项目具有强大而旺盛的生命力：因为她面对的是145万如皋儿女，征集他们的故事，记录他们的一生，留住他们的喜怒哀乐，不断丰富着社会记忆；因为她可以让历史研究在百姓记忆中逐渐丰满，更加多元、多视角、多语言、多载体，更贴近史实，更接近真相；因为她是人类文明发展的铺路石，随着百姓口述史料的积累，对当地文化的积淀和文明水平的提高也有助益。

“我的老故事”项目还具有地区可复制推广性。以地区为板块搭建百姓口述史料征集平台，负责辖区内百姓故事的采集建档。同时，推动区域合作，采集的故事素材可跨地域、跨部门、跨行业共享共用，可减少多个采访计划项目对讲述人的频繁骚扰。对需要跨地区采集的，亦可委托当地同行采写，这样能节约人力、节省资源，提高采集效率。

公共史学视野下的口述历史传播

——以微信公众号为例

◎邓啸林　谢　莹　徐珂浩[1]

摘　要：

唐建光老师认为2014年是中国口述历史启蒙年[2]。2014年"家·春秋"口述历史影像记录计划正式在高校启动，口述历史开始走向校园，并成为一种社会文化运动[3]。与正逢其时的新媒体浪潮和2014年以来的校史研究热潮[4]合流，一大批口述历史的微信公众号出现，成为口述历史领域不可忽视的现象。以"人民记忆""口述历史""家春秋口述史计划"等为代表的口述历史微信公众号，是口述历史数字化转向的重要表现，是科技与人文交融的产物之一，对于口述历史的进一步传播颇具贡献。

关键词：

公共史学；口述历史；传播；微信公众号

Oral History Dissemination in the View of Public History

——Taking WeChat Public Platform as an Example

◎　Deng Xiaolin; Xie Ying; Xu Kehao

Abstract:

Teacher Tang Jianguang thought the enlightenment year of oral history in China is 2014. In 2014, as the "Family&Chunqiu"Oral History Image Recording Project set up in colleges, oral history came to campuses, and became a kind of socio-cultural movement. It met with the wave of new media and school history research from 2014, plenty of oral history WeChat public numbers appeared, became a phenomenon cannot be ignored in the field

---

[1] 作者简介：邓啸林（1993— ），男，中国人民大学历史学院2016级史学理论及史学史专业硕士研究生；谢莹（1996— ），女，华南师范大学历史文化学院2014级历史学（师范）本科生；徐珂浩（1998— ），女，山东师范大学历史与社会发展学院2014级世界史专业本科生。

[2] 唐建光：《2015将是历史大年》，《齐鲁晚报》2015年1月4日，第B4版。

[3] 傅适野：《口述历史为什么重要?》，《澎湃新闻·文化课》2016年11月13日。此观点实际上为杨祥银所提，这里误作钱文忠所提。

[4] 据中国知网学术搜索统计，关于校史的研究论文发表数量在2014年达到近年来的峰值，为2538篇。

of oral history, taking the WeChat subscription numbers *People's Memory*, *Oral History*, and "*Family&Chunqiu" Oral History Project* as representatives. It is an important step to the digitalize of oral history, a mixture with science and arts, making great contribution to the further spread of oral history.

Keywords:

Public History; Oral History; Dissemination; WeChat Public Platform

1 当下口述历史发展的简单回顾

口述历史作为最近兴起的一门学问或学科，可以说不新但热。早在西方兴起口述历史之前，中国就存在与远古结绳记事和神话传说相结合的口头史学，在《诗经》《尚书》《格萨尔王传》《史记》《资治通鉴》等经典文献的编撰中也用到口述历史的方法，梁启超因此提出口碑史学。而美国和英国的口述历史则分别以档案和社会史为传统，其中，美国的口述历史发展最为典型，先后经历了"档案实践"、"新社会史转向"、"记忆转向"与"主体性意识觉醒"、数字转向[1]，近来又有情感转向和影像转向的提法[2]。

自美国加州大学伯克利分校班克罗夫特图书馆、森林史学会、哥伦比亚大学口述历史研究室兴起口述历史研究以来，口述历史发展日趋繁荣。当美国和中国台湾地区兴起以唐德刚和郭廷以为代表的精英口述历史研究之时，周恩来总理提倡建设有"中国气派"的政协文史资料委员会；改革开放后口述史"眼光向下"，1980 年中国科学院自然科学史研究所启动"口述科技史"计划；北京大学杨立文教授较先从事口述历史的教学和研究工作。中国口述史真正形成规模是 2000—2002 年"抢救和保护中国人类口头和非物质遗产工程"的启动，随后一系列研究所纷纷成立：2004 年中华口述历史研究会成立（2004、2006、2010 年分别召开第一、二、三届口述史学术讨论会，2006、2008、2011 年分别召开第一、二、三届海峡两岸三地口述历史会议），2008 年温州大学口述历史研究所成立，2012 年中国传媒大学崔永元口述历史研究中心成立，2014 年是新历史合作社社长唐建光提出的"口述史历史启蒙年"[3]，2014 年首届"家・春秋"口述历史影像记录计划在高校发起，2015 年首

---

〔1〕 杨祥银：《当代美国口述史学的主流趋势》，《社会科学战线》2011 年第 2 期，第 68—80 页。

〔2〕 "情感转向"为杨祥银老师在第二届"口述历史在中国"国际研讨会与中山大学"本土经验与国际口述历史的多元发展"国际学术研讨会上首先提出；"影像转向"参考朱奕亭：《论口述历史的"影像转向"》，《现代传播》2016 年第 6 期，第 158—160 页。

〔3〕 唐建光先生参加了当年 5 月宁波大学的中国公众史学研讨会、7 月上海师范大学的公众史学高校师资培训班、10 月湖南图书馆的图书馆与口述历史研讨会、11 月的深圳"历史嘉年华 2015"系列活动之当代历史记录者大会。

届“口述历史在中国”学术研讨会召开(2016 年召开第二届),2016 年“口述历史联盟”[1]成立。除此之外,天津市口述历史学会、江苏省口述历史研究会、浙江省口述历史研究会、广州市口述历史研究会、四川理工学院口述历史研究所、石河子大学兵团口述历史研究中心也先后成立。[2] 在此背景之下,口述历史的学科建设提上日程,[3] 对口述历史的理论和实践问题也存在一些不同可能性的探索。[4]

口述历史长期的发展涌现出了一些经典文本,如保尔·汤普逊《过去的声音:口述史》、唐纳德·里奇《大家来做口述历史》、唐德刚《张学良口述历史》、《中国传奇 2010 之我的抗战》节目组的著作《我的抗战》、张钧《述林》、王宇英《当代中国口述史:为何与何为》、左玉河《中华口述历史丛书》、周新国《中国口述史的理论与实践》、陈墨《口述史学研究:多学科视角》、杨祥银《与历史对话:口述史学的理论与实践》《美国现代口述史学研究》、刘小萌《中国知青口述史》、定宜庄《老北京人的口述史》、李小江编著的“20 世纪(中国)妇女口述史丛书”等经典作品。张健飞、杨念群的笔述作品《雪域求法记:一个汉人喇嘛的口述

---

[1] 由“家·春秋”口述历史影像记录计划、“青年史学家”微信公众号、中国传媒大学崔永元口述历史研究中心、中华口述历史研究会、温州大学口述历史研究所发起。

[2] 这里笔者再提供几组有意思的参考数据。笔者在百度学术、谷歌学术、搜狗学术和中国知网输入“口述历史”词条。百度学术搜索显示 2016 年以来有 193 条搜索结果,2015 年以来有 518 条搜索结果,2014 年以来有 845 条搜索结果;其中历史学的文献最多有 1159 篇,中国语言文学有 360 篇,艺术学有 336 篇;其中历史学文献有 497 篇发表在北大核心上,有 344 篇发表在 C 类期刊上,有 277 篇发表在科技核心上。最热关键词为“口述历史”“口述史”“张学良”。发文数量最多的作者是陈墨、杨祥银和王俊义。刊登口述历史成果最多的期刊为《当代电影》《中国档案》《中国科技史杂志》。发文最多的机构是中国电影艺术研究中心、汕头大学图书馆、上海大学图书情报档案系。谷歌学术搜索显示有 31800 条结果,统计指标因为互联网问题暂时无法搜索。搜狗学术目前看来,在质量上和其他学术搜索引擎还有很大的差距。中国知网搜索显示有 97303 条结果,其中最早的是 1924 年 1 条,1952 年突破 10 条达到 12 条,1979 年突破 100 条达到 104 条,2001 年突破 1000 条达到 1104 条,2015 年达到顶峰有 9161 条,2016 年有 7738 条,2017 年截至目前有 143 条。发表学科最多的是中国文学,有 9155 篇;其次为中国近现代史,有 6320 篇;再次为戏剧电影与电影艺术,有 6049 篇。在研究层次上,社科基础研究有 63630 篇,社科行业指导有 9763 篇,社科政策研究有 4766 篇。作者方面,彭兆荣发表 42 篇,刘守华发表 39 篇,陈墨发表 29 篇,苏全有发表 22 篇,沈志华发表 20 篇,徐有威发表 15 篇,张注洪发表 14 篇,苏智良发表 14 篇,侯杰发表 13 篇,定宜庄发表 13 篇,行龙发表 13 篇,钱茂伟发表 13 篇,罗志田发表 12 篇,王铭铭发表 12 篇,欧阳哲生发表 12 篇,于沛发表 11 篇,王建朗发表 11 篇。发文最多的机构是华东师范大学,共计 1852 篇;华中师范大学共计 1368 篇;复旦大学共计 1258 篇。基金方面,国家社科基金有 2639 篇,国家自然科学基金有 455 篇,中国博士后科学基金有 158 篇。

[3] 中国传媒大学崔永元口述历史研究中心认为口述史应该成为一级学科;中国电影资料馆赵正阳将口述史学科建设构建为“一个中心、两根轴线、三条脉络、四个区域”;陈墨认为应该以个体为中心,建设“个体记忆库”,任何一个学科都无法完成个体记忆的开发利用工作,张锦同意这一观点;左玉河认为应该使口述史先成为近现代史的三级学科,再寻求成为二级学科,同时设立口述史的专业硕士;周新国认为可以把口述史学和文化遗产学设为与中国史、世界史、考古学并列的一级学科;钟少华(钟敬文先生哲嗣)认为口述史是历史学的分支学科;钱茂伟、王宇英认为口述史是公众史学的分支学科。

[4] 笔者认为,目前口述历史理论层面存在“更加理论化、国际化、多学科化,还是回到唐德刚去,回到五十年代去,回到历史学去”两条路径。在中国,口述历史是理论总结更重要还是经验总结更重要的问题上,保尔·汤普逊认为是经验总结更重要,陈墨认为是理论总结更重要。

史》据作者之一杨念群介绍，有评论者评价其与唐德刚撰写的作品《张学良口述历史》并为口述历史两大高峰，但并没有得到充分重视。

口述历史在长期发展中也形成了一些区域特色，如：北京的知青、妇女、少数民族、当代、科技口述历史，上海的南京大屠杀、"慰安妇"口述历史，江苏的辛亥革命、南京大屠杀、当代扬州、佛教口述历史，四川的进军大西南、"土改"、"肃反"、"对私改造"、"大跃进"、"四清"、当代、盐业口述历史，广东、浙江和港澳台新社会史转向下的社区、医疗、人口、性别、移民口述历史，山西、吉林的抗战口述历史，湖南的图书馆、美术口述历史。此外，科技口述历史、音乐口述历史、农民口述历史、口述历史教学、"三老"口述历史（老干部、老教授、老战士）、"三历"口述历史（中华人民共和国成立中的历史事件亲历、亲见、亲闻者）、家史口述（李远江发起的全国中学生写史大赛，北师大《春秋人文报》首都高校大学生家史征文大赛，"'家·春秋'口述历史影像记录计划"）也很有特色。尤其是近年以来，以口述历史微信公众号为代表的口述历史传播也呈方兴未艾之势。

2　对于口述历史相关的微信公众号的分析[1]

口述历史的兴起对历史学而言，不仅拥有方法论上的革命性意义，而且在史料形态上补充了既往的文献证史、实物证史，使得历史学的发展走向三维乃至多维的空间。同样，微信公众号的出现也对学术的阅读方式和传播方式产生深刻的影响，《清华大学学报》（哲学社会科学版）常务副主编仲伟民教授最近发表声明[2]停止赠送纸质刊物就是一则明例。越来越多的学者，比如辛德勇、许纪霖、马勇、雷颐、傅国涌等人也开始创办微信公众号。两种新潮流的结合，催生了口述历史公众号的蓬勃发展，口述历史公众号的发展鲜明地体现着科技与人文的交融，还有口述历史的数字化转向。按照清博指数 2016 年微信传播数据分析统计，2016 年有 3861 个微信公众号报道了口述历史，12 月报道 600 多次，其中最有影响力的是"卡娃微卡""占豪""有书"。2016 年发文最多的微信公众号为"小金县广播电视台"（437 篇），第二为"口述历史"（355 篇），第三为"丁俊杰"（185 篇）。有 7484 篇微信文章报道了口述历史，阅读量高达 1565 多万次；有 3492 篇头条报道口述历史，被点赞 14 多万次；北京、浙江、四川为最关注口述历史的三个省市；崔永元、张学良、宋美龄、蒋介

[1] 耿元骊：《微博上的历史学者与公共历史的传播：内容、路径和效果》，《学术研究》2014 年第 8 期，第 102—108 页。

[2] 仲伟民：《"2017 年起本刊停止赠送纸本期刊"告读者》，微信公众号"独立精神"，2016 年 8 月 10 日。

石是与口述历史相关度最高的几个名词。截至目前,与口述史相关的微信公众号主要有76个[1]。

因我们无法进入这些微信公众号的后台获得一手资料,所以只能通过清博指数分析和浏览量等数据加以考察(见附录:表1)。

虽然纳入样本容量考察的有76个微信公众号,但其中成规模的、被清博指数和清博舆情纳入样本数据库的只有14个。从粉丝数量、活跃程度、实际影响力看,这14个微信公众号是口述历史公众号中当之无愧的主流号。本表格主要考察了这些微信公众号的传播力指数(WCI)、最新排名(在640000个微信公众号样本中)、等价活跃粉丝、市场估值、报道该微信公众号名称的公号数、报道该微信公众号最有影响力和最多的公号、报道该微信公众号文章的阅读量和点赞量等九个指标。前四个指标由清博指数提供,主要考察微信公众号本身的数据;后五个指标由清博舆情提供,主要考察微信公众号的品牌影响力。对于影响力过小的指标,清博指数和清博舆情不予显示。

在这14个微信公众号中,"人民记忆"和"我们的家史"[2]属于服务号,没有纳入清博指数考察范围,但二者分别作为中国最大的口述历史研究机构(中国传媒大学崔永元口述历史研究中心)和最大规模的中学生口述历史平台(全国青少年历史记录大赛的官方微信平台),在口述历史界具有很大的影响力。但推送频度过低,前者基本以"口述历史在中国"国际研讨会和"蒹葭影像计划"为主要推送内容,后者也主要是以全国青少年写史大赛参赛作品为主要推送内容。

两个名为"口述历史"的微信公众号,前者为温州大学口述历史研究所的官方微信平台,后者为"那些年口述历史制作推广机构"官方微信平台。其中,后者所属机构承担了抚顺龙凤矿口述历史项目,主创人员包括《中国石油报》摄影部副主任余海、中国石油天然气

---

[1] 人民记忆、口述历史(同名公众号有5个)、家春秋口述史计划、抗战老兵口述资料中心、口述史、口述史协会、齐家口述史、麻风村口述史、广州老年男同口述史、财政口述史、我们与口述史、佛山市学思口述史研习所、口述湖南美术史、大家来做口述史、温州NGO口述史、互联网口述史、山建口述影像工作室、足迹、小金新闻、丁俊杰、岭南口述历史、一起抗战口述历史、潮州口述历史文化、LTV口述历史、共创口述历史、大同口述历史、SMG口述历史工作室、中南民大口述历史组、澳门口述历史、口述历史工作室、南大口述历史、私人定制口述历史、小世界家春秋口述历史、兵团口述历史研究中心、江苏省口述历史研究中心、铁道兵口述历史、大型口述历史文献纪录片、RS口述史小组、90后口述史小组、致力于口述史的青年、苏商口述史、抗美援朝口述史、中学生口述史联盟、山师口述史社团、知青口述史、我们的家史、口述中国、口述天下、口述宁夏、口述泰州、口述知青、口述实录、口述无锡、口述苏州、口述巴尔虎文化、口述圳能量、口述、口述屏南、青岛口述文献、历史人文口述实录、口述景德镇、白杨记忆(以上公众号以口述史学为全部推送内容);青年史学家、近现代史研究通讯、麓山史话、永源公益官微、我们的历史(以上公众号以口述史学为重要推送内容);公众史学、浙大公众史学、宁大公众史学、鱼汤公众史学、山师公共史学导航(以上公众号以公众史学为全部推送内容,口述史是其中之一)等。这些微信公众号样本的获取主要来自搜狗微信搜索,通过输入"口述历史""口述史""口述"等词汇进行筛选,再加上平时积累,基本上能涵盖全部的口述历史微信公众号。

[2] 2017年2月13日,"我们的家史"正式发布通知,暂停第七届全国青少年历史记录大赛。

勘探开发公司党群工作部副主任戴军、自由撰稿人王非等，得到社会各界尤其是石油领域热心人士的支持，创作有华东石油附中 81 届同学会发起的《光辉》画册，现正在制作《燃烧》画册，主张“我们不是崔永元，我们就在您身边”，以人、史、亲、师为四大主题，自 2016 年下半年成立以来，推送频繁，产生一定的影响力。温州大学口述历史研究所主办的“口述历史”主要推送与口述历史相关的前沿动态和学术论文，目前已经成为口述历史领域最大的信息枢纽平台和学术平台，有接近 10000 个粉丝〔1〕。

“家春秋口述史计划”为永源公益基金会联合多家机构发起的面向大学生和社会青年群体的口述历史项目的微信公众号，目前已经辐射了数百所高校，有“春秋君说”“口述历史”“那些故事”三大栏目。“春秋君说”（第三季“家·春秋”征案发布）又分为“公告天下”和“历史大趴”，“口述历史”（口述历史干货分享）分为“独家访谈”和“干货分享”，“那些故事”（时间照相馆）分为“拍摄手记”和“独家记忆”。

“小金新闻”为四川省小金县广播电视台的官方微信平台，主要推送本地新闻，但也涉及较多的口述历史内容，为 2016 年推送口述历史文章最多的微信公众号，共推送 437 篇（这主要是因为“小金新闻”在每一期小标题上都放上了口述历史的推介）。“口述历史”“小金新闻”“今日小金”为小金县广播电视台三大品牌栏目，曾于 2016 年 3 月 23 日推送《口述历史纪录片〈红军长征在小金〉》。

“丁俊杰”为中国传媒大学学术委员会副主任、国家广告研究院院长、崔永元口述历史研究中心主任丁俊杰的个人号，现改名为“丁俊杰看城市”。该公众平台主要以广告传播、城市品牌、城市形象研究为主，附一些口述历史的内容。

“一起抗战口述历史”隶属于一起抗战口述历史工作室，由资深口述历史从业者赖恩典与江苏无锡灵山慈善基金会联合发起。该项目于 2016 年 1 月 19 日开始筹款，4 月 4 日开始口述记录，经过 15 个城市，历时 6 个月零 2 天，于 7 月 21 日结束，共记录 22 名老兵的口述。截至目前，赖恩典已经因口述历史奔赴 17 个省以及港澳台和美国地区的 51 个城市，抢救性记录了 99 位老兵的口述资料，得素材 28000 余分钟。目前这 99 位老兵已去世 37 位。

---

〔1〕 历史学学术类微信公众号中最有影响力的有“历史研习社”“史学研究”和“青年史学家”，这三个微信公众号均有较多破万乃至破十万浏览量的文章，并以整个历史学领域为内容资源。“历史研习社”创建历史最长、粉丝最多、浏览量最多，目前已有通俗化转向；“史学研究”学术含量最高，社群做得最好；“青年史学家”最具活力，发展势头最快。其次为“中古史研究资讯”“近现代史研究通讯”“北京大学中古史研究中心”“海外汉学研究”。在这四个微信公众号中，“中古史研究资讯”为古代史中最大的公众号，书讯、会议信息、论文、学术前沿动态都是最全的，信息渠道最广泛；“近现代史研究通讯”为近现代史中最大的公众号；“北京大学中古史研究中心”品牌效应最强；“海外汉学研究”与“北京大学中古史研究中心”类似，但是研究的地域区间为域外汉学。以上四个微信公众号除了“北京大学中古史研究中心”数据不详外，其余公众号的粉丝均超过 10000。第三梯队多为历史学的一些三级学科号，比如“文献学与思想史”（历史文献学）、“历史地理研究资讯”（历史地理）、“丽娃史学”（史学理论）等，“口述历史”的粉丝数量和潜在影响力无疑在其中拔得头筹。

“口述天下”公号主体为西安水晶岛影视文化传播有限公司，立志于建设华人最大的口述史视频库，做“当代司马迁，万世博物馆”。“口述家史·传世宝箱”为其品牌项目，其产品分为个人类（成长史、创业史、企业家史、名医史、明星史、名人史、“非遗”传承史……）、家庭类（传世宝箱、口述实录、纪录片、家谱卷轴、家史画册、艺文录、全家福……）、社团类（党史、村镇史、社团史、国史、企业史、品牌史……）等。“口述宁夏”亦为公司运营，其账号主体为银川九九传承文化传媒公司，致力做宁夏本土最具人文情怀的自媒体，正在筹备出版《口述宁夏》（目前为电子刊）。

“青年史学家”为“口述历史联盟”的发起单位，是一个以口述历史、公共史学、史学理论与史学史、近现代史为主要特色的综合性历史学学术类微信公众平台，在全国具有一定的影响力。其与口述历史相关的内容主要包括三大块：“口述历史栏目”，主要推送与口述历史相关论文；“口述历史微课堂”，主要邀请口述历史名家为学生开设线上讲座；“口述历史项目”，承担诸如人大校史口述、抗战老兵口述等诸多项目，并同文汇 APP 联合主办高校历史系知名教授访谈的专栏。“近现代史研究通讯”为最大的近现代史学术类微信公众平台之一，主要以书讯、讲座、会议、论文为主。虽然口述历史在共和国史或近现代史的研究中应用较多，但在该平台刊发的与口述历史相关的论文在整体文章中的占比并不突出。

“永源公益官微”是由多家机构发起的以崔永元为代表的公益组织，主打口述历史和乡村教育，是继沈志华东方历史研究出版基金会和沈国军银泰公益基金会之后又一支持历史学及其相关学科发展的基金会。“我们的历史”是新历史合作社的官方微信公众平台，也是中国公共史学的重要推动力量，其产品、项目及业务范围包括“2016 星巴克中国青年领导力发展项目”、《沙滩上的耕读中国》、《新蒲新史记》、《看历史》全媒体杂志、“历史嘉年华”、“蒋氏家族研习营”、“‘家·春秋’口述历史影像记录计划”、《东方美丽传奇》、《鼓浪春秋》、“百代旅行”、“东山研习营”等，二者具有一定的重合。

综合以上微信公众号，我们可以发现，大型口述历史或者相关机构的微信公众号，如“人民记忆”“口述历史（温）”“永源公益官微”“我们的历史”；大型口述历史或者相关项目的微信公众号，如“我们的家史”“家春秋口述史计划”“一起抗战口述历史”“口述历史（那）”；公司运营的口述历史微信公众号，如“口述天下”；依托地方历史文化资源的口述历史微信公众号，如“口述宁夏”“小金新闻”；口述历史事业重要推动者主办的个人号，如“丁俊杰”；主流历史学学术号，如“青年史学家”“近现代史研究通讯”，都具有较大的社会影响力。再结合其他 62 个非重点样本，发现口述历史的微信公众号多为机构号、项目号、地方号、高校社团号等几种，大多在 2016 年成立，多为宣传项目而设立，属于短期号，个人号较少，机构号成为“中流砥柱”。

口述历史微信公众号虽然多，但是持续更新和有较大社会影响力的较少，即使是最具学术影响力且粉丝数超过 10000 的“口述历史（温）”，其浏览量也远不尽人意。究其原因，笔者认为当下口述历史在国内趋热,一方面确实是老干部、老教授、抗战老兵等“历史活字典”的去世,历史记忆急需拯救;另一方面面对“二战”的历史记忆,美国、俄国、欧洲、中国、日本、韩国等各有不同的态度和解读。从国家政策层面出发,重点支持抗战老兵口述历史、“慰安妇”口述历史和国家祭祀的兴起,也是推动口述历史和历史学趋热的重要原因[1]。其次,中共党史、近现代史等学科因为很多史料尚未公开,也急需利用口述史料开展研究。然而民间及大众对待口述历史的热情却没有及时培养起来,这也是为什么历史很热,但历史学很冷,口述历史很热,但口述历史微信公众号却相对较冷的原因。口述历史急需在目前官方机构、项目主导的大背景下,走向日常生活史。这需要先对社会大众进行调查,即民间和大众心中最珍视的记忆是什么,这才是口述历史的生命力所在,比如知青口述历史、“新三届”口述历史、八九十年代口述历史、美食口述历史、农村口述历史等。

再者,口述历史微信公众号的发展可以借鉴几个大号的经验,一些大型的口述历史机构要发挥阵地作用,加强推送频率,重视研究、实践和宣传的融合。一些口述历史的著名从业者,如崔永元、左玉河、陈墨、杨祥银等可以创办自己的微信公众号,发挥品牌效应。口述历史要和地方结合,比如很多周边号立足本地,拥有极强的用户黏性,阅读量达 10000 以上的文章频频出现。只有和地方历史文化资源结合起来,口述历史才有生命力,这也是以后的发展方向之一。公司运营口述历史产品是目前的一个新现象。公司一般以利益驱动,有经济实力,和公益基金会一样,也是口述历史不可忽视的重要推动力量。目前很多主流的学术号都报道了口述历史,如“学术中国”“历史研习社”“青年史学家”“近现代史研究通讯”等,这也是口述历史的一大推动力量,建议相关公益基金会可以把其作为一个重点推广方向。目前全国微信 1000 强中,视频号和漫画号居多,历史学最具水准的通俗号“混子曰”就是以漫画的形式来解读历史,口述历史微信公众号也可以与影视、音频、漫画等结合起来,通过各种形式提升其传播力。

3 对当前口述历史发展的一些观察与反思

据笔者观察,当前的口述历史学界,正在形成两种鲜明的风格,这并非学术山头上的对立,而是治学路数上的取向不同,且两种风格之间也存在着相互吸收交融的关系。一种风格是以中国传媒大学、中国人民大学、温州大学、中国电影资料馆等为主,联合永源公益基金会和新历史合作社等社会力量,密切推动口述历史的国际合作(如中国传媒大学“口述历史在中国”国际研讨会、中国人民大学第一届“公共史学国际工作坊”),重视口述历史

---

[1] 王学典:《中国向何处去——人文社会科学的近期走向》,《清华大学学报》(哲学社会科学版)2016 年第 2 期,第 5—16 页。

的理论建设，认为口述历史是一个跨学科的新学科门类，方法、理论、实践并重；另一种风格是以中国社会科学院、台湾"中央研究院"、中山大学、四川大学、扬州大学等为主，继承了唐德刚、郭廷以先生研治口述历史的传统，推动两岸合作交流，重视口述历史的经验积累和口述一文献互证，认为口述历史应该是历史学的一个分支学科，与民俗学、人类学、抗战史、妇女史、知青史、灾荒史、少数民族史紧密相连。两者一个拓展了口述历史的外延，一个充实了口述历史的内涵；前者有力地提升了口述历史的社会影响力，后者则促进了口述历史学术品相的提升，共同促进口述历史这一学术（科）门类的发展繁荣。

口述历史的日趋热化，引起了史学界的很多反应，最典型的莫过于沈志华先生的《谨慎使用回忆录和口述史料》，表达了历史学界对口述历史日趋热化的复杂心态。口述历史作品的学术品相不高，长久以来几乎没有超越唐德刚先生系列口述历史作品社会影响力和学术生命力的作品，这也是大家诟病口述历史的原因之一。在一些学者看来，口述历史似乎不是学界正途，口述历史急需提升自己的学术品相〔1〕。

中国口述历史在实践过程中也积累了三种可资借鉴的成功经验：一是注意在高校的推广，使得口述历史的整体力量形成高校研究一高校实践一社会实践的格局，这大大增强了口述历史的影响力，储备了后备力量，也是推动口述校史繁荣的重要外因（内因是校史研究的内在驱动）。二是基金会＋学术的模式。目前只有两家基金会支持历史学的学术研究：一个是沈志华先生的东方历史研究出版基金会，一个是支持蒋介石研究的银泰公益基金会。而口述历史领域（口述历史领域有非历史的部分）却有多家基金会的支持，资本＋互

---

〔1〕 笔者总结出提升口述历史学术品相的九大路径，仅供参考：一是在共和国史、当代史中找价值（参考左玉河《口述历史与国史研究》、袁上《"口述史与共和国史研究"高端学术论坛综述》）；二是重视新社会史转向、记忆转向和情感转向（参考杨祥银《当代美国口述史学的主流趋势》、王晴佳《当代史学的"情感转折"》），在新史学谱系中找位置（参考孙江、彭刚、王明科的记忆研究）；三是大型口述史项目要实现小数据到大数据的转化，需利用加州学派李伯重、李中清等学者量化史学的方法（参考王玉龙、付航《基于文献计量学的我国口述历史档案研究综述》）；四是在"魏开琼难题"的基础上，进一步探讨口述史的史料价值和注释规范（参考李卫民《做有现代感的古代史研究——定宜庄研究员访谈录》《口述史的"魏开琼难题"》、武黎嵩《略谈口述历史文献的后期整理方法》、廖梅《浅谈口述史的史料意义和注释规范》）；五是继承唐德刚先生的路线，在历史学家口述六传——《胡适口述自传》《郭廷以口述自传》《章开沅口述自传》《萧声剑影：刘绪贻口述自传》《姜义华口述历史》《邹逸麟口述历史》等历史学学术精英口述史的基础上重视人类学、民族学、抗战史、妇女史、知青史、灾荒史、少数民族史研究；六是加强图书馆、档案馆和校史馆同口述史的结合（国家图书馆、清华大学图书馆、中华女子学院图书馆、首都图书馆、湖南图书馆、广州图书馆、吉首大学图书馆、青海大学图书馆、扬州大学图书馆、汕头大学图书馆、贵州民族大学图书馆、新疆生产建设兵团党委党校图书馆等）；七是不仅要重视口述史的学术史梳理，更要重视非学术、非理论、非史学的口述史作品的类型区分、典范研究和学理辨析，如高永中等人主编的《新中国口述史：1949～1978》《改革开放口述史》等，建设国家记忆、人民记忆、民族记忆、红色记忆、历史记忆、家族记忆、个体记忆数据库；八是重视口述史题材的典范性、重大性和关键性；九是建设历史解释学的分析框架，其对口述史料、概念辨析和记忆的研究至关重要。戴逸先生就曾讲过，他一辈子，历史考据学的文章写过几篇，历史编纂学有7000万字的《清史》，只有历史解释学仅提出了清朝历史"兴盛衰亡"四个字，他已经90岁了，做不动了，这块领域只能有待后来人发掘。关于历史解释学，目前全国开设历史解释学课程的只有人大，全国申请社科项目的只有北京的一个哲学系教授，李泽厚提出解释学这个概念几十年，但目前还有很多空白点，可以说该领域的研究大有可为。

联网＋学术为学术研究插上了翅膀，也为口述历史组织的出现积累了社会物质条件（官方驱动和学术驱动也是重要条件）。三是已见端倪的学科协同方式。随着对新汉学[1]下史学碎片化的反思，史学开始接续新史学的传统而走向社会科学化，同时随着协同创新的提出，这些都为学科协同合作展示了新的前景，而口述历史就是史学领域最佳的范本。[2]口述历史微信公众号就是一个历史学、传播学等多学科交叉的新课题。

总体而言，作为口述历史领域的新现象，口述历史微信公众号的发展还远未成型；就整体情况看，口述历史微信公众号也是数量上发展虽快，但质量上影响力有限。微信公众号作为一种自媒体业态发展到今天，早已经过了其黄金时代，不仅仅是口述历史的公众号，甚至整个历史学的公众号都正在经历着发展的阵痛，官方资质进入资源被稀释。学术性的减退，公众性的增强，都带给口述历史微信公众号前所未有的挑战。本文试就其发展情况做尽量全面的介绍，但也仅为笔者一孔之浅见，口述历史微信公众号仍处于动态的发展过程中，这 14 个口述历史微信公众号作为科技与人文交融的范本，值得深入的研究。在口述历史数字化转向的大趋势下，如何利用新媒体业态等形式提升口述历史传播效果，仍急需解决。

附录：

表 1　口述历史微信公众号数据一览

<table>
<tr><th>公众号名称</th><th>WCI</th><th>最新排名</th><th>等价活跃粉丝</th><th>市场估值</th><th>报道公号数</th><th>最具影响力</th><th>发文最多</th><th>被阅读</th><th>被点赞</th></tr>
<tr><td>人民记忆</td><td></td><td></td><td></td><td></td><td>150</td><td>微山西、学术中国、人民前线报</td><td>长春市体育局、口述历史、家春秋口述历史</td><td>260000＋</td><td>1766</td></tr>
<tr><td>我们的家史</td><td></td><td></td><td></td><td></td><td>30</td><td>破土工作室、历史教育家、中山微观察</td><td>春秋人文报、DE未来训练营、IFf-China（微信号）</td><td>40000＋</td><td>292</td></tr>
<tr><td>口述历史（温）</td><td>327.07</td><td>56956</td><td>1790</td><td>524000</td><td rowspan="2">3861</td><td rowspan="2">占豪、卡娃微卡、有书</td><td rowspan="2">小金县广播电视台、口述历史、丁俊杰</td><td rowspan="2">15640000＋</td><td rowspan="2">140000＋</td></tr>
<tr><td>口述历史（那）</td><td>257.89</td><td>50867</td><td>2895</td><td></td></tr>
</table>

〔1〕 王学典：《新史学和新汉学：中国现代史学的两种形态及其起伏》，《史学月刊》2008 年第 6 期，第 5—25 页。

〔2〕 正如徐兆仁老师所说："你们可以关注一下中国儿童文学的发展，目前呈井喷状态。例如，一位名作家的儿童文学作品，十多年之前只能发行 3000 册，现在，一部作品，竟然发行到 1000 万册，而且中国种子，已经开出世界之花。儿童文学书刊等每年印刷量激增，总码洋是数百个亿。详情可以从网络信息了解，主要作家有北大的曹文轩。我预测，历史学类中，也就是口述史的发展，有类似的趋势和前景。当代社会中，历史学的研究理论、方式方法以及社会需求等，都需要重新的定位和认识。可以说，你们遇到一个世界文化频繁交流、网络技术突飞猛进、时代理念变化迅猛等可以用量化指标检测衡量的大发展、大变迁时代。"徐兆仁老师的话无疑向我们昭示了口述史发展的良好前景。

续表

公众号名称	WCI	最新排名	等价活跃粉丝	市场估值	报道公号数	最具影响力	发文最多	被阅读	被点赞
家春秋口述史计划	305.52	53177	2720	621250	61	腾讯公益、潮汕生活、厝边头尾	家春秋口述历史、口述历史、青年史学家	230000+	1751
小金新闻	402.68	35718	16545		4	金台发布、小金新闻、中金珍宝艺术中心	小金新闻、中金珍宝艺术中心、金台发布	250000+	1455
丁俊杰	188.98	84438	2025	549250	386	团中央学校部、小拉车、中山大学团委	丁俊杰、中国广告杂志	790000+	6452
一起抗战口述历史	270.51	48545	10420		4	中国科学院大学、一起抗战口述历史、赤程传媒	中国科学院大学、龙越慈善、一起抗战口述历史	2869	71
口述天下	260.46	69870	1700	416675	9	水玲珑美文、华商网、口述天下	口述天下、水玲珑美文、我们的历史	50000+	845
口述宁夏	477.66	32190	14165	3783325	40	同心大城小事、宁夏旅游吃货、宁夏新闻网	口述宁夏、同心生活汇、晴彩宁夏	300000+	2761
青年史学家	586.21	16528	34165	6453250	62	铲史官、中华好学者、知识分子	青年史学家、历史教学、家春秋口述历史	220000+	2630
近现代史研究通讯	421.1	40707	10645	3277200	14	砺剑、青年史学家、绿茶书情	近现代史研究通迅、青年史学家、云南财经大学会计学院研究生会	20000+	183
永源公益官微	346.09	58170	4580		4	口述历史、爱飞翔乡村教师培训、永源公益官微	永源公益官微、爱飞翔乡村教师培训	10000+	259
我们的历史	289.24	45134	2310		8194	人民日报、占豪、央视新闻	属于我们的历史、珠海妈妈集结号、镇江贝格金融	23160000+	

口述历史视域下的“大众观察”日记的思考〔1〕

◎李慧波　陈政宏　王　玥〔2〕

摘　要：

“大众观察”日记和口述历史都具有公众史学的特点，都具有来自公众、服务公众、公众参与、面向公众的共性。本研究以口述史为参照，从口述史的特性、功能、使用等方面来审视“大众观察”日记的特性和价值。希望通过比较二者，探究在公众史学的学科框架下，不同类型的公众史学实践是如何建构有温度的“活”历史，进而希望本研究能促进公众史学的发展。

关键词：

口述史；大众观察；公众史学

Thinking of the Mass Observation Diary under the Reference of Oral History

◎　Li Huibo; Chen Zhenghong; Wang Yue

Abstract:

Mass Observation diary and oral history has the characteristics of public history. They are from the public, serving the public, attracting public participation, common to the public. By reference to oral history, this research looks at the features and value of the public observation diary from the characteristics, function, and the use of oral history. We hope that through different types of public practice we can know how to construct a living history under the discipline framework of public history, and hope that this research can promote the development of public history.

Keywords:

Oral History; Mass Observation; Public History

---

〔1〕 基金项目：中华女子学院“2016年度科研规划课题”阶段成果（项目编号：KY2016－03026）。

〔2〕 作者简介：李慧波（1979—　），女，历史学博士，馆员，中华女子学院中国女性图书馆办公室主任，研究方向为口述历史、社会文化史、社会性别；陈政宏（1985—　），女，中华女子学院图书馆助理馆员，社会学硕士，研究方向为女性学；王玥（1983—　），女，中华女子学院图书馆馆员，法学学士，研究方向为口述历史。

1 “大众观察”日记概要

“大众观察”(Mass Observation)活动起源于1937年5月12日的英国，当日正是乔治六世加冕之日。目前英国的一家档案研究中心被命名为“大众观察”(Mass-Observation)，该中心每年5月12日会邀请全英人民记录自己当天的活动。“大众观察”日记对征集者提出的要求是：当事人对当天亲身经历或亲闻的事件进行撰述，记录时间从当天早晨起床开始到晚上就寝为止；用文字和视频或其他形式记录均可；撰写的事实和内容必须真实具体；撰写材料可以不拘观点，不限体裁，资料字数不限。由此产生的日记为人们提供了观察人民日常生活的视角，同时也为研究某个时代各个领域的人们提供了宝贵资源。

2014年该活动首次由中华女子学院中国女性图书馆引进，被称为“5·12大众观察日”。该活动在中国持续两年后，考虑到5月12日是汶川地震的悼念日，对每一个中国人都有特殊的历史意义，因此中国女性图书馆向英国提出申请，将“大众观察日”更改在5月13日，并得到对方赞同。到目前为止，“大众观察日”在三个国家开展，均由大学承办，根据时间顺序，分别为英国苏塞克斯大学、韩国明知大学、中国中华女子学院。

就活动具体开展的形式和参与方式而言，中韩两国完全依据英国的传统。翻译为中文如下：

> *尽可能多地记录这一天：你做了什么，你说了什么，你吃、喝了什么，你买、卖了什么，你在做什么，你去了哪里，你遇见了谁，你所读到、看到、听到周围的事而引发的感想，等等。
>
> *参与者需简单自我介绍：年龄、地域、婚姻状况、职业以及你自认为很重要的其他任何信息。
>
> *如果5月12日对你而言是特别的日子，请注明，如果不是，请说明理由。我们非常欢迎你记录对这一天以及对写日记本身的感受。
>
> *请在日记的文末附上声明，以便我们日后研究使用，否则我们将无权使用。

三所大学均在线上收集日记。该活动主要通过新媒体、Twitter(推特)、Facebook(脸书)、微信以及校园网来宣传。这使得参与的范围空前广泛，参与人员的构成也极为多样。

“大众观察”日记是日记的一种。所谓日记，商务印书馆《四角号码新词典》解释为：“天天记录生活经历的笔记。”即每天或经常把发生的事、处理的事务或观察的东西写下来，尤指个人活动、思考或感觉的每日记录。《现代汉语词典》解释为：“每天所遇到的和所做的事情的记录。”《牛津现代英汉双解词典》解释为“daily record of events and thoughts, etc.”。概括地说，作为一种文体，日记是对当天所遇到的和所做的事情的记录，可以记事，可以写人，可以状物，可以写景，也可以记述活动，有的兼记对这些事情的感受。

2 从口述历史的属性看“大众观察”日记

“大众观察”日记与口述历史都具有公众史学的特点，都具有来自公众、服务公众、公众参与、面向公众的共性。

口述史学源于20世纪初西方诞生的新史学。一部分激进的历史学家认为，传统史学只注重男性精英人物，而下层民众的历史作用却不受重视，因此，提出关注并撰写平民的历史，也就是所谓“避免宏大叙事，自下而上看历史”。口述史也把目光从精英更多地投向了普通民众，访谈的范围和视野也向诸多中下层社会群体拓展，包括弱势群体和边缘群体。“口述史的开展，为历史研究特别是当代史的研究，开辟了可以自由驰骋的天地。史学工作者可以从与世隔绝的深院，走向鲜活生动的民间。”[1] 而且口述史的从业人员也大大超出了专业史学工作者的范围，很大程度上打破了专业出身的限制。例如，“到1971年，美国口述历史协会拥有来自社会各界的1400名会员，其中‘有法律系学生访谈法官，有煤矿女工成功地访谈了其他煤矿女工，也有社群成员对邻里进行访谈的’，等等”。[2] 中华女子学院中国女性图书馆培训了一批年轻的学生，让她们去与妇女活动家对话，这批妇女活动家大都是该领域的专家。中国传媒大学崔永元口述历史研究中心的“家·春秋”口述历史计划也是让年轻的访谈员用自己的视角去了解家世、了解世界，其“蒹葭影像计划”——崔永元口述史中心暑期青少年体验营帮助14—18岁的孩子们打开口述历史与影像视野。著名口述史学家唐纳德·里奇认为“口述历史欢迎学界中人也不排斥任何外行生手。任何人经由口述历史课程、研习营或手册的专业训练，都能进行有用的口述历史收集”[3]。

从中国女性图书馆收集的“大众观察”日记来看，“大众观察”活动把目光和视野更多地投向了普通民众，参与者涵盖全国25个省、市、县、乡的学生、公司职员、公务员、自由职业者、农民等，收集的内容涉及他们一天生活的方方面面，甚至包括人际关系的微妙之处和个人感情等个性化的东西。“大众观察”活动不仅鼓励人人书写历史，并且书写的大众历史供大众阅读。其书写主体是大众，其服务主体也是大众，书写的又是大众关注的历

[1] 熊月之：《口述史的价值》，《史林》2000年第3期，第7页，转引自赵丽：《口述史观照下的文史资料及其特性》，载中国政协文史馆编《文史学刊》（第2辑），北京：中国文史出版社，2015，第96页。

[2] 赵丽：《口述史观照下的文史资料及其特性》，载中国政协文史馆编《文史学刊》（第2辑），第86页。

[3] 转引自赵丽：《口述史观照下的文史资料及其特性》，载中国政协文史馆编《文史学刊》（第2辑），第86页。

史，是一种由大众站在个人立场上，通过大众喜闻乐见的话语系统，描述大众自身的事情，并提供给大众阅读的史学形态。这种形态注重流行和实用，突出历史书写者的个人立场和个性化，侧重于民众自我历史思想的表达。所以，“大众观察”日记与口述历史都具有公众史学的来自公众、服务公众、公众参与、面向公众的特点。

3　从口述历史的功能看“大众观察”日记

口述史对“大众观察”日记可以形成参照的另一个方面，体现在功能上，主要表现为以下几方面：

第一，弥补文献资料的不足。

官方文献一般记录的是精英人物、社会上层的思想和意识形态，以及典型的文化特征构成，生活在社会底层的民众的声音很难通过文献资料捕捉到。而口述历史和“大众观察”的资料能够弥补这方面的缺失，它们能够为史学研究提供具有个人体验性的史料。随着时间的推移，它们在某种程度上可以弥补档案等文献资料对历史记载的空白和遗漏，甚至可以澄清某些记载的错误，对其进行辨伪和修正。

第二，促进各学科的发展。

大众史学不仅为历史学的发展开辟了新的研究领域，拓展了研究视野，丰富了史学研究，而且对各学科的发展起了带动作用。在美国，大众史学被运用到民用建筑、医学、园艺学、社会关系、民族学、航空、灾害学、管理学等各个领域。毫无疑问，具有大众史学性质的口述历史和“大众观察”日记同样具有这方面功能。

第三，是一种新的历史教育手段。

作为具有公共历史学性质的口述历史和“大众观察”，由于其“三亲”性的特点，使得资料有趣、鲜活，有人物，有情节，有话语，有情感。相比文献资料，很多细节跃然纸上，更容易为一般民众接受和喜爱。“口述历史”和“大众观察”日记可以让人们在轻松愉快的环境中学习知识，接受熏陶，而且这种潜移默化的方式更易于提高普通民众的历史意识，从一定程度上改变历史研究远离社会的状况，还可以将研究的成果推广到全社会，成为“学院派史学”和现实社会的桥梁。“如此，历史学就从……学者层面走到了……大众层面，变成了大众也可参与的文化活动，成为大众文化的一个组成部分，成为日常生活世界的一个部分。”[1] 如果这些与课堂教育密切联系起来，可以获得非常好的教育效果。

---

〔1〕 钱茂伟：《公众史学的定义及学科框架》，《浙江学刊》2014 年第 1 期，第 86 页。

第四，再现丰富的情感[1]。

口述历史和“大众观察”日记的创作者是各领域的人员，可以让公众（the public）参与到历史的解释中来，赋予他们发出声音和解释历史的机会。而且“小人物”主动参与历史，从平民化的角度切入，打捞历史的碎片和细节，可使历史具有鲜活、生动、具体、贴近生活、靠拢现实的特征。这些“三亲”资料为规模宏大的历史叙事增添了无数细节，赋予历史以鲜活和灵动性，甚至可以提供史实上的“关键情节”和“关键细节”。“正如同我们熟悉地上的林木，却很少知道深埋在地下的根须。口述史为我们暴露了历史事件的‘根须’和‘细节’，从此我们能够认识作为一棵完整植株的全部。”[2]而且涉及人际关系的微妙之处和个人感情等个性化的东西，口述历史和“大众观察”有着文字资料所不及的功用。这些内容丰富的回忆材料正可供治史者考辨之用。

第五，扩大传统的研究空间。

“就最一般的意义而言，一旦各种各样的人的生活经验能够作为原材料来利用，那么历史就会被赋予崭新的维度……这样，历史写作本身的范围就变得广阔和丰富起来，其社会使命同时也会发生变化。简言之，历史变得更加民主了。”[3]不论是口述历史还是“大众观察”，二者都为研究者提供了广阔的研究空间。在普通民众史、社会生活史、妇女史、少数民族史、城市史、社区史、灾难史等日益受重视的今天，它们都为那些原来在历史上没有声音的普通人留下记录，给那些在传统史学中没有位置的事件开拓空间。

4　从资料的真实性问题看口述历史和“大众观察”日记

我们希望所有的历史资料都符合“客观事实”，但无论口述历史还是“大众观察”日记，对历史事件的表述都不可能完全符合客观事实。口述历史是在提问者的参与下，帮助受访者回忆其经历。提问者可以在面对面的交流时，对受访者进行追问，从而尽可能地挖掘出那些提问者不欲为人所知的事情。相比之下，“大众观察”日记由于是记录当天发生的事情，与口述历史相比更接近于真实。但“大众观察”日记在其生成过程中，征集方没有像口述史访谈那样就提问者与原始作者进行更加深入的交流，这使得资料本身的缺陷更加突出：或者主动或者被动地进行剪裁或加工，或者因为涉及隐私而故意隐瞒。而且，“大众

[1] 李慧波：《与“陌生人”对话——北京市婚姻文化（1949～1966）访谈的实践体会》，载梁景和主编《社会·文化与历史的思想交汇：中国现当代社会文化学术沙龙辑录》（第一辑），北京：社会科学文献出版社，2011，第326—341页。

[2] 曹幸穗：《口述史的应用价值、工作规范及采访程序之讨论》，《中国科技史料》2002年第23卷第4期，第337页。

[3] 转引自赵丽：《口述史观照下的文史资料及其特性》，载中国政协文史馆编《文史学刊》（第2辑），第96页。

观察”日记的作者在撰写时，写什么、怎么写，征集方很少介入，而且也很少与撰写者进行直接互动，所以在挖掘深度上不及口述资料。所以，学界逐步形成一个共识，即“对于历史解释和重建来说，记忆的不可靠性可能是一种财富，而不是一个问题”[1]。“当代口述史学家都认为口述历史不仅要尽量客观地描述历史，而且更要发挥记忆的主观性特质，即从历史当事人或者目击者的口中得出对过去更深层次的认识，那就是在历史的背后：人们是怎么想的？人们是如何看待他们的过去的？人们想从他们的过去经历中得到些什么？人们又怎样用过去解释他们现在的生活和周围世界。”[2]这些对我们了解和使用“大众观察”资料是一个启示。

5 就大众史学的缺陷看口述历史和“大众观察”日记

大众史学书写中失范现象比较严重，人们对历史和经典的“敬畏感”逐步被消解。有鉴于此，大众史学要想健康发展，必须提高书写者才、学、识、德等各方面的修养，加强社会担当和政治关怀，增强社会责任感，学习主流史家和精英史家严谨治学的精神，对历史、社会及个人负责，使作品达到学术价值和社会价值的统一。而且公共史学家缺乏专业历史学家系统的历史理论和历史知识的训练，缺乏历史知识的系统性和连贯性。这就要求公共历史学者要有专业的知识、方法和分析能力。这些都是研究口述历史和“大众观察”日记应该引起注意的问题。

尽管存在各种问题，但并不影响口述历史和“大众观察”日记的史料价值和学术价值。经过不断积累，“大众观察”日记一定会成为一个特有的文化现象。如何挖掘和解读其中的意涵，本身就是一个有意义的课题。它不仅为我们深入反思文献的属性和使用方式提供一个良好的范例，而且其需要借助各个学科的知识结构的特性，为我们今后进行史学研究提供了新的机遇和挑战。

总之，口述历史为“大众观察”日记提供了一个值得借鉴的参照系。这种参照清楚地表明，“大众观察”日记是一个极具特色的文化现象，是一个蕴含着多重使用价值的复合体。我们应该深化对“大众观察”日记的认识，在引进和借鉴口述史的理论和方法的基础上，扩大“大众观察”日记的收集途径，深入挖掘其丰富的内涵和价值，进而促进公众史学的发展。

---

〔1〕 转引自赵丽：《口述史观照下的文史资料及其特性》，载中国政协文史馆编《文史学刊》（第2辑），第97页。

〔2〕 杨祥银：《当代美国口述史学的主流趋势》，《社会科学战线》2011年第2期，第68页。

Ⅳ　口述历史实践个案

Oral History Case Study

寻根问祖中的口述史体验

◎曹淑文　曹书元〔1〕

摘　要：

1996年美国三年级小学生带回"家庭树"作业时，文章作者只能回答出四代传承。从1996年至2016年的二十年寻根问祖旅途中，作者姐弟俩以实地拜访、越洋电话采访的方式，聆听家人、家乡人、家族人的口述，寻找父母的家谱及线索。寻根中采用以口述资料弥补遗失的家谱、以旁支家谱补充口述内容、以多途径的口述发现家谱记载的误差、以家谱记载校正口述偏差等方法，从四代传承追溯到父系九十八代线索、母系十六代传承。寻根中还找到了父母两个家族一家亲的史料，了解了具有六百多年传承，有始祖、家谱、家庙、家法的家族村庄。把口述活动用于寻根中，不仅可以受到家德家风的心灵洗礼，还能增强家族责任、寄托血脉归根的情感。把小家庭寻根融入大家族中，可以在更多人参与的口述史活动中，分享寻根成果，承继字辈、家谱等中华文化的精华。

关键词：

家谱；字辈；曹氏家族；常氏家族；滹县曹庄；北京通州尖平庄；口述史；家史资料

Finding Roots through Oral History

◎　Cao Shuwen; Cao Shuyuan

Abstract:

In 1996, a school in the US asked its third-grade students to complete a family tree homework. The authors could only answer to four generations. Two decades since, the authors, sister and brother, interviewed family members, relatives, and hometown residents to collect family history and genealogy. The methods include tracing oral history and relatives' family records; correcting written inaccuracies in family records through interviews. The findings include tracing family history to 98 generations for the paternal lineage and to 16 generations for the maternal lineage. The 15 Chang generations were all from an ancestor who married a wife from the Cao family. The Cao family village is a unique village with over 600 years, 27 generations and 2000 Cao residents. It has its

---

〔1〕 作者简介：曹淑文，美国普林斯顿大学东亚图书馆专业馆员；曹书元，原北京轻型汽车有限公司工人。

own family ancestor, records, disciplines and temple. Through oral history, one can find family roots and traditions.

Keywords:

Genealogy; Generation Name; Cao Family; Chang Family; Caozhuang, Huoxian; Jianpingzhuang, Tongzhou, Beijing; Oral History; Family Archives

1 引言

寻根问祖之旅，大致从二十年前开始。1996 年，在美国上三年级的小学生张晓宇带回“家庭树”作业，询问家中长辈的姓名。那时候，我们还不知道自己的姥姥叫什么名字，不知道自己的曾祖父是谁，也不曾意识到应该寻根问祖。为了回答小学生的作业问题，我们开始聆听父母的口述，记录父母双方家人的情况。父亲曹泽民知道本家支谱已被烧毁，母亲常秀玲不知道家谱的情况。

2001 年，父亲八十大寿时叮嘱子女寻找家谱线索后，我们到父亲和母亲的老家实地采访，并根据家乡人口述及文字记载，编出了曹氏小家庭新家谱。一年之后，表哥常振环编辑了新的常氏本支家谱。

图 1　美国三年级小学生 1996 年做的“家庭树”作业；张晓宇画

2015 年 12 月，中国传媒大学崔永元口述历史研究中心主办了首届“口述历史在中国”国际研讨会，我们提交了《93 岁老父亲的口述史》论文参会。文中有一段记述了与家谱有关的故事。2015 年 10 月，就在论文提交之后不久，老父亲离我们而去，这使得论文成为父亲留下的不可再得的宝贵资料，成为子女思念父亲的永久之作。2013 年、2015 年母亲父亲相继去世后，我们继续与父母的亲朋好友来往，以拜访和打电话的方式，收集、记录家谱和家史资料。口述采访对象从家人扩大到族人、乡人。

2016 年 1 月，从网上看到父亲老家北京市通州区漷县镇曹庄重修曹氏祠堂的消息，我们激动不已。重修祠堂是父亲生前从心底里惦记着的事。与曹庄联系上之后，惊喜不断，家族总谱、支谱如同梦境般重新呈现在眼前。我们从仅知的四代传承追溯到九十八代传承，从一个家庭找到具有六百多年传承，有始祖、家谱、家庙、家法的家族村庄。

2016 年 9 月初，在本文初稿提交之后，表叔常振海告诉我们又发现了一部常氏老家谱。常氏族人据此编印了新家谱。我们从家谱中得到父母曹常二姓一家亲的资料。

感谢崔永元口述历史研究中心。2015 年，口述中心举办的首届“口述历史在中国”国际研讨会曾为我们提供机会，促使我们记录了父亲的口述。2016 年，第二届“口述历史在中国”国际研讨会使我们再获良机，分享寻根问祖中的口述史体验，把小家庭融入大家族中，在有更多人参与的口述史活动中继承中华家庭传统。

2 寻找父系曹氏家谱

2.1 从父亲问起，以口述资料弥补遗失的家谱

父亲曹泽民告诉我们，他是北京市通州区漷县镇曹庄达汉爷的后代。他的祖父曹万宝于 1890 年前后从曹庄入赘到附近的梁家务村。我们这一支属于曹庄的南门。曹万宝支系曾有卷轴式家谱，为万宝长子啓恩（泽民之父）于 1937 年前后从曹庄的堂兄啓昌处抄写，由啓恩收藏。啓恩去世后由其弟啓惠收藏。1987 年啓惠于梁家务去世后，家谱随遗物一起被烧了。

据父亲回忆，万宝之祖父名为如兴，万宝之父的名字为师侃或师董（音），不能确定。本家家谱没了，靠记忆能说到上四辈，能知道始祖已经很难得了。父亲让我们去曹庄打听，看有没有人保留着家谱。曹庄还有一家远房亲戚曹忠志。

图 2　父亲曹泽民在家中聊天；摄影：张晓宇

2.2 以旁支家谱补充口述内容

去曹庄寻找家谱的事，由我们的大姐夫何留锁帮忙联系。他的战友曹文连是曹庄人，文连委托曹家忠询问曹氏家谱的现况，在曹家忠帮助下找到了曹英。2001 年 8 月 4 日，留锁、文连、家忠和笔者二人一起拜访了曹英。曹英

把珍藏的家谱拿出来让我们翻阅、录像，并向我们讲解。曹英说，他的家谱是长门（东门）支谱，不是我们要找的二门（南门）支谱。

图 3　曹淑文与曹氏支谱保存者曹英；2001 年 8 月 4 日，曹庄；摄影：曹书元

虽然我们心中不免有些遗憾，但从这本旁支家谱可以看出，二门从始祖达汉—从义—均泽三世传承的记载可以部分补充父亲的口述。这本家谱于康熙甲午年（1714）至民国十三年（1924）两百多年间九次修谱序。从序中我们得知，曹庄始于元至正十年（1350），始祖曹达汉是宋武惠王曹彬的十二世孙。达汉爷后代补泮庠博士弟子员者不绝，世守诗书。家谱中还记载着家法八条，告诫族人敬守身体、勉力学问、严择师友、肃治闺门、慎重葬祭、谨择婚姻、善恤族人、勤治本业。看到明文记载的家法、家规、家史，心中充满归属感、亲切感，对保存家谱的功臣曹英充满敬意。

2.3　以远亲口述印证本家传承

图 4　笔者与曹庄亲友合影，2001 年 8 月 4 日曹庄；后排左起：曹淑文、曹文连、曹晓庚、曹家忠、曹书元；前排左起：赵亚林、曹忠志、曹晓竹（及其子）、谭淑琴；摄影：何留锁

离开曹英家之后，我们又去了远房亲戚曹忠志家。在曹庄，曹忠志家是和我们血缘关系最近的一家。他家里没有家谱。曹忠志向我们讲述了他记忆中的家庭传承。曹忠志家曾经保存有祖牌，祖牌上写的是“曹如旺”。根据曹忠志口述，我们列出了两家的传承图。

从曹泽民及曹忠志的家庭传承图中可知，两位口述者在不同时间、不同地点所回忆的第十六世至二十世的字辈完全相同，都是“如、师、万、啓、泽”，他们的口述内容可以相互印证。

2.4　编纂新本支家谱

父亲的口述、曹英的家谱、曹忠志的口述为我们编纂新本支家谱提供了依据和线索。我们和姐姐淑珍、淑琴采访了祖辈、父辈、同辈的家庭，登记生/卒、属相、婚姻、学业、工作、住所，在 2001 年 8 月编纂了以曹万宝为始祖的《梁家务曹氏支谱》。新家谱将万宝后代，不论男女，一一列入；将曹英家谱中的序及家法八条收录其中；还将曹忠志家庭传承附录于后。这次家谱修订，距 1937 年曹啓恩从曹庄抄写家谱已有六十多年。新家谱的编纂，既在一定程度上满足了父亲的心愿，也让我们体会到家庭的使命和责任，受到家德家风的心灵洗礼。

3 曹氏家谱再发现

2001 年 8 月我们去曹庄时，只找到了曹英收藏的长门家谱，没有找到记载自家二门（南门）这一支的家谱。2001 年在编纂了以太爷曹万宝为始祖的《梁家务曹氏支谱》之后，我们仍留意与曹氏家族有关的信息。

2016 年 1 月 5 日，曹书元偶然从“曹氏家谱文化网”上看到曹庄村民曹海军提供的文章，介绍北京市通州区曹庄曹氏祠堂开始复建，2015 年重新开放。父亲生前惦记着曹庄祠堂的事，但不知道祠堂已经复建。父亲离世两个多月后，我们才得知复建的消息，感慨万千。按文章提供的联系方式，我们立即打电话联系曹海军。同时还通过通州文化委员会、曹庄村委会，与曹庄负责人曹辛宇取得了联系。这时曹庄正在筹备 2016 年清明祭祖活动。曹庄族亲为我们提供了大量家族史料，其中就包括曹氏家谱。

图 5 《漷县曹庄祭祖纪念册》封面
2016 年 3 月编辑

3.1 在祭祖活动中收集整理家族史料

北京市通州区漷县镇曹庄村，以北宋开国名将曹彬的第十二世孙曹达汉为始祖。曹庄从元至正十年（1350）由北京安定门迁此建村，到 2016 年已有 666 年历史。曹氏家族在这里繁衍了二十七代，至今约有 2000 名曹达汉的后代居住在曹庄。曹庄有家庙，也称曹氏祠堂。曹氏祠堂在乾隆年间重修，并立碑记重修事。族人曾每年举行清明节祭祖活动，祭祖传统一直延续到民国初期。从 2014 年至 2015 年间，多年失修的祠堂由北京市政府出资 600 余万元重修，停办了近百年的曹庄祭祖活动得以恢复。

2016 年 1 月 27 日“漷县曹庄 2016 年祭祖”活动通知发出后，曹姓族人奔走相告，族外人士倾力帮助，大家以各种方式奉献、参与，我们也加入到曹庄祭祖活动筹备中。一件件家族珍宝——曹氏总谱、支谱及画像如同梦境般地呈现在眼前，奇迹般地保存在曹庄村民曹文德、曹英、曹安、曹月清、曹松林手中。有了这些功臣历尽艰辛、执着的守护，我们才得以寻根溯源。曹辛宇、曹国虎、李福和每星期都与曹淑文通越洋电话，讲述曹庄历史，提供家谱、家史图片及文字资料；曹书元多次从城里赶到曹庄参加祭祖筹备会，收集家族史料，拍摄祭祖活动影像；曹庄祭祖，有500多人捐款。感人的故事说不尽，应该感谢的人也难以一一列出。

在2016年1月至3月的三个月时间里，我们与家乡人一起编印了40页的《滳县曹庄祭祖纪念册》，在清明祭祖时发送给来宾。2016年底，在《滳县曹庄祭祖纪念册》的基础上增订了100页的《滳县曹庄》，将其印制并发送给村民及贵宾。《滳县曹庄》介绍了曹庄始祖和新铸造的始祖铜像；考证了家祠的建造重修；解读了祠碑内容；收录了家法八条及订立者画像；给《曹氏源流志》和历年所修家谱序加上标点；考证了家谱、祠碑所记历代先贤，核对其任职地方志中的相关记载，理清世系及功绩，按年代排列成含有130多位人物的"曹氏先贤表"。另外，《滳县曹庄》还包括了曹庄文物、祭祖仪式、捐款表、致谢表。我们在编辑整理中发现，像曹庄这样历史悠久、底蕴深厚、多方面呈现家庭文化传统的村庄已难得一见。作为曹氏后人，能够享受先祖留下的家族文化，收获家族史料，我们心中充满了感恩。

3.2 家谱与口述相互再印证

祭祖活动一结束，村里就着手筹备续修新家谱工作，委派曹竹堂负责，我们参与其中。曹竹堂的先辈中有多人修过家谱。曹竹堂多年来留心收集家谱信息和资料。在竹堂老叔的帮助下我们看到了更多的家谱内容。

2016年从曹庄再发现的家谱有四部，加上2001年已知的曹英藏谱，曹庄共保存着五部家谱：曹文德藏总谱一部；曹英、曹安、曹松林藏长门九世曹大儒后代支谱各一部；曹月清收藏的二门九世曹弼后代支谱一部。四部支谱没有五世以下我们这一支的记载，总谱中有长门、二门、三门的记载。

逐页翻阅比对这几部家谱，我们被深深地震撼了——一个小小的村庄，竟存有五部家谱。小村庄的一名村民，历尽艰辛承担着守护家族文化的使命。每一部家谱背后都有感人的故事。曹文德手中的《曹氏总谱》在动乱中，险些被焚毁。一位干部提醒说："这是你们曹家的，还不收起来。"就这一句话，保住了曹庄从元代的1350年至民国二十六年(1937)近六百年中二十一个世代的传承记录，也保住了我们小家寻根问祖的脉络。

图 6　曹庄家谱保存者(从左至右):曹文德、曹松林、曹英、曹安、曹月清;摄影:曹书元

根据父亲口述,父亲的太爷是师侃或师董,为始祖曹达汉第十七世孙,太爷的父亲是如兴。2016 年 3 月初,曹书元在总谱中看到了如兴,在如兴之下有师侃、师甫,没有师董。我们曾猜测“甫”字,或许是“董”的笔误,但没有任何依据。2016 年 3 月 5 日,书元兴奋地半夜打越洋电话告诉淑文:在总谱中终于找到了“师 dong”。原来,“侗”与“董”同音,父亲口述时说的“师 dong”,我们笔记下来写作“师董”,就一直按着“师董”去找,遍寻总谱支谱都未找到。原来家谱中记的“师侗”就是我们要找的“师董”。这一发现令我们激动不已,近二十年的寻根心血终于有了结果。

图 7　耳聋的曹淑珍(左)在女儿王怡(中)的转述下回答口述提问,与曹泽亮(右)一起帮助解开了《曹氏家谱》中记载之谜;照片提供:王怡

几天之后,我们再一次仔细查看总谱,发现口述内容与家谱不吻合。家谱中的“师侗”和“师宪”既不是在父亲口述的“如兴”名下,也不是在曹忠志口述的“如旺”名下,而是在三门的“曹诤”之下。

带着家谱记载中的这些疑问,我们再次寻求亲戚的口述帮助。淑文于 3 月 27 日通过越洋电话采访了与父亲长年来往、与父亲同一老太爷的曹淑珍、曹泽亮姐弟俩。

淑珍老姑头脑清醒但耳聋。淑珍的女儿王怡协助大声转述提问，再一句句转述答案。淑珍说：她老太爷叫师董，每年清明祭祖的包袱皮上写的是“师董”，没写过“侗”，不知道有师侃、如兴、如旺、曹诤；她听说过曹晓伍立功，但没听说过三门曹晓伍的后代；咱们是南门（二门）没错。师董娶过两房，大房生的曹万全（她的爷爷），二房生的曹万宝（笔者父亲曹泽民的爷爷）。师董有点文化，在豫王府当过厨子和管帐的。淑珍的太爷师董与曹忠志父亲的太爷师宪是叔伯兄弟（即如兴、如旺是兄弟）。

泽亮叔告诉我们：他小时候冬天给逝去的长辈烧包袱、送寒衣，从北京“寄”出的包袱上写的是“烦阴差寄往通县东南曹家庄”，包袱上写过“师 dong”，但是哪个“dong”记不清了。他母亲说过“师 dong”是南门的，忠志的父亲泽恒也说过是南门。没听说过如兴、如旺。

我们还把 2001 年曹忠志的口述又听了一遍。曹忠志没提曹诤，他清楚地说他的祖上叫如旺，他们祭祖的包袱上写的是“如旺”。

综合泽民、淑珍、泽亮、忠志四人的口述可以确定，“师 dong”、师宪是叔伯兄弟，如兴、如旺是兄弟，他们都属于二门。从总谱看，二门十六世是如字辈，三门十六世是言字旁辈。这可印证如兴、如旺的后代属于二门，不属于三门。

那么，属于二门如兴之子的师侗、如旺之子的师宪怎么会列入了三门曹诤名字之下？本是兄弟的如兴、如旺，怎么会列成了相隔四代的远房堂兄弟呢？

从家谱的版面来看，如兴、如旺与曹诤在家谱中位于同一版面，在同一版面抄写串行出错的几率比在不同版面串行的几率要高；从笔体、墨色看，十六世的如兴如旺、十七世的师侗师宪为后人续写，与之前的内容不是同时写成、不属同一底稿，容易产生误差；从续抄人来看，总谱按各支谱报上来的内容统一抄写，抄写人不熟悉各家人的实际传承情况，对所抄人名没有接触体验，即使抄串行也不易察觉和纠正。我们在不同版本的“曹氏统宗图”也发现了类似错位例子。

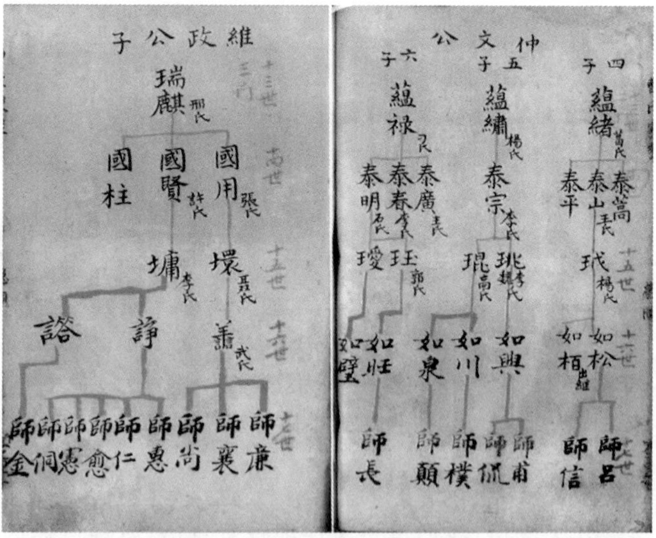

图 8 《曹氏总谱》中相连的两页，二门“如兴”名下有“师甫”“师侃”，无“师董”；“如旺”名下有“师长”，无“师宪”；三门“诤”名下有“师宪”“师侗”等。取自曹文德藏谱

把口述内容与家谱比对印证，

二门十六世“师”字辈中，“侗”与“仁”“侃”“信”是单人旁，家谱中写的“侗”，比口述中说的“董”更可靠。“兴旺”为一词，如兴是兄，如旺是弟。家谱中本是兄弟的两个名字，相隔两行，没有列在同一父亲名下。老大如兴位于家谱右侧，符合一般位置，比位于三行以后的“如旺”的位置更可靠。

基于以上分析，采用家谱、口述、再家谱、再口述相互补充印证的方法，我们理出了小家庭以曹达汉为始祖的二十二个世代的传承脉络。

3.3 从《曹氏源流志》《曹氏统宗图》上溯远祖

曹庄家谱再发现，不仅帮助我们理出了小家庭以曹庄曹达汉为始祖的二十二世传承脉络，而且还帮助我们上溯曹达汉以上的远祖。曹文德所藏《曹氏总谱》、曹月清所藏《曹氏族谱》，载有《曹氏源流志》和《曹氏统宗图》，其中记录了从公元前1000多年周文王第十三子曹振铎开始，至元朝初期曹煜居于北京安定门止，涵盖2000多年的曹氏传承。

《曹氏源流志》未署年代及作者。《曹氏源流志》共14页，《曹氏统宗图》共10页。《曹氏源流志》以文字叙说，《曹氏统宗图》以图的形式排列，二者内容大致相应。《曹氏源流志》以“X世”表示中间省略的名字，可从《曹氏统宗图》里找出。如：《曹氏源流志》中“越三世，恤公”，可从《曹氏统宗图》“子臧”与“恤”之间找出“良”“沐”。《曹氏源流志》包括名字、谥号、大致生活时期、任职、功绩、迁徙、娶妻姓氏、兄弟排行等内容。《曹氏统宗图》包括名字、谥号、任职等内容，以红线连接父子传承。从曹振铎至曹煜共74位人物之间，只有曹松/棋与曹全晸之间未以红线相连。

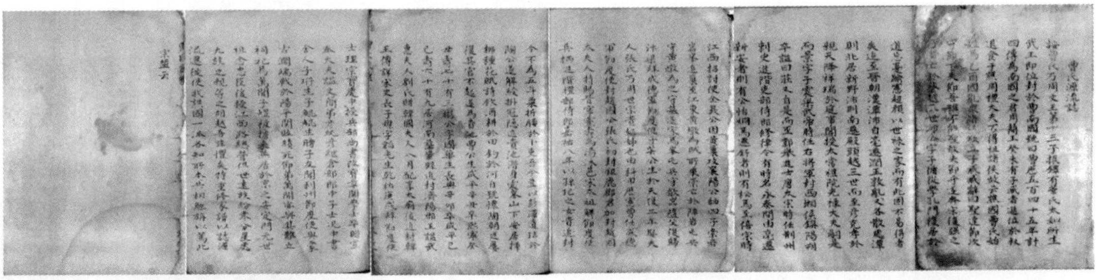

图9　曹庄曹文德藏《曹氏总谱》中《曹氏源流志》选页：节选自曹振铎、曹全晸、曹彬、曹煜相关页

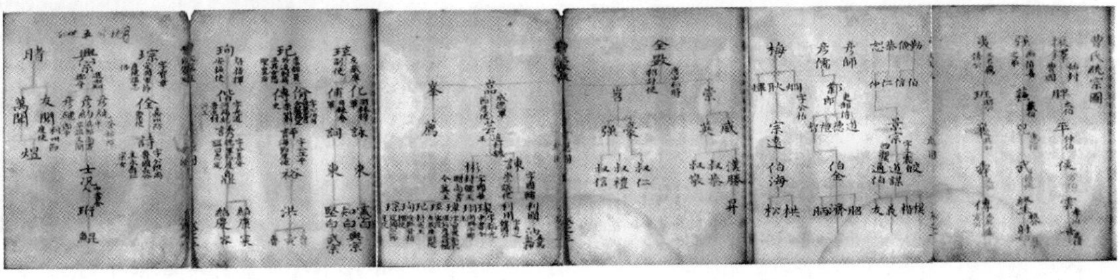

图10　曹庄曹文德藏《曹氏总谱》中《曹氏统宗图》选页：节选自曹振铎、曹全晸、曹彬、曹煜相关页

黄帝…周文王→振鐸→脾→平→侯→雲→喜→强→蘇→兕→武→終生→射姑→夷→班→襄→壽→傳→子臧→良→沐→卹→軫→商→越→參→峀→奇→時→襄→密→曾→充→褒→庸→勝→鸞→休→宅→潭→季銅→仕良→彥→恭→仲→景宗→通伯→義→彥儒→鄰→智→伯全→濟→梅→耿→宗遠→伯海→松/栱——?? 全晸→崑→芸→彬→玹→俌→詞→東→知白→興宗→彥約→士況→珩→鯤→睹→萬聞(友聞兄)→煜/?? 曹達漢→從義→均澤→大公→武→通→本→文仲→大登→涑→三聘→仲文→蘊綉→泰宗→珧→如興→師侗→萬宝

图 11　笔者所列的《家庭传承表》：二十年寻根问祖的收获

问号表示存疑，加下横线的表示 2001 年所知的先祖，其余为 2016 年所知

根据曹庄《曹氏总谱》中的《曹氏源流志》《曹氏统宗图》上溯远祖，再把曹庄始祖曹达汉至家中二十二世的传承相连，我们列出了小家庭传承表（见图 11）。

1996 年，我们只知道家中的四代。2001 年编制《梁家务曹氏支谱》时，我们知道了家里七代传承，知道了祖先中有曹振铎、曹参、曹彬、曹达汉。到 2016 年，我们不仅知道了从曹庄始祖曹达汉至今家里二十二代传承，还知道了从曹振铎至曹松/栱，从曹全晸至曹煜的传承。据此制作的《家庭传承表》，包含了大约九十八个世代，时间跨度超过三千年。这是我们二十年中对父系家族寻根的收获。

4　寻找母系常氏家谱

4.1　从母亲常秀玲问起，以家人口述作为最初线索

母亲常秀玲告诉我们，她是北京通州尖平庄人，父亲叫常锡福，母亲姓高。没听说过家里是否有家谱。女孩子嫁到婆家后就不怎么过问娘家的事了。家里有三个弟弟。弟弟的后代在尖平庄。

尖平庄，当地口语把“平”字发成“mo”音，听起来像是“尖么庄”。尖平庄在 1949 年以后分为前尖平和后尖平两个村庄。母亲家族住在前尖平。

2001 年 8 月 12 日，我们来到尖平庄表哥常振贺家。常振京也来到振贺家。作为常锡福长孙的振贺的家里还保存着供奉用的牌位。牌位上写的名字是“常瑗”。据此可知我母亲是常瑗的后代。常瑗家没有家谱。振贺特意请来了远房亲戚常振起为我们口述常瑗一家的传承。

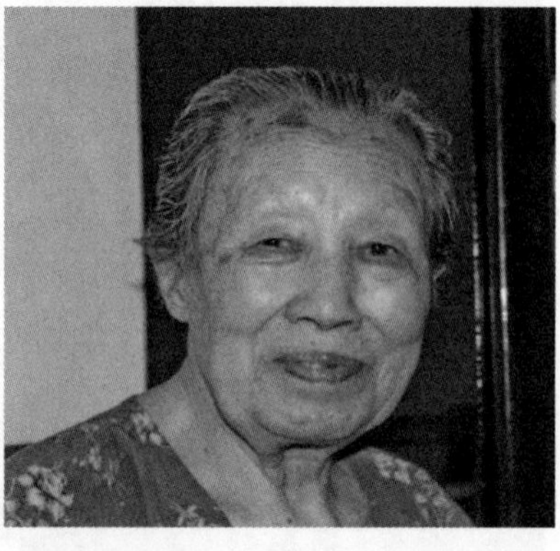

图 12　母亲常秀玲在家中聊天；摄影：张晓宇

4.2 以远房亲戚口述弥补遗失的家谱

我们向常振起询问：听说尖平庄常姓是明代开国将军常遇春的后代？振起表示没有听家人说过。据振起口述，常氏家族在尖平庄已居住两百多年了。

常瑗的祖上有常有功，祭祖时往阴间送的包袱皮上写的便是"常有功"。常有功祖上的墓碑是从曹庄拔来的。村东头那边的祖先是常守伦[音]，他祖先的墓碑也是从曹庄拔来的。常有功和曹家具体是什么关系说不好了，算是老表亲了。家里原来有个大厚本子的家谱，后来没了。

振起的爷爷叫常锡山，他的四爷叫常锡田，同辈里还有叫常锡瑞的。振起的太爷和常瑗同辈，他们一共九个兄弟。振起的太爷行三，常瑗行七。常瑗的哥哥们还有叫常璄[音]、常环的。七爷常瑗的妻子姓徐，娘家在大辛庄。这与常振贺家保存的两个祖牌上写的常瑗和徐氏相符。常瑗是赶大车的车把式，有三顷地(1 公顷＝15 市亩)，听说还养大骡子，连骡子带马有五六匹，算是富裕户。字眼儿不怎么样，文化不高。

图 13　常振起口述家庭传承，曹淑文记录；2001 年 8 月 12 日尖平庄常振贺家；摄影：曹书元

振起的口述使我们得以知道母亲常姓家族中的同辈、父辈、祖辈、太祖辈。常瑗有四子，第四子锡福娶高氏，生女常秀玲(笔者之母)。在常瑗两个孙女的大排行中，母亲行二。以前常听别人管我们的母亲叫二姑或二姨。听了振起的口述，才知道这都是按常瑗一爷之孙大排行的顺序来称呼。振起已在几年前离世，感谢他留下了供我们上溯家传的珍贵口述。

图 14　尖平庄常氏老家家谱保存者常振海；摄影：曹书元

4.3 从旁支家谱找出始祖、字辈及世系

2001 年 8 月 12 日，我们还去了远房支谱保存者常振远家，去了我们的表叔常振海家。振远是振海的堂哥，振远所藏家谱也是振海的家谱。感谢振远允许我们拍摄家谱。2008 年振远去世后，家谱由振海保存。这本家谱于民国十三年(1924)修谱序，1951 年续修题记。1924 年序中记载着上一次的修谱是清咸丰十一年(1861)。

这本旁支家谱以常文学为始祖，从始祖至十四世，字辈整齐有序。我们从中找到了振起提到的常瑗先祖常有功的名字。常有功在谱中所列为七世“有”字辈。常文学—常江—常应举—常自贤—常大经—常国福—常有功，从始祖到七世，传承清晰可溯。这部家谱记载的是常有权一支，没有常有权同辈人的传承，也没有常有功的后代传承。

振起口述的我们母亲常秀玲家的传承，与家谱所记常振海家的传承，有五代人的字辈完全相同，均为：王字旁—锡字—木字旁—振字—元字。字辈相同，世系也就相同。由振海家的世系，可推知出常秀玲家同样字辈的第十至十四世。

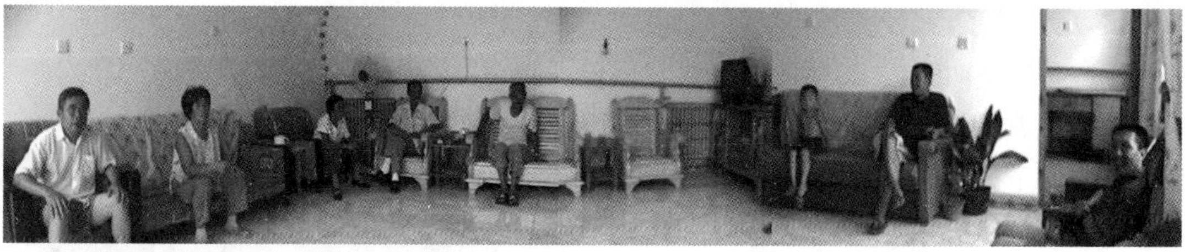

图 15　在尖平庄常振海家聊家谱，2001 年 8 月 12 日；据曹淑文摄像剪辑
左起：常振海、邱达敏、邱达芬、刘增顺、常振远、常万方、常振京、曹书元

这样，常秀玲家的始祖至七世，十世至十四世都已知，只有第八世、第九世尚未知。母亲是尖平庄始祖常文学的十二世孙女，我们是常文学的第十三世外孙子女。这是口述史资料与旁支家谱参照比对后的收获。

4.4　从新修常氏支谱中获取资料

2001 年从曹庄、尖平庄访问回来后，书元向远房老舅常橧（福瑞）作了汇报，分享我们收集到的尖平庄常氏资料及新编的《梁家务曹氏支谱》。

老舅常福瑞怀有极强的家族使命感，他的长子，即常瑗玄孙常振环也深感编写常姓新家谱责无旁贷。福瑞老舅及振环表哥专程从洛阳来到北京尖平庄老家，召集亲属开会讨论，征集资料。经过一年多的辛勤努力，于 2002 年 8 月完成了《北京市通州区漷县镇前尖平庄常氏支谱》，并寄给曹书元、淑文。

图 16　常橧（福瑞，右）和常振环（左），2002 年常氏家谱编修者；照片提供：常绍兰

这部新家谱记录了从始祖常文学到十世常瑗的纵向传承，记录了常瑗及其后代的纵横关系，为我们提供了大量资料。比如：振起口述中未提及的、根据福瑞老舅的口述补充的第八世常舜和第九世守伦［音］。这就使我们得到了母亲家庭从始祖至十六世的完整传承脉络，列出了我母亲常秀玲及福瑞、振海三家的传承表。

5 常氏家谱再发现

2016 年 9 月 3 日，本文初稿提交之后，表叔常振海告诉我们，常家又发现一部老家谱。这部家谱于清嘉庆和咸丰年间两次修谱序，以常文学为始祖，是包括尖平庄常姓及外村常氏族人的总谱。常振海和几位常氏族人，根据老家谱，收集新资料，编印了常氏新家谱。这一老一新家谱提供了大量资料，使我们得以在 9 月 27 日向第二届“口述历史在中国”国际研讨会提交终审稿之前纠正、补充本文。

5.1 以再发现的家谱校正口述偏差

2001 年我们所了解的本支常氏传承来自常振起等的口述和常振海所藏的旁支家谱。2002 年常振环编写的新家谱也是取自同样的来源。2016 年再发现的常福海所藏总谱，详细记载了本支的上下传承、娶妻生子、兄弟排行。下表中的黑体字来自口述资料；加下横线的字来自老家谱。可以看出，家谱的文字记载可以校正口述的偏差，使寻根结果更趋近原貌。

图 17 常振海(左)、常福海(中)、曹书元(右)
在常福海家看《常氏家谱》，2016 年 10 月 3 日；摄影：常万方

表 1 口述与家谱差别比较表

	七世	八世	九世	十世名字大排行
2002 年据口述编家谱	有功、有**维**	**尧舜禹汤**	**守伦、守敬**	**守伦子**：环(二)、**璄**(五)、**璐**(六)、瑗(七)、**不详**(九)； **守敬子**：琏(大)、**巧**(三)、珮(四)、**不详**(八)
2016 年发现的老家谱	有功、有为	舜、发	守经、守纶	守纶子：琏(大)、璩(三)、珮(四)、琎(八) 守经子：环(二)、璥(五)、玢(六)、瑗(七)、瑆(九)；

5.2　以口述征集常氏族人现况

2016年发现了常福海所藏老家谱后，新修《常氏家谱》由常绍贵主编、常绍如编辑、常振海执笔、常万旭印刷，于2016年8月完成。他们把口述征集到的常氏族人现况，续写在老家谱之后。几位编修人走村串户，做口述记录，缜密核对，得到常绍刚、常永春等人的大力支持。

知张各庄、闫庄已无常姓，辛集、北张各庄、坨子庄有常姓，而家人不知其宗出处。唯曹庄应举公后人有谱可续，大沙河常姓系曹庄大纶公后人，始祖坟立于永乐店东张各庄，三世祖应举公由张各庄迁于曹庄，六世祖国福、国禄二公由曹庄迁至尖平庄，余者于曹庄居住，另有一支迁往闫庄立祖觅子店。应举公生三子：大纶、大纬、大经，大纶公曹庄立祖，大纬公后人迁往曹店，大经公后人迁往尖平庄立祖。（选自2016年《常氏家谱》序）

舜公子
守綸
娶李辛莊李氏本旺公女
生子璦
繼娶蕭莊張氏生子 長璬 次玢

图18　常福海藏谱，舜公子下，记载守纶之子瑗；瑗为本文作者太姥爷

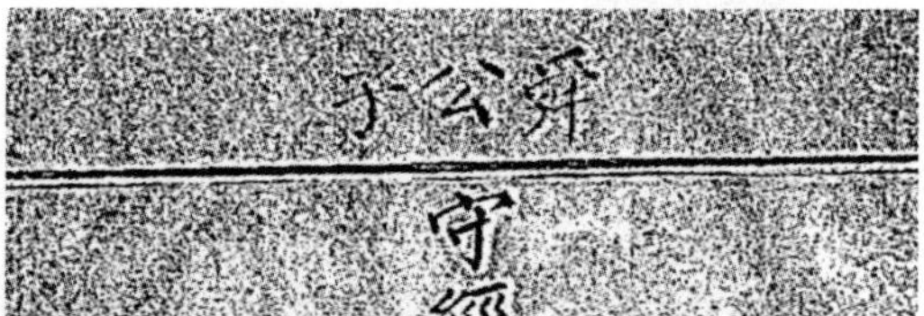
舜公子
九世
守經
娶高莊王氏生子 長璉 次珮
十世
璉
珮

图19　常福海藏谱，舜公子下，记载修谱人：守经、琏；琏为本文作者堂太姥爷

这部总谱距上一次总谱的编修已有七十余年，一些常氏后人已无法在谱中不间断地续上。这些人在新家谱中按照已知的先人分组、按辈排列。这部在老家谱的基础上添加族人现况的家谱，回答了尖平庄以外是否有常文学后代等很多疑问，纠正了关于尖平庄居住常大纶、大纬、大经后代的误解，使我们明白了常氏亲戚与我们的血脉传承关联。

5.3　从口述、家谱相互参照中获取珍贵信息

从口述中得知的人物，我们会在家谱中寻找其位置。对于家谱的序作者，我们也会寻找其在家谱中的排列位置。比如，常福海所藏家谱中，咸丰十一年(1861)的序作者是常茂。而在家谱中没有"艹"字辈，也没找到"茂"。仔细查看后，在十世"琏"下，看到了这样的注解："琏，榜名茂，字骏功，号驿亭，咸丰己未(1859)科文生。"

常茂(琏)在序中说："吾家之谱历有年所矣。自嘉庆丙子年重修于前，迄于今卅六年矣。吾父守经与合族人等虑久而失序也，于是命吾作序。吾辈即侥幸成名，正当明纲常，使合族子弟咸奋志读书……吾祖之世系，迨杳不可考矣。所可考者则始于文学公是也。自文学公而后，大率皆以耕种为本。吾父独以诗书垂训。"

从常茂(琏)序中可知，始祖常文学以上的世系已不可考。自常文学后，大多以耕种为本，只有常守经和常茂(琏)读书成名。他们父子俩是咸丰十一年(1861)家谱的编修人。

常琏是我们从口述中听到的名字，常守 jing［音］也是从口述中得知的名字。从这本家谱可以确知，常琏是我母亲的爷爷常瑗的堂长兄，常守经是常瑗的伯父。也就是说，常氏一百五十多年前的老家谱和这篇 1861 年详述常家往事的家谱序，就出自我们上三辈的堂太姥爷之手。这一发现让我们在寻根中增加了对家的亲近感，感受到家风、家训就在如此之近的家人言行中。"使合族子弟咸奋志读书"的教诲留在家谱里。这本老家谱，把我们从寻根的荆棘小道上带出，揭开了众多谜底，其中包括曹常一家亲的记载。

6　曹常一家亲

在寻找父系、母系家族传承中，我们还有意外的收获和惊喜，那就是曹常一家亲。我们不仅从曹氏家谱中看到了常姓，也从常氏家谱中也看到了曹姓。

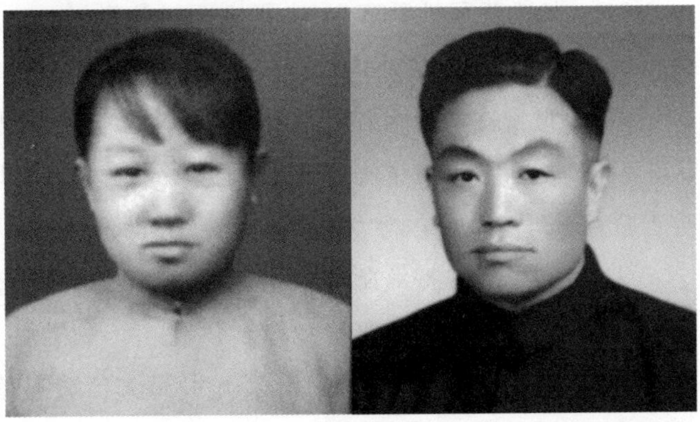

图 20　梁家务曹泽民(祖籍曹庄)娶尖平庄常锡福之女常秀玲(此图为笔者父母)

6.1 从曹常两氏家谱序看两家关联

《曹氏家谱》有常姓人作序，有常姓人帮助缮写；《常氏家谱》有曹姓人作序，有曹姓人帮助缮写。

曹庄曹英所藏《曹氏家谱》有光绪戊申年(1908)常瑜序。序中提到："有达汉公二十世孙汝忠汝翼等抱谱求予，予以为常之族与曹之族本世为婚姻，直不啻朱陈二姓，也能不应其求乎？但予也，年过半百，笔墨久以荒疏，因其求之诚，遂不揣陋劣，竞为之依样而画葫焉。自仲春执笔而书，阅一月而眷录，甫竣遂为之序以志不忘云尔。"这就是说，曹庄始祖达汉公第二十世孙曹汝忠、曹汝翼手持家谱求常瑜帮忙。常瑜认为常曹二族如同朱陈二姓世为姻亲，怎能不答应曹家所求？所以常瑜花了一个多月的时间眷录曹氏家谱，并为曹氏家谱作序。

曹英所藏家谱在民国六年(1917)的序后记有四位缮写人，其中有常姓家族的常棣荣。

常福海所藏《常氏家谱》，有嘉庆二十一年(1816)曹谡序。序中提到："常氏一族，自应举公与余先世谊属甥舅，故购庐与曹家村焉……余之表兄名昭者，痛以往之难追，惧将来之失序，谋诸族人，欲修理家谱，族人皆为然。不数日，谱成。嘱余作序。"从曹谡序可知，常氏嘉庆时修谱人常昭与曹谡是表兄弟，请曹谡为常氏家谱作序。

常福海所藏《常氏家谱》还有嘉庆二十一年(1816)曹玉如(润章)序。序中提到："余表兄常氏名昭者，其先代三世之高祖母，即余曹氏之高祖姑母也。至今比闾而居，世为昏媾，故因而序之，且嘱子执爻为之眷写一二册。"从曹玉如序可知，曹玉如与常昭也是表兄弟。曹玉如之子曹执爻是嘉庆年《曹氏家谱》的眷写人。

我们在常福海藏《常氏家谱》中看到常昭属于居住在曹庄的常大纶一支，我们在曹安藏《曹氏支谱》中也找到了曹润章。常昭所修《常氏家谱》当时是在曹庄完成的。

6.2 从常氏居地看曹庄、尖平庄两村关联

2001年，常振起口述中提到，尖平庄先祖的坟是从曹庄拔来的。常振元/振海所藏家谱记载，一世常文学为张各庄坟始祖，常文学娶张氏生二子，长子江，次子海；二世江娶张氏生一子应举；三世应举娶曹庄曹氏生一子自贤；四世自贤为曹庄尖平庄老坟始祖，自贤娶曹氏生三子，长大纶，次大纬，三大经；五世大经，为尖平庄新坟祖招魂葬。

尖平庄常振远/振海所藏家谱有民国十三年(1924)序。序中提到："今聚族人锡寿、龄，锡祥、庶共议总谱，实难接叙，欲修新谱，不料曹庄第五世祖大纶大纬二公之后嗣一心不齐，未能一致。遂另分一支，由第五世祖大经公另修一支谱。"从序中可知，原本计划修总谱，可是曹庄五世祖常大纶、常大纬的后代心不齐，所以常振远/振海手中的支谱只包括了常大经一支。

从常振远/振海所藏支谱，我们还不明白常自贤被称为“曹庄尖平庄老坟始祖”的含义，不明白“五世大经，尖平庄新坟祖招魂葬”的含义。误以为常自贤的三个儿子大纶、大纬、大经都迁到尖平庄。

2016年常福海藏谱的发现解开了我们的疑惑。在常福海藏谱中，地名用的是渐平庄，不是尖平庄。或许尖平庄是由渐平庄简化而来。这本家谱中有常氏祖坟图，表明在曹坑西，坐北向南。大纶、大纬、大经都葬在曹庄。自贤的儿子分别居住在曹庄、尖平庄，均以自贤为坟祖，所以在家谱中“自贤”下标明“曹庄尖平庄老坟始祖”。大经的遗骨在曹庄不在尖平庄，所以在家谱中“大经”下标明“尖平庄新坟祖”。坟图中还标明大经后代、作者母亲爷爷的爷爷、八世祖常舜也葬在曹庄。

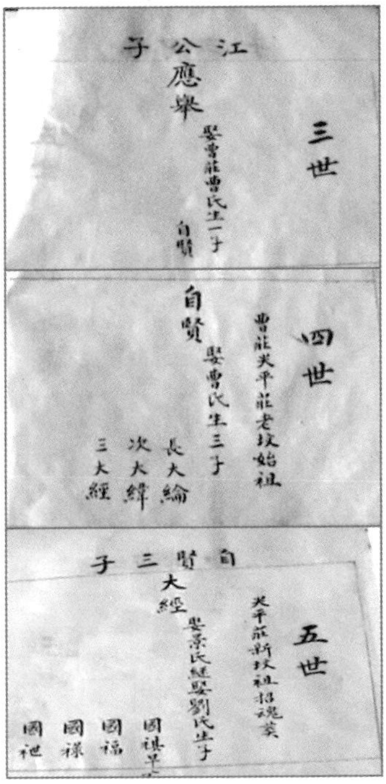

图21　尖平庄常氏三、四、五世与曹庄曹氏关联；取自常振海藏谱

大经的后代居住在尖平庄，大纶、大纬的后代居住在曹庄。2016年常氏家谱执笔常振海是居住在尖平庄的大经后代；家谱保存者常福海是常大纬的后代，由曹庄迁到曹店；家谱主编常绍贵、编辑常绍如是常大纶的后代，居住在曹庄。巧的是，这几位常氏族人与笔者都是曹常通婚的后代。

常大纶、常大纬、常大经这三位兄弟的父母、祖父母都是常、曹二姓结亲。

6.3　从常氏家谱及口述看曹常姻缘

曹庄曹氏家谱记载了娶妻姓氏，未记妻子娘家村名及父名。尖平庄常氏家谱不仅记录娶妻姓氏，而且还有妻子村名及父名。这样，我们就可以查看常曹通婚的更多信息。这些信息与口述资料一起帮助我们知道了父母及亲属中曹常通婚的情况。

据振远/振海所藏家谱记载，三世常应举、四世常自贤娶曹氏为妻，尖平庄常姓后代是常曹两族通婚的后人。家谱所记的十五代人中，三世、四世、九世、十一世、十二世、十三世、十四世都有娶曹氏为妻的。在第十二世常柏名下，我们看到了这样一句话：“柏　娶梁家务曹氏万宝公女。”

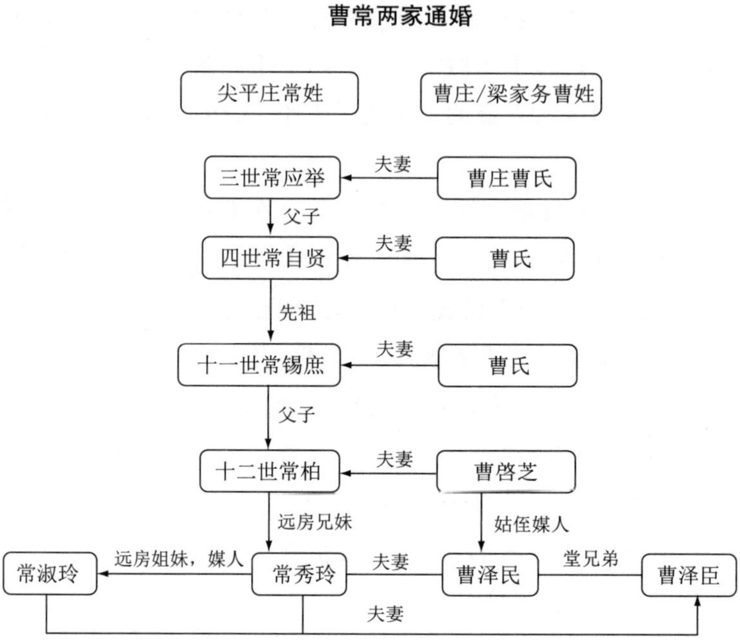

图 22　曹常两家通婚图

据笔者父亲曹泽民口述，梁家务曹万宝是其爷爷。曹万宝在曹庄出生，因家里贫穷，于 1890 年前后由曹庄迁到梁家务。曹万宝次女曹啓芝嫁给了尖平庄常柏。常柏的父亲常锡庶的继妻也姓曹。曹啓芝做媒，促成了尖平庄常锡福之女常秀玲与梁家务曹啓芝的侄子曹泽民结婚。我们父母曹泽民、常秀玲于 1940 年结婚，老两口婚后一起生活了七十三年，双双高寿至九十多岁。

常秀玲嫁给曹泽民之后，又做媒把尖平庄的远房堂妹常淑玲嫁给了曹泽民的堂弟曹泽臣。曹万宝一共有四个孙子，按一爷之孙大排行，曹泽民老大，曹泽臣老三。四个孙子中有一半人娶的是尖平庄常姓妻子。常秀玲、常淑玲在尖平庄是远房姐妹，嫁给曹氏后做妯娌。她们如同亲姐妹般关系融洽，视对方子女为己出。

常秀玲、常淑玲虽然没有再为下一代做媒，但她们的亲戚分别有常曹二家通婚的。在写作本文、整理曹常两家通婚图时，我们才意识到，来往多年的常家一爷之孙亲戚，竟巧妙地与我们在曹庄新结识的曹家人也是近亲。

7　结语

7.1　寻根收获及口述对象扩展

二十年寻根问祖中，收获不断。我们追溯到父系曹氏九十八代传承，母系十六代传承；找到了五部曹氏老家谱，两部常氏老家谱；得到了常氏族人新编的两部常氏家谱；我们自己编纂了一册本支曹氏家谱，合编了100页的《滠县曹庄》，整理了曹常两家修谱互助表；我们找到了具有六百多年传承，有始祖、家谱、家庙、家法的家族村曹庄。由寻根问祖而得的归属感，不只是根的归属、血脉的归属、而且是中华民族无以伦比的家族文化的归属。

图23　寻根收获及口述对象扩展图

这些收获都伴随着口述史活动。口述是寻根的最初方式，为寻根提供线索、补充缺失、印证史料，又与文字记载互为补充、去伪存真。在寻根的过程中，我们采访的口述对象从父母扩大到直系亲属、旁系亲属、亲友；地点从北京曹庄、尖平庄扩大到天津王庆坨、河南洛阳、江西大余、深圳、上海；从一个小家庭的口述扩展到村庄大家庭的口述。特别是在父母离我们而去之后，口述活动成为我们生活中的重要内容。我们身在海外未曾尽孝，愧对父母，只能把对父母的无尽思念倾注到对父母家族、家乡的了解中。我们幸运地得到家族内外众多亲友的帮助，在享受亲情和友情中共同体验传承家风家德，守护中国家族传统。当我们找到父系、母系传承的脉络时，曾经帮助我们寻根的被访者——曹常两姓本支、旁支的亲戚，也就同时找到了他们的根。我们小家的寻根成果，也就成了周围有血脉关系亲人的大家庭的共同成果。

引导我们从随意的口述活动走向口述研究之路的，正是中国传媒大学崔永元口述历史研究中心。

7.2　字辈、家谱应被当作文化遗产守护和传承

西方用于人名的词有限，有限的词被众人反复使用，以至随时随地都可以见到“约翰”“汤姆”“玛丽”。中国博大精深的汉字使名字包含着丰富的内涵，承载着家的希望。西方区分世代时用“大”“小”这两个字或数字表示，如小肯尼迪、查理三世、路易十六。中国特有的区分世代的方法是使用字辈。同一辈人使用同样的字或者同样偏旁的字，在家谱排列中井井有条，世代清晰，长幼分明。即使时光流过千年，走到天涯海角，仍可以从字辈寻到自己的根，找到同族的辈。

用于字辈的字，加上每个人的名，组成以名字纵横排列的家谱。纵向可以读出精心挑选的代表家族文化精髓的字辈，横向可以读出每个人所承载的家族寄托。比如，曹庄《曹氏总谱》第十七世“师”字辈下有130多人，这一代兄弟名字有“尧舜禹、夏商周、圣贤儒、孔孟庄聃、颜贡鲤、轼辙洵、程朱颐灏、愈柳、仁善德和恭、通达忠信恕”等。这一百三十多个名字展示着令人震撼的中华民族的祖先、朝代、哲理、文教、道德精髓。

字辈一代一字，依次排列，尊卑长幼一目了然。字辈科学地把起名规范化、秩序化、制度化，有效地避免重名。一个家族的字辈，如同一个国家的朝代年号，是历史纪年工具，从字辈可推算出家族传承的代次和历史。

家谱在叙述源流中表彰先祖功德，以家法规范行为准则，对任职考举者一一注明，对祭祀礼仪详加解说。违反家规、败坏家风者不得入谱。家祖常祭、家谱常修、修身齐家成为每个人乃至每代人的天然职责。崇尚良好家风的各个家族构成了和谐的中华社会。上慰祖先、下启后代，以利他为己任、以儒家伦理为基础的家族文化，是中华文明的精华。中国家庭具有强大的凝聚力。春节数以亿计的返乡人流、海外也能常见的三世同堂家庭，都是几千年中华家族向心力的延续。

我们发现，20世纪50年代后出生的很多人都不按字辈取名，上下辈重名的混乱现象时有发生。常姓如此，曹姓如此，全国各个姓氏大都如此。这是非常可惜的。字辈、家谱将炎黄子孙的概念具体到每个家族，是家族文化的载体，承载了上千年的传统。家族文化精华不应轻易丢掉，字辈、家谱是应当恢复、守护、传承的非物质文化遗产。

7.3　感恩致谢

在二十年的寻根问祖中，受到了无数家族文化守护者的帮助，我们的感恩及谢意难以用文字表达。曹姓、常姓先辈为我们留下享用不尽的家德、家风、家族传统。父亲曹泽民、母亲常秀玲把他们骨子里带有的家庭传统美德自然地应用于日常生活，在一言一行中感染我们。父母是典型的传统家庭夫妻，他们对老对小善心善行，他们忠厚本分、广结善缘、严守家规。没有父母的督促和激励，就没有我们的寻根问祖之旅。如果不是父亲告诉了

我们他的太爷是师倜或师侃，再往上一辈是如兴或如旺，即使找到家谱，我们也不知属于哪支。

堂姑曹俊英讲述了她与我们的父母间感人的兄妹之情、姑嫂之情，讲述了曹氏家族的往事。远房堂姑曹淑珍、堂叔曹泽亮口述祭祖包袱上写着“曹师董”[音]，帮助我们确认先祖名为师倜，告诉我们师倜的上一辈与忠志家的先祖是哥俩；王怡转述其母曹淑珍对我们口述提问的回答，使我们能与耳聋的堂姑交流，之后还及时提供了照片；远房堂兄曹忠志及其家人接待我们，讲述家族祭祖活动，帮助我们确认先祖为如兴。

姐夫何留锁及其朋友曹文连、曹家忠帮我们联系上曹英。曹英拿出保存的家谱让我们逐页摄像。我们从这部家谱序中了解了家族村庄的始祖、家法及历次修谱概况。曹海军在网上发布的曹庄重建祠堂的信息给我们新的启发。通州文物保护科朱科长和工作人员小徐提出了与曹庄联系的建议。曹庄祭祖负责人曹辛宇、曹国虎以及从父辈起就为曹庄倾注心血的李福和老师在祭祖前后的半年时间里每周和我们通话，提供曹庄家族史料。族亲曹竹堂老叔多年留心收集家谱，帮助我们看到了更多家谱。他冒着酷暑把相关资料及时送到家里，还不用我们准备饭菜。世交好友付春热情向曹安讲述梁家务曹氏情况。曹庄总谱保存者曹文德，支谱保存者曹英、曹安、曹月清、曹松林，是守护家族文化的功臣，他们为这个六百多年历史的村庄保住了文字史料，为九十几代的曹氏传承保住了证据。

尖平庄表哥常振贺、表嫂高善芝招待我们，表弟常振京陪同我们采访。振贺展示的曾外祖父常瑗灵牌，使我们得以上溯常氏先祖。常海元帮我们识别、联络照片中的人物。常振祥表哥及曹新荣表嫂提供了曹常一家亲的现实资料。远房表哥常振起的口述，为我们留下了不可再得的常氏传承资料。常振远把家谱给我们录像。表叔常振海与表嫂邱达敏招待我们，多次解答曹常两个家族的情况，由振远收藏再由振海收藏的家谱，为理出尖平庄常姓传承、为曹常一家亲的说法提供了依据。常福瑞老舅、常振环表哥承担常氏家族使命，编纂了尖平庄新家谱。常义元和雷秀丽夫妇、常万方、表姐常绍兰协助提供照片。常氏新家谱不仅弥补了我们所未知的第九、第十两世传承，而且让我们全面地了解了母亲家族成员的纵横关系。

2016 年 9 月，本文初稿提交之后，表叔常振海告诉我们又发现一部常氏老家谱。感谢家谱保存者常福海。这部珍贵家谱补充和校正了口述资料，还记载了尖平庄以外的常氏家族史料，为曹常两家族的关系提供了翔实记录。据此老家谱，常绍贵、常绍如、常振海收集常氏传承现况，在常绍刚、常永春、常万旭等协助下编辑印制了 2016 年《常氏家谱》。这部家谱原稿由常振海冒酷暑在电风扇下用隶书手抄，为本篇论文终审稿之前的修订，提供了珍贵史料。

我们在网上看到与曹庄家谱中内容相同的《曹氏源流志》后，对《武清曹氏家谱》很感兴趣。表姐毛莲华、姐夫倪景清帮助联系上了天津武清王庆坨镇的曹家秦，并安排曹家蓁、曹竹堂、曹书元见面。找到相隔百公里内同宗同源的曹庄家族，曹家蓁彻夜难眠。他们见面后还发现两个家谱中都有同样内容的家法八条，这为我们把曹庄村内家谱与村外家谱做横向关联比对提出了新课题。普林斯顿大学图书馆何义壮(Martin Heijdra)、哈佛燕京图书馆马小鹤提供了家谱参考咨询。普林斯顿大学姜和平帮助校订，提出了详细修改建议。曹时遇帮助传递电子版的图片和文字。张晓宇解答图片及电脑使用疑问。我们在上海图书馆家谱数据库看到有关曹友闻的摘要后，希望得到《锡山曹氏宗谱》有关书影，该馆周烨老师连夜寄来全部所需资料，还回答了关于家谱软件的咨询。曹友闻的相关资料使我们进一步意识到：考证家谱资料，任重道远。一个家族的家谱记载只能当作史料，不能当作史实。互联网、数据库、家谱软件等现代化工具，提供着古人所不具备的汇总、比对条件。把各时期、各分支的家谱汇总、比对，把口述资料、文献资料相互印证，有助于从家谱的史料记载中提炼出史实。

2015 年，中国传媒大学崔永元口述历史研究中心第一届“口述历史在中国”国际研讨会，督促我们记录了父亲的口述，整理出父亲的生平及家史；2016 年，第二届“口述历史在中国”国际研讨会，督促我们把收集到的家谱资料整理成文。曹庄始祖至今的二十二代传承表、尖平庄始祖至今的十六代传承表、曹振铎(周文王第十三子)至今的九十八代传承表都是在写作本文时才形成的。也就是说，不写研讨会论文，即使资料在手，我们也没有理清寻根问祖的脉络。我们是崔永元口述历史研究中心的直接受益者。我们计划参与曹庄续修家谱的活动，把寻根问祖中的口述史体验应用其中，使更多的人在口述活动中受益。

“二战”期间侵华日本人口述史采访调查与研究

◎田 刚 李素桢[1]

摘 要：

本文介绍笔者于日本实地采访调查“二战”期间侵华日本人口述史及相关研究的基本情况。不同于多数已公布的侵华战争口述史料，这部“二战”期间侵华日本人口述史，是由“二战”期间侵华日军老兵(底层士兵为主)及在华日本人从战争加害者、亲历者角度讲述的、他们所亲历的侵华战争史，是一部“活”的、可以“对话”的口述侵华战争史。为记录历史真相、铭记战争罪行，笔者10余年间自费在日本艰难地从事采访调查，迄今已建立近1000人规模的口述史料集，这是目前已知华人于日本实地采访调查的最大规模的日本人口述侵华战争史料集。本文分两部分：第一，简要介绍日本人口述侵华史采访调查的背景、特点及现有资料库的多维度专题研究框架。第二，首先浅谈关于口述史理论的三点思考，包括口述史学本体论意义、口述史料的可信性和群体口述史视角下的历史主、客观性的关系；其次，以“慰安妇”与“五族协和”口述专题为例，浅谈数理统计模型方法辅助的口述史料分析；最后，介绍计算历史学及其与口述史学的结合。

关键词：

日本人口述侵华战争史；群体口述史；口述史料可信性；计算历史学

---

〔1〕 作者简介：田刚(1978—)，男，硕士，“日中口述历史文化研究会”国际事务秘书长，日本侵华口述史、计算历史学及计算语言学研究；李素桢(1951—)，女，博士，“日中口述历史文化研究会”常务副会长，日本侵华口述史、殖民语学史、中日文化比较研究等。

Investigation and Research on the Oral History of Japanese Invasion of China during World War II

◎ Tian Gang; Li Suzhen

Abstract:

This paper introduces the basic situation and related researches of the oral history of Japanese invasion of China during World War II, which are investigated in Japan. Different from most published oral historical materials of Japanese invasion of China, it describes the real experiences of the original Japanese Army veterans (lower-class soldiers based) and the Japanese civilians in China during World War II, especially from the point of views of war perpetrators and witnesses. It is a "live", "conversational" history of Japanese invasion of China. To record the truth of history and remember the war crimes, the authors engage in a long period of interviewing and investigating at their own expense in Japan over 10 years. The oral historical database of nearly 1000 people has been established. So far, it is known as the largest scale of oral history of Japanese invasion database which is interviewed and investigated by Chinese researchers in Japan. This paper comprises two parts, Part I briefly introduces the background, characteristics and the multi-dimension subject research framework. Part II includes three theoretical discussions regarding oral history: the ontological significance of oral history; credibility of oral historical materials; historical subjectivity and objectivity from the perspective of the Group Oral History. Then a brief discussion on the oral historical data analysis by using data statistics model with two examples of the Comfort Women and Five Races Under One Union. At last, a brief introduction about the computational history and its combination with oral history.

Keywords:

Oral History of Japanese Invasion of China; Group Oral History; Credibility of Oral Historical Materials; Computational History

口述历史研究自20世纪中叶始,60余年方兴未艾。中国口述史研究逐渐深入,第二次世界大战口述史、日本侵华战争口述史等子领域研究也纷纷开启。本文分上下两篇介绍笔者于日本10余年间实地采访调查"二战"期间侵华日本人口述史及相关研究的基本情况。上篇重点介绍口述采访调查的背景、难点与特点等直观经验;下篇浅谈关于口述史理论的几点思考,以及数理统计模型方法辅助口述史料分析的一点浅见。

"二战"期间侵华日本人口述史,是由"二战"日本侵华战争期间,以原侵华日军士兵为主的日本战争亲历者口述的侵华战争史。它从战争加害者的角度,讲述日本侵华战争历史史实,是一部"活"的、可以"对话"的侵华史。为了记录历史真相、铭记侵略战争罪行,笔者10余年来自费在日本艰难地从事日本人口述侵华史采访调查。只有让中日两国民众,特别是年轻人了解真实的历史,深入反思战争,建立共通史观,才能和平友好、面向未来。

上篇

1 “二战”期间侵华日本人口述史采访调查的难点与特点

笔者在日本组织口述采访调查团队，以“二战”期间日本侵华老兵为主的侵华战争亲历者为对象，做了大规模、详尽的采访调查。采用规范化的口述历史采访作业方法，侧重大规模覆盖底层侵华日军士兵及在华日本人的口述战争回忆，以口述录像录音为主，辅以各种相关文献佐证（如侵华老兵的军人手账、军装照片、招募令、书信、笔记、日记、回忆录等），直观地记录了日本侵华战争历史细节，进一步增强了口述史料的准确性和可信性。

近年来多种侵华史料相继公布。如，吉林省档案馆公布的关东军宪兵队秘密档案，以纸质文献档案为主；亦有抗联、抗战老兵，南京大屠杀幸存者，“慰安妇”受害者，伪满洲国奴化教育等多种口述史采访研究，均是从中国人战争亲历者和受害者角度记录的口述证言；中央档案馆公布的45名侵华日军高级战犯认罪笔供，以少数师团长等高级战犯为主要对象，记录了他们被关押在中国战犯管理所期间所留下的认罪证言。

而笔者采访调查的这批口述史料侧重受访的侵华日军底层士兵和战时在华的日本民众的广泛性。受访的日本老兵们从侵华战争加害者的角度，以侵华日军底层士兵的视角，回忆他们所亲历的侵华战争。其次，采访调查是在战争结束数十年后的日本日常生活环境中进行的，这样取得的口述证言更为平实可信。它可与“二战”期间中国人战争受害者口述、侵华日军高级战犯认罪笔供及日本侵华战争文献档案相互印证、互为补充，一同构成研究日本侵华战争史的一个独特面向。

对于侵华日本老兵的口述采访调查具有不同于一般口述史的难点与特点。首要的难点，是如何让这些耄耋之年的老兵信任采访者，让他们讲真话、道实情。受访的“二战”日本侵华老兵当年都曾在侵华战争中作为战争加害者，犯有侵略罪行。要逐步深入他们回忆的深层，就必须获得他们足够的信任，让他们打开尘封已久的记忆。所以，采访者和口述者之间，必须建立平等的心灵沟通，这对双方来说都是一种挑战。老兵的每一次口述都是一次灵魂的忏悔。采访侵华老兵，不能居高临下地加以审判，而需要平等地交流。

第二个难点，是口述历史抢救记录的紧迫感。10余年来，笔者没有任何机构背景、任何经费支持，完全自费组织团队，用工作之外的所有时间抢救这些弥足珍贵的口述史料。缺资金、缺人、缺时间，口述调查举步维艰！侵华老兵都已年近九旬，随着他们的陆续离世，无可替代的绝版口述史料正在消失。笔者只能在有限的条件下与时间赛跑。在日本从事这项工作需要有信仰。笔者的信仰就是研究会"日中口述历史文化研究会"的创会理念:"留下真实的历史、促进中日友好和平。历史由民众来推动,也终将由民众来记录和书写"——它支持我们艰难地走到今天,并将继续走下去。

对于日本侵华老兵的口述采访调查还具有不同于其他口述史的特点。尤其在如何调节华人采访者与侵华日本老兵受访者的角色关系方面,采访者具有角色转换的"三者"特性。第一,要做一个真诚的倾听者,倾听侵华老兵坦白他们当年的罪行,要感同身受,才能走入他们的内心世界;第二,要做一个理性的引导者,通过符合逻辑、逐层深入的提问,引导他们进入回忆的深层,揭示隐秘的历史细节;第三,还要做一个宽容的接纳者,让他们在暮年面对一个曾被他们侵略的民族的一员,获得诚恳的认罪和道歉的机会。

(1)真诚的倾听者

口述历史采访,不能把口述者作为获取资料的工具,不能把他们当作一部部冰冷的"历史留声机",仅仅窥探、索取珍贵史料,而要把他们当作活生生的人,以对话为中介手段,逐步进入到他们的历史经验中,去触摸、感知那些微观历史片断。

在每一次实地采访调查的开始阶段,相当一部分侵华老兵都表现出怀疑和抵触。针对某些具体问题,他们大多有不同程度的下意识的逃避,不愿回到当时的历史语境中,回顾自己的加害行为和悲惨的画面。甚至有老兵曾反问:"我说得这么多,会不会再度受到审判?"可见他们内心的纠结和顾虑。但通过平等沟通,多数老兵最终都可放下包袱,毫无隐藏地口述回忆。

他们的压力的确很大,既要面对自己内心的罪恶感,又要面对种种现实压力(日本右翼势力的打压,家人、朋友甚至华人采访者如何看待自己,等等)。作为口述历史采访者,我们遵循自主自愿讲述的原则,不会强迫追问受访者不愿讲述或回避的部分。但受访侵华老兵们通常在受访后期会逐步讲述隐藏多年的记忆。

这些耄耋老人连续讲述几个小时,讲他们的生平、他们的侵华经历、他们的罪行与悔恨。最后当他们认罪道歉的时候,笔者能感受到多年以来,他们不愿回忆、不愿提及,深深地隐藏在心头的一块大石头,随着回忆讲述而逐渐显现出来,最后终于被毫无保留地展现在采访者面前。有些老兵激动地连续讲述了几个小时,耗尽了体力和精力,也因为终于卸下了压在心里多年的包袱,如释重负,看上去更加苍老虚弱。此时此刻,他们从曾经战场上的魔鬼回归了人。很多次口述采访,笔者的感受就如同雨果在《悲惨世界》中所描写的那样,"我亲眼见证了一个被赎回的灵魂"。

(2)理性的引导者

作为实地采访者,特别是作为侵华日本老兵口述史的华人采访者,需要跳出历史情感的漩涡,要感同身受地体察侵华老兵所思所想所感的同时,要从记录者和历史研究者的角度，客观理性地控制采访进程，逐层深入采访、记录。采访初期，当一个侵华老兵就隔着一张桌子坐在笔者对面，讲述他战争罪行的细节，讲述他如何去“慰安所”，如何残忍地实行“三光”政策，拿活人练刺杀，吃中国人脑浆治疗梅毒等证言时，现场的冲击感极强，口述采访的把控并不容易。但笔者逐渐意识到，只有作为一个可信任的倾听者，才能让他们放下心理的戒备，深度回忆。

同时，作为一个理性的历史研究者，需要根据预设的采访提纲，用相关口述回忆和档案文献为参照，通过不断地提问、确认，引导口述者回忆，掌握整个口述采访的节奏和细节，才能记录下珍贵的证据。这就要求采访者跳出情感之外，做一个理性的观察者，按照逻辑链条逐层深入地挖掘隐秘的罪证。日本侵华老兵口述调查，就好像是从顽石中琢磨出玉的过程，特别需要采访者的冷静、耐心、客观和理性。

(3)宽容的接纳者

最后，采访者还有一个责任，就是在完成采访调查，获得珍贵口述历史证言的同时，接纳侵华老兵的忏悔，接受他们的认罪道歉，甚至帮助他们完成多年的夙愿。在侵华老兵及其家人眼中，采访者就是所有中国人、全体中华民族的代表。当他为七十年前所犯下的战争罪行向笔者深深地鞠躬、认罪道歉时，在他心里，他是在向整个被侵略、被残害的中华民族道歉。每到此时，笔者都会郑重地接受他们的道歉，并告诉他们，只要正视历史、留下证言，就是反对右翼军国主义势力、反对侵略战争，就是赎罪。应该让他们有机会重新反思侵略战争、反思他们自己，让他们在生命的暮年，给自己、给家人、给社会、给良知、给历史一个交代。

2　口述史料集简介及分类整理的研究概貌

这批口述史料具有覆盖面广、规模大、细节丰富、直观性强的特点。迄今为止，口述样本及相关文献史料已积累至近 1000 人规模。口述样本所涉及的侵略地域以中国大陆为主，覆盖了朝鲜半岛、中国台湾地区、东南亚及太平洋诸岛等“二战”期间曾遭受日军侵略的广大地区；受访日军士兵覆盖陆海空三兵种，军阶以低层士兵为主（少尉—曹长—兵长—上等兵—一等兵—普通兵）；受访对象除侵华日军士兵外，同时覆盖“开拓团”成员（“开拓团”“少年义勇军”等半军事化组织的成员）、技术人员（医护、工程、教育等方面的工作人员）、普通社会民众（一般社会工作人员及其家属）及遗族家属（侵华老兵的遗孀、遗属子女）等广泛的社会角色。

我们的口述采访调查采用标准化作业流程：前期联系受访侵华老兵，根据调查问卷设定采访提纲，实地采访过程中让受访者签署相应受访及用户许可证书；后期数字化保存备份，由日语母语者记录采访音视频形成日文电子文本记录，专题化分类整理并翻译中文。口述音视频多以高清录像格式采访记录，采访时长平均 3—4 小时。辅以招募令、战时军装照、军队用品照片、手记、书信、日记、回忆录等佐证文献。这是目前已知最大规模的、华人于日本实地采访收集的、日本人口述的侵华战争史料集。

基于现有史料集，笔者建立了多维度的专题研究框架，分为“侵华战争记忆”与“侵华战争反思”两大内容，共计 14 个专题，详见下表。

表 1 “二战”期间侵华日本人口述史料集专题框架

篇章	主题	专题
战争记忆	战场证言	“三光”政策口述实录
		虐杀中国军民口述实录
	战地家书与战时笔记	军事邮便、信件
		战时日记、笔记
	细菌战	关东军“731 部队”
		关东军“100 部队”等
	经济侵略与殖民统治	“开拓团”口述实录
		“少年义勇军”口述实录
		“满铁”经济调查
		伪满洲国“大陆科学院”经济资源调查
		伪满洲国高官口述实录
	奴役劳工	伪满洲国强制奴役中国劳工
		日本国内强制奴役中国劳工
		南洋强制奴役中国劳工
	性奴隶	强制“慰安妇”与随军“慰安”制度
	战前与战时在华日本人眼中的中国	在华工程技术人员口述实录
		在华普通日本民众口述实录
	反战的日本人	八路军中反战日本人士(反战同盟)
		解放军中反战日本人士
		战时具有反战思想的在华日本社会人士
	战前与战时情报战	埋藏销毁档案
		军事地图盗测
		“满铁”经济调查
		伪满洲国“大陆科学院”经济资源调查

续表

篇章	主题	专题
战争反思	日本战俘的思想改造	共产党管理的战犯管理所
		国民党管理的战犯管理所
		苏联强制劳改
	侵华老兵、遗属及民众的战争反思	侵华日军老兵的战争反思
		侵华日军遗属的战争反思
		当今日本民众的战争反思
	文化侵略与思想殖民	伪满中国人日语奴化教育
		伪满日本人汉语诱化教育
		伪满科技殖民(“大陆科学院”)
	战犯遗言	日本国内战犯遗言
		中国战区战犯遗言
		太平洋战区战犯遗言
	军国主义教育	战时学生教材、日记、书信
		“学徒出阵”
		战时宣传

除以上主题构造外,也可以按地域(如日本、朝鲜、东南亚、西太平洋)、年代等其他角度分类整理。

近年来,这批珍贵的侵华口述史料,通过内地及港澳台多家电视及平面媒体近百次报道,吸引了社会的关注,形成了一定的影响力。相信今后这批史料将作为第二次世界大战史、日本侵华史研究领域重要的史料集之一,发挥它独特的作用。

下篇

于上篇中,笔者简介了“二战”期间侵华日本人口述史采访调查及现有史料集的相关概貌。在此基础上,笔者试将相关研究的经验及反思总结为如下三方面内容。

一、试析三点口述史理论问题:1.口述史学的本体论意义;2.对口述史料可信性的思考;3.群体口述史视角下的历史主、客观性关系思辨。二、以“慰安妇”与“五族协和”专题研究为例,浅谈数理统计模型方法辅助的口述史料分析。三、简介历史计算学及其与口述史学的结合。

1　试析三点口述史理论问题

1.1　口述史学的本体论思考

笔者仅谈一点关于口述史学的浅思：口述历史不仅采用了新的方式获取记录史料，更是具有本体论意义的研究分野。这就涉及历史经验者的记忆与客观历史的关系，并进一步延伸到对历史的客观性与主观性关系的思考。

人是历史发展的主体，历史是人作为主体活动过程的累积。而人的行为活动构成了历史事件，人的思想情感形成了历史感受，前者为客观信息（如时间、地点、人物、事件、结果等），后者为主观信息（如情感、认识、反思等），两者共同构成了对客观历史的认知。作为历史主体（或称历史经验者）的人的情感感受、思想认识，虽是主观因素，但有其客观性，也是客观历史存在的一个必要组成部分。即，历史主体的主观性，具有其历史的客观性。历史研究不应把历史主体，即人的历史感受割裂出去，而口述历史尤其应将历史的主客观信息都纳入研究视野，不仅为追求一堆冰冷的史料数据，更应体验“带有温度的、活生生的历史”。

1.2　对口述史料可信性的思考

常有一种对口述历史的偏见与质疑：由于口述历史是基于人的回忆的，而人的主观情感倾向、客观记忆偏误必然存在，故口述史料不可信。对此，试作如下三点剖析。

首先，如上文所述，人的情感、反思等虽有主观性因素，但亦有其历史语境中存在的客观性。历史经验者的历史感受，不是无用的噪音，而是客观历史认知的重要组成部分。同时要承认口述历史确实会受经验者的记忆错误或主观倾向影响，而通过口述史料与文献档案，尤其是群体口述史料的比对印证，可实现相关主题多样本口述史料间的相互对比，来弱化、消除主观偏误，以增强口述史料的客观可信性。

其次，对文献档案存在过度盲信。仅以笔者从事侵华日本老兵口述史经验看，文献史料与史实不符，或者缺失文献史料，甚至人为篡改等问题普遍存在。仅举几例试说明文献档案出现的两类“史料失真”问题。

1.2.1　历史文献档案的记录可能与史实不符

如，李素桢教授关于伪满洲日本人汉语教育史的研究发现，“满洲开拓团”文献档案之一的“满洲开拓团”宣传画（图 1）[1] 表示，“满洲开拓团”成员学习汉语并与满人交流。而

---

〔1〕 李素桢：《日本人を対象とした旧「満州」中国語検定試験の研究》（《伪满洲日本人汉语考试研究》），日本：文化书房博文社，2007，第 78 页。

实际采访多名当时在东北各地的日本人"开拓团"历史经验者,他们均称"没有学习过'满语'(汉语当时被称为'满语')"或"几乎没有学习过汉语"。也有研究发现,"文革"史等领域亦有类似现象。可见,在特定的历史阶段或历史背景下,文献档案的记载本身就存在与事实不符的偏误,对文献档案不可盲信。

图 1 "满洲开拓团"宣传画

1.2.2 文献史料常出现缺失甚至被人为销毁或篡改的问题

由于历经战火硝烟,日本侵华战争文献史料多有损毁散失,并常有重要文献档案出于种种原因不能公开,从而对侵华史研究带来很多局限和缺憾。尤为甚者,日本军国主义者曾有计划有组织地人为销毁、篡改文献档案。笔者采访调查的原日本关东军科技宪兵四班成员山梨一夫、今村真、福田政胜(人名待核),以及当时的关东军对空信号兵猪熊得郎等的口述证言都给出了例证。1945 年 8 月日本关东军于东北地区投降前,关东军曾下达了以焚毁、掩埋的方式销毁大量机密档案的密令,以上 4 人都曾于长春、公主岭等地直接参与销毁活动(见图 2)。再举一人为篡改"731 细菌战"文献档案的实例。据日本知名细菌战研究学者常石敬一教授披露,"731 部队"相关文献的部分档案经过比对证实,该档案确被人为删改处理。相信这不是日本侵华文献档案中的孤例。

重视口述史料并不是轻视文献档案的重要作用,两者不是对立而应是相辅相成、互为补充的。特别在日本侵华口述史领域,由于特殊的历史背景造成相关文献史料的失实、损毁或篡改,可通过相应口述史料获得一定程度的补全、细化和对比印证。

图 2　关东军销毁机密档案口述者：山梨一夫、福田政胜、今村真、猪熊得郎

1.3　群体口述史视角下，历史主观性与客观性关系的思考

群体口述史，不同于政治人物或名人口述史，通过对多名经验者采访调查以获取对特定历史阶段或历史事件的多样本观察，以获取更丰富的历史经验与细节。需要特别注明的是，笔者所称的“群体口述史”不是指以多名受访者同时进行群体性共同回忆叙述的方式所记录的口述历史，而是针对具有同一或相关性主题回忆的受访者群体（如伪满洲时期“大东开拓团”团员群体）进行单独采访调查，积累多人份群体性口述史料。

笔者试从历史语境层级的组合提升与历史的主、客观相关性两个角度分析群体口述史的独特之处。如果历史可以结构化为一个几何体，它应是一个多面向的复杂综合体，对历史的认知需要通过史料建构不同层级的历史语境，使这个复杂综合体在语境中得以呈现。群体口述史以每个受访者的历史经验为个体微观语境（个人历史经验），通过个体间和口述样本间的关联性组合搭建起中观历史语境（对特定历史时期或事件的群体经验），再通过群体关联性构造宏观的历史语境（全方位的历史经验）。群体口述史就是通过口述样本主题的关联性逐层提升语境层级以逼近客观历史语境，探究历史的真相。

群体口述史也带来对口述历史主观性与客观性关系的新认识。前文曾叙述历史经验者对历史语境和事件的主观感受、思想认识等主观因素，这也是客观历史的一部分。同时不可否认，由于受口述史获取史料的渠道所限，口述史料中难免存在各种主观偏误，如遗忘、错误、主观倾向等。而如何弱化、消除口述者的主观偏误就成为一个重要的课题。与名人口述史的“单人采访—孤本采样”不同，群体口述采用“群体访谈—多样本采样”。而群体多样本对同一或相关主题的口述回忆，可基于数理统计方法，通过群体内主题相关样本间的相互比对而减弱或消除个别口述者的主观偏误，从而达到“群体客观性”，即个体主观性通过多样本统计归纳与比对，可转化成群体客观性。这也从理论上增强了群体口述史的可靠性和有效性。

2 数理统计模型方法辅助的口述史料分析

以上是对于口述史学的一些理论性浅思，以下浅谈笔者对多样本群体口述史料分析模型与方法的三点体验：多样本采样的数理统计原理；金字塔式自下而上分析模型；多样本主观性因素的统计归纳与可视化呈现。

2.1 多样本采样的数理统计原理

多样本群体口述史料分析基于数理统计原理，实施多样本采样，通过主题聚类和样本间的自相似性检验，以群体多样本的统计归纳减少单一样本的偏误。通过统计多个侵华日本老兵口述样本，挖掘他们之间的共性，从中抽取逻辑链条，以支撑专题性结论。如此，可以跳出单一样本口述的局限，通过多样本群体性口述间的相互比照，得到符合统计性的、更加客观可信的口述史料分析结论。

2.2 金字塔式自下而上分析模型

笔者试以日本侵华老兵口述史料集中的“慰安妇”专题研究为例，简述多样本采样金字塔式自下而上口述史料分析模型（见图 3）。

模型共计四层结构，自下而上构造，分别是“样本层”“要素层”“链条层”“主题层”。实际史料分析过程亦采用自下而上的分析流程。首先，对多人口述样本中涉及“慰安妇”专题的部分采样，形成样本层。其次，对样本数据作要素切分与摘取，即从口述史料中提取出诸如“1941 年”“黑龙江勃利”“军票支付”“突击一番”等具体的证据要素，并聚类形成“时间”“地点”“人员”“场所”等证据链条，从而支撑“慰安妇”专题研究。

国际史学界对日本侵华战争期间“慰安妇”问题研究的分歧较大，日本右翼学者的代表性观点是，战时确有“慰安妇”现象，但多是娼妓和主动“慰安”性质。他们百般抵赖，声称“二战”期间日军没有强制随军“慰安妇”现象。而笔者研究中确实发现有口述证言表明两点史实："慰安妇"制度是当时日本军队广泛实行的随军制度，即"慰安妇"问题应定性为随军"慰安妇"；另外，多数随军"慰安妇"都曾被胁迫、被管制。通过对笔者采访调查与搜集整理的数百个侵华日军士兵口述证言样本的金字塔模型分析，可得出结论，即"二战"期间侵华日军确实广泛实施强制随军"慰安"制度。而模型中自下而上的多层统计资料形成的坚实结构加强了个体口述样本的客观可信度，有力支撑了专题结论。

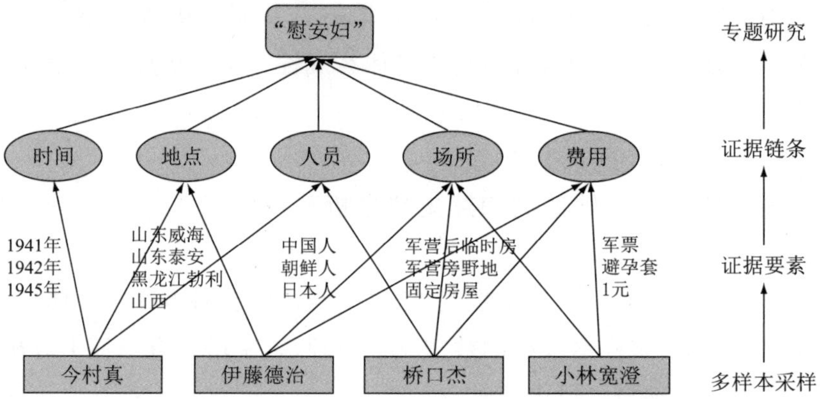

图 3　多样本金字塔式自下而上口述史料分析模型

2.3　多样本主观性因素的统计归纳与可视化呈现

笔者谨以侵华日本老兵口述史料集中关于"五族协和"伪满洲国"国策"的主观性评价为例，试析口述史料中主观性信息的统计归纳与可视化呈现。"五族协和"作为伪满洲国的"国策"，当时历史情境中的历史经验者们对此如何看待、如何评价？当时东北地区的日本人与中国人对"五族协和"的主观认识有何不同？该差异是否可具体量化为相对客观的数据表现，如何直观呈现？

笔者试采用直接主观性评价与间接评价相结合的方式，基于当时历史经验者的口述回忆，设计了如下两步骤以获取最终的数据呈现。首先，通过问卷调查获取口述者评价回馈。问卷要求口述者填写两项客观信息——"受教育程度"和"工作机会与薪酬"；同时要针对"各民族平等与交流"及"对'王道乐土''满洲'的认同感"两项主观信息直接打分（分值[0,1]），即要求口述者基于自己的历史经验，给出两项主观分数（评价越高、认同感越强，分值越接近 1，反之接近 0）。前两项客观信息用以标定口述者社会分层，后两项主观信息重在反映他们的主观感受与认识，以此获得口述者关于指定问题的直接主观性分值评价。还可辅以研究者打分评价，即研究者从多口述样本中抽取相关的数据并打分评价。其次，为使多指标结果均衡呈现，对评价分值需做均一化处理，所有数据都转化为[0,1]区间的具体数值（如"受教育程度"一项，设定大学＝1，中学＝0.67，小学＝0.33，文盲＝0），并对数值结果做可视化呈现。以下图 4—图 7 从不同角度呈现了此研究结果。

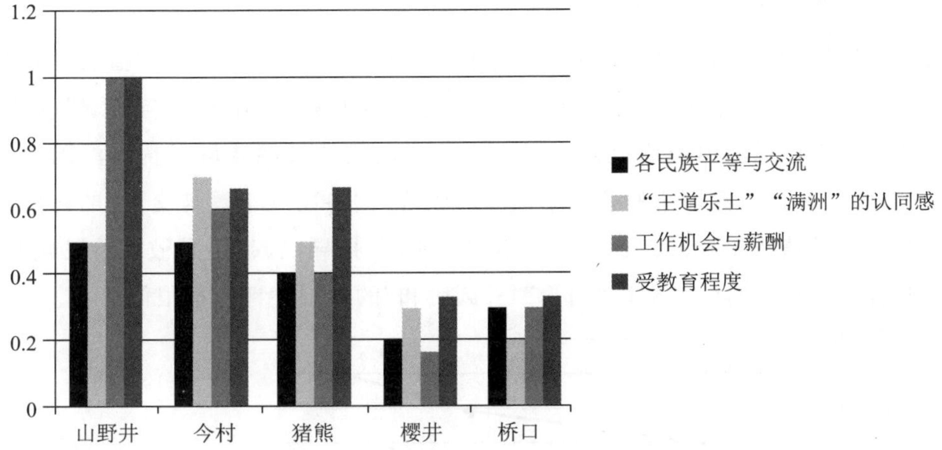

图 4　日本人口述者“五族协和”评价

如图 4 示例所见，5 名在伪满的日本人口述者的受教育程度与工作薪酬等客观信息差距较大，但他们对民族平等的主观评价值普遍不高（都不高于 0.5），这也反映了当时在伪满日本人的普遍心理，符合笔者对他们口述采访时的案例分析结果。如，口述者山野井，大学毕业，时任伪满洲国财务省海关署高官，曾于伪满洲国多地管理战时物资配给，5 人中收入最高。他的口述实录中提到，“我们日本人当时就是指导民族”，“伪满洲国虽然有皇帝溥仪，他就是个傀儡，伪满就是个傀儡政权”。而 5 人中，仅今村对“王道乐土”“满洲”的认同感较高（超过 0.6），这与他的职位与社会角色（关东军宪兵）有关。可见，即使在所谓“指导民族”的眼中，伪满洲国“国体”“国策”都是其政治统治的幌子而已，所谓“五族协和”亦名不副实。

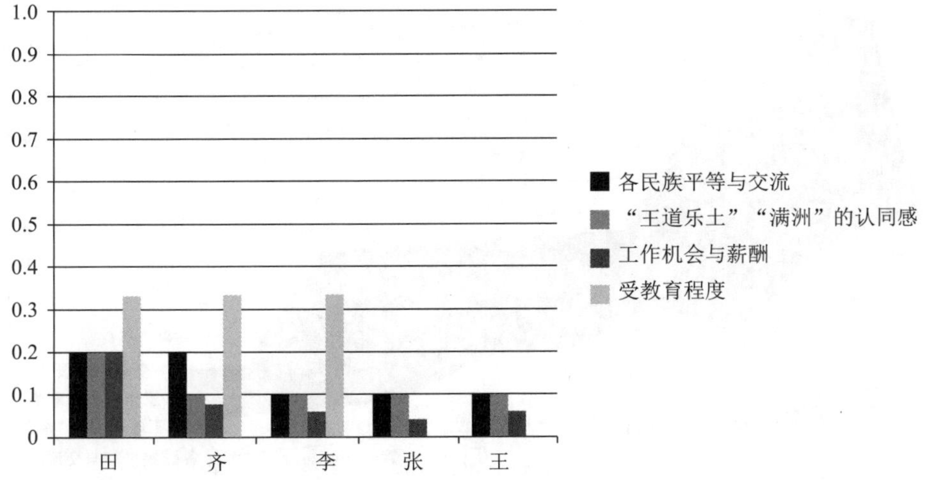

图 5　中国人口述者“五族协和”评价

而图 5 呈现的中国人口述者的情况更清晰地反映出被统治民族的民众，对所谓“五族协和”“国策”的负面评价(全部不高于 0.2)。

而图 6 是对 5 个中国人口述样本与 5 个日本人口述样本分别取平均值后呈现的两族群的差异。可见如下三点特征:一、当时在伪满的日本人对“工作机会与薪酬”以及“受教育程度”两个客观指标的评价均值比中国人高很多;二、中日两族群对伪满洲国主观性评价均值的差距比客观指标均值的差距小;三、两族群对“各民族平等与交流”的评价都偏低(都低于 0.4,且差值小于 0.3)。这反映了不论是所谓“指导民族”还是被统治民族的民众,对伪满洲国的认同感,对伪满洲国“国策”“五族协和”的主观性评价都很低。

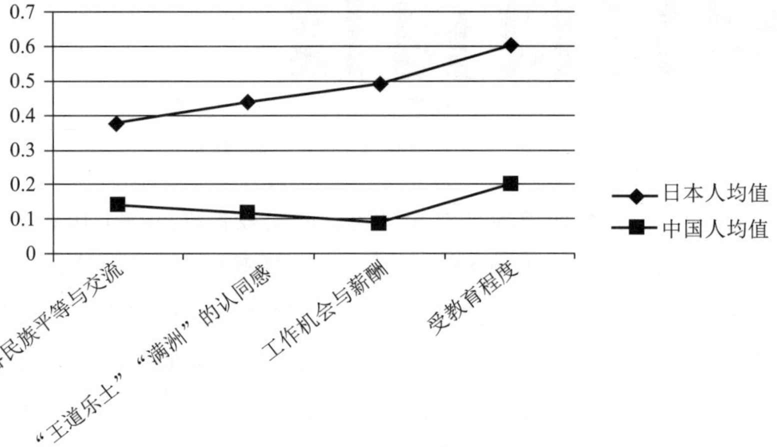

图 6 受访日本人与中国人“五族协和”评价均值差异图

最后,笔者试将上述史料分析三维展示在图 7 中,以呈现“五族协和”多样本分析的直观全貌,其反映出的数据趋势性一目了然。

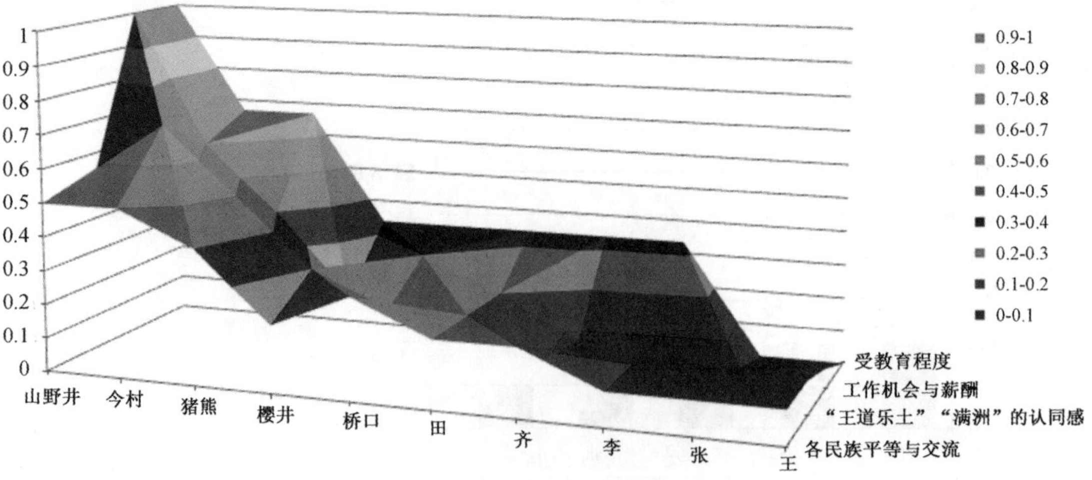

图 7 “五族协和”三维展示图

以上，笔者简介了有关多样本口述史料分析的数理统计原理、模型化及主观性要素的统计归纳与可视化呈现。当然，一定规模的样本集是必要前提。以笔者的经验，对特定历史主题或事件，口述样本规模至少要3—5人份以上才有相互比对、归类抽取的实际意义。为此，笔者仍将持续采访调查工作，以更加丰富的口述样本，建立大规模“二战”期间侵华日本人口述史料库。这也是计算历史学的基础工作之一。

3　计算历史学与口述史学的结合

计算历史学，是近几年来刚刚诞生的一门交叉学科，它引入计算机技术应用于历史学领域，融合了人工史料分析与计算机自动分析技术，未来可能为历史研究者提供海量史料的自动挖掘服务，使计算机成为历史研究者的超级助手。而口述历史，具有史料信息量大、音视频数据规模庞大的特点，更需要借助计算历史学研究成果，为口述史料的分析整理提供高效的帮助。如图8所示，上半部分是口述历史采访调查的基本框架，而下半部分是计算机辅助史料分析处理的示意框图。可见，口述采访听打记录成电子文本后即可输入数据库，通过智能索引和数据挖掘技术同时与电子文献数据库和人工整理的专题数据集作比对，从而实现自动领域知识提取与学习等核心功能，并最终实现史料的自动分析与整理。

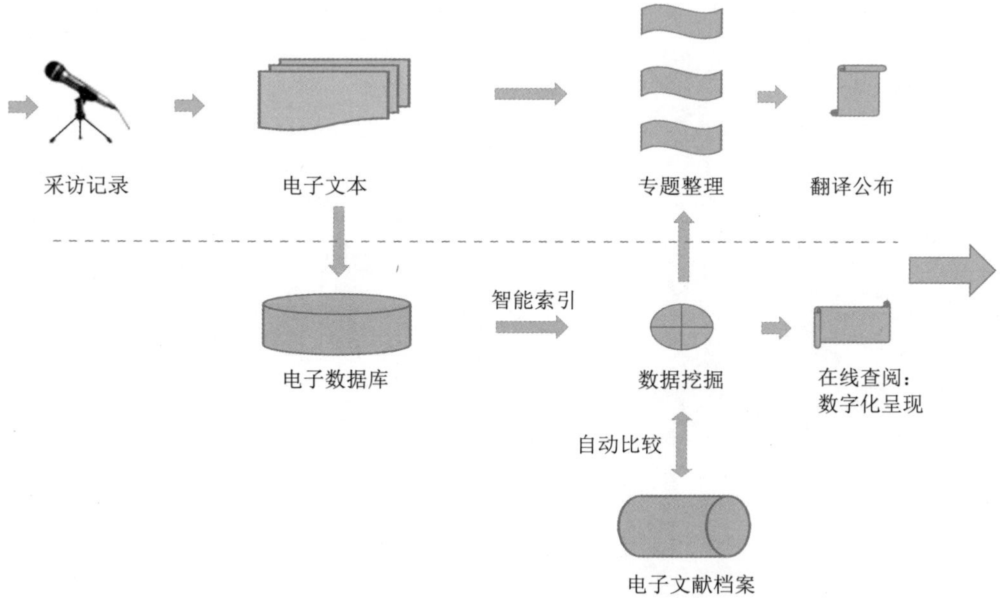

图8　计算历史学(Computational History)框架示意图

侵华日本人口述史料集的后续研究整理，还有很多工作要做。首要的工作，是继续抢救性记录、收集散失在日本民间的日本人口述侵华史料及相关文献。亲历“二战”的日本侵华老兵及在华日本人还有少数人在世，但都已九十高龄，急需抢救性地采访调查，留下他们的珍贵证言。另外，还有很多日本侵华老兵虽然已经离世，但他们的家人或民间团体留下了他们在世时的口述证言，如录音录像、回忆录、日记、书信、照片等。这些也都是具有重要意义的日本侵华战争口述证言史料。

同时也要加强侵华日本人口述史料研究工作，进一步细化专题设置，深化专题整理。此外，还需加强对数理统计模型辅助口述史料分析的深入研究。他山之石，可以攻玉。在文化人类学、文本叙事理论、语言学与心理分析等诸多学科纷纷为口述史学提供跨学科理论方法的同时，数理统计模型方法对口述史学，特别是多样本群体口述史学及史料分析的理论方法都可以给予更多的启发与支持。

“二战”期间侵华日本人口述史采访调查与研究，急需各界有识之士支持参与，此项工作任重而道远。

最后，笔者谨以民众史观作为本文的结语，并与诸学前辈、同人共勉：历史由民众推动，在民众眼中呈现，也终将由民众来记录和书写。

亲历口述：一种研究方法的实践之路

——演员养成口述调研记录

◎康　婕[1]

摘　要：

中国演员群体庞大而构成复杂，拥有原生态的养成机制与演艺圈生态。论文写作的初衷是深入电影业界，走访经历时代变迁的历史亲历者，解答最初始的疑问。在写作过程中，为收集一手材料，笔者应用的是以针对特定采访对象的口述历史为主的研究方法。在田野调查过程中，笔者对受访者提供的口头数据信息进行归纳整理，综合不同采访对象的口述，尝试通过差异性分析体现1949年以来中国内地和香港、台湾三地演员养成机制的异同。从2013年9月到2015年初，笔者从电影事业/产业、电影教育等多重维度采访了近60位电影相关从业人员，地域主要以大陆和台湾为主，搜集整理了大量口述材料。在口述资料的搜集过程中，由于地域性差异呈现的受访者的不同面貌，使口述田野过程产生了新的问题，不同视角的口述经验也有待进一步分析总结。

关键词：

口述历史；演员选拔与培养；内地；台湾

Personal Oral Perception: an Applicatory Approach to a Research Method

——Oral Research Records of Actor Cultivation

◎　Kang Jie

Abstract:

Chinese actor groups are huge and have complicated composition and own the cultivating mechanism and original ecological environment. The author tried to go deep into the Chinese film industry, visit witnesses of time variation and explore the original historical appearance without the restriction of western theory. During the process, the author applied a research method of oral history and collected first-hand data by aiming at specific

---

[1] 作者简介：康婕（1982—　），女，中国传媒大学戏剧影视学院博士后，艺术学博士，研究方向：电影产业、电影史、明星研究。

interviewees. Through field work, the author summarized and settled oral data information provided by interviewees, collated oral expression of different objects, and drew the outline of the similarities and dissimilarities in cultivation mechanism of actors in Mainland China, Hong Kong and Taiwan from 1949. From September 9th, 2013 to the beginning of 2015, the author interviewed nearly 60 film employees from film career/industry and film education. This paper gave priority to the research of Mainland China and Taiwan, collected and settled plenty of oral materials. Due to regional difference, the oral studies presented different spiritual attitude of interviewees. The oral experience in different perspectives also generated new problems, which would be further analyzed and summarized in the future.

Keywords:

Oral History; Selection and Training of Actors; Mainland China; Taiwan

法国学者埃德嘉·莫杭(现多译为埃德加·莫兰)在评价苏联的电影演员机制时曾提出:“明星体系是大资本主义底下的特殊制度。在斯大林‘英雄化时期’之前,苏联电影试图摧毁一切,不只是电影明星,甚至是知名演员。……为了满足在当下受到理性限制的想象需求,一种具有特殊形式的明星有可能会在苏联诞生。”[1] 由于研究年代的局限,莫杭并没有就这一问题继续深挖下去,而苏联演员机制也无法简单套用西方明星理论。体制的不同使苏联演员培养呈现出“去星化”状态,正是这种特殊的苏联模式对 1949 年以后中国内地演员的选拔与培养产生了深刻影响。在学习交流中,一种独具中国特色的社会主义体制化演员培养模式在内地诞生了。然而由于地缘政治等种种因素,同时代香港与台湾的演员养成机制则完全走上了不同的道路。现有的学术热点大都集中在明星、身体、性别研究上,对真正的演员培养机制生成的关注度不高,缺乏系统性梳理的学术研究。

在笔者的博士论文中,中国内地、香港、台湾对演员培养模式的差异化认知正是研究切入点之一。由于在以往的历史材料中,对这方面内容并没有特别深入细致的针对性研究,所以笔者需要进行大量的田野调查。在调研过程中,为收集一手材料,笔者主要应用的研究方法是以针对特定采访对象的口述采访为主,记录受访者口头提供的数据信息,进行归纳整理。在口述采访部分,笔者所做的具体工作包括:1.相关背景资料的搜集整理;2.约见采访对象进行一对一或一对多的针对性采访;3.整理录音素材并形成文本资料;4.尽可能地多方采集、核查资料,校订采访中矛盾的细节;5.将文本资料筛选、整理成文;6.以书籍文字资料为辅,对整理好的口述文字材料进行补充和订正,对写作中遗漏的细节问题进行查缺补漏。

---

〔1〕[法]埃德嘉·莫杭:《大明星:欲望、迷恋与现代神话》(第一版),郑淑玲译,台北:群学出版有限公司,2012,第 127 页。

1 内地调研部分

作为计划经济时期的产物，演员剧团承担着中华人民共和国成立后电影演员选拔与培养的主要任务，在学习苏联模式的基础上，总结出一套独具特色的考核、培训方法，但由于时间久远，详细的资料很难保存，特别是早期演员剧团在档案管理和资料管控方面的意识薄弱，导致大量史料未被及时记录或遗失。在20世纪90年代末，电影制片厂纷纷转制，旧有体制下遗留的少部分材料又再次散逸。笔者在调研过程中，发现资料被二次丢失的情况十分普遍，所以在写作时，针对内地演员培养模式中关于转制前的国营电影制片厂演员剧团的部分内容，除去制片厂纪念图册、厂史著作、人物传记等书面资料外，涉及具体细节问题的还是要通过亲历者口述进一步查漏补缺以完成。在长达两年的时间内，笔者走访了诸多老电影制片厂演员剧团，采访了23位历史亲历者，收获了大量的一手资料，在不断探寻求索中试图揭开这段尘封的历史，将一些被人遗忘的记忆重新展现在人们面前。

除了各电影制片厂演员剧团外，院校培养也是中国内地演员选拔、培养的主要路径之一。借鉴了苏联电影学校的培养经验，以及斯坦尼斯拉夫斯基表演体系的表演教育模式，中国内地电影表演的学院派传统一直是区别于港台“造星”培养经验的特色之一。1949年至今，中国内地有三所电影类专业学校设置了电影表演课程，分别是北京电影学院、长春电影学院和上海电影专科学校。其中除了北京电影学院一直开办至今并保留完整的校史资料外，长春电影学院和上海电影专科学校均已消失于历史大潮中，其院校资料更难以查询。论文的书写过程主要以文字资料与田野调查双管齐下的方式进行。除北京电影学院外，中央戏剧学院、上海戏剧学院与解放军艺术学院是至今为止内地在表演教育上成绩较为突出的艺术类院校，其表演教育的目标以培养舞台剧表演人才为主。在改革开放后，中国内地演员培养的渠道逐渐多元化，大量戏剧表演人才从事了影视剧的表演工作，戏剧类院校表演人才的选拔、培养在本文中也会兼顾阐述，在研究方法上主要以文字资料为主，田野调查为辅。

1.1 中国内地电影制片厂演员剧团

中国电影生产的三大基地——北京、上海、长春是笔者的调研重点地区，也是花费精力较为集中的地方。针对三地国营电影制片厂演员剧团相关数据的搜集整理也是口述调研重点。

1949年之后，中国电影中心逐渐北移，北京成了重要的电影生产基地之一，北京电影制片厂（以下简称“北影厂”）演员剧团成为笔者的调研对象。演员剧团从成立之初就储备了诸多优秀表演人才，再加上来自长春的演员资源补充，北影厂演员剧团的人才优势日益明显。可惜的是，虽然北影厂演员剧团在2003年建团50周年纪念时推出过纪念图册，但关于剧团内部演员选拔、培养的资料却没有保留下来。在电影厂改制之后，演员剧团与部分创作单位合并转型为中国电影集团公司艺术创作人员中心（以下简称“艺创中心”），经由艺创中心办公室主任姬同顺证实，原演员剧团材料已无从查询。因此，关于北影厂演员剧团的相关材料，除借鉴了《北影纪事》《阳光·四季·五十年：庆祝北京电影制片厂演员剧团成立50周年》等书籍中涉及的演员名单和部分资料外，笔者主要依靠调研采访剧团建设过程中的亲历者，以口述历史的方式完成该部分的写作。

中国电影表演艺术学会秘书长、国家一级演员、北影厂演员剧团原副团长黄小雷为我针对北影厂演员剧团的调研工作提供了很大帮助。作为“文革”后第一批被选入演员剧团的新人“苗子”，黄小雷逐渐成长为剧团演员队伍中承上启下的中坚力量，不仅在老辈演员的带领下学习表演，更见证了剧团从重整旗鼓到转制前最后辉煌的历史沿革。针对“文革”后举办的首期且是唯一一期的演员培训班，秘书长黄小雷主要在其学员的选拔过程、培训内容方面做了简洁明了的阐释。与其他学员不同的是他先参演电影，再凭借银幕表演经验直接被招入剧团，在人才选拔角度方面提供了一种新的认知视角。

作为中国第四代导演代表人物之一，郑洞天从电影创作者的角度出发，对北影厂演员选角、演员和导演的关系等问题做了言简意赅的阐述。由于有丰富的从业经验，郑洞天对电影市场发展历程中电影厂演员剧团人员流动、电影文本与演员选拔等问题都有自己的思考，也为笔者的进一步调研指明了方向。

在北影厂演员剧团的明星演员方面，笔者有幸采访到了于洋、杨静夫妇。于洋作为中华人民共和国成立后“二十二大电影明星”之一，已成为时代影像的符号留存影史。他的银幕表演生涯从20世纪40年代初延续到21世纪初，经历了“满映”时期银幕首秀，也为东北电影制片厂（以下简称“东影厂”）、长春电影制片厂（以下简称“长影厂”）与北影厂演员剧团的建设发展贡献了力量，可谓影坛“常青树”。其夫人杨静也是北影厂演员剧团的资深演员。两位老一辈表演艺术家以自己的亲身经历，为笔者提供了从“满映”到长影厂演员剧团针对演员选拔、培训的观念与操作过程，长影厂与北影厂演员剧团共建融合的历史进程，北影厂演员剧团的建设发展沿革及演员选拔、培养情况等一手资料。通过调研采访，一种流动的历史性跃然眼前，为本文写作中针对长影厂与北影厂演员流动史、北影厂演员剧团早期演员的选拔和培养模式的梳理建构提供了丰富的史料素材。

在北京，除了北影厂外，八一电影制片厂（以下简称“八一厂”）的地位也不容忽视。其制片厂演员剧团集结了从各文工团选拔而来的精英演员，同时也有过一次从地方招收新人演员入团培训的经历。但是，介于八一厂特殊的军队属性，要想拿到一手资料十分不易，其针对演员剧团部分公开的材料更是少之又少，一些图册资料很难外借。通过八一厂副厂长柳建伟、故事片部主任赵守选、资料室主任苏勇、演员剧团副团长徐箭等人的帮助，笔者与原八一厂演员剧团团长赵晓明、资深演员师伟进行了长时间访谈。

师伟先是作为北影厂演员科的首批演员参与表演创作，后又南赴上影厂，在1959年调入八一厂演员剧团，其表演经历丰富，不仅能够提供北影厂与上影厂演员剧团创建时的早期资料，对八一厂演员剧团的历史沿革更是如数家珍。“文革”后期，八一厂演员剧团举办了唯一的一期演员培训班，从中培养了一批军旅演员的中坚力量，而师伟则正是这期培训班的招生与代课老师，其所提供的一手资料具有独家性与权威性的珍贵价值。

原八一厂演员剧团团长赵晓明是师伟的学生，也是剧团演员培训班的学员，不仅提供了培训班招考过程的详细情况，还列数了学员名单、培训课程的细节信息，提供的资料颇具史料价值。

上海承载着中国电影的辉煌时代记忆，作为港口城市，它对东西方文化兼容并蓄，在老上海电影业最发达的时候，电影的商业属性被充分体现在明星的形塑上。1949年之后，体制变革对上海影业形成的冲击也能从明星的际遇与演员新人的选拔、培养上一探究竟。在搜集整理上影厂演员剧团的相关史料过程中，上海电影（集团）公司演员剧团团长崔杰提供了很大帮助，他为笔者梳理了上影厂演员剧团建制过程与人员组织结构情况，并为进一步联系剧团演员提供了方便。

在演员剧团具体情况的材料方面，演员剧团的演员王伟平、戴兆安以自身经历串联了那段历史岁月，为笔者提供了宝贵的一手材料。两位老师都是“文革”后首期演员剧团培训班的学员。由于历史原因，除去部分艺术院校的工农兵学员与恢复高考后的表演科班毕业生们，该期演员培训班也是“文革”后上影厂唯一主办的培训班，办班资料并未保留下来，因此，口述历史的调研过程显得尤为重要。采访过程中，关于培训班的选拔途径与方法、人员构成、培训内容等材料的有效补充，一定程度上填补了上影厂演员剧团培养新人模式的史料空白。

长春是中华人民共和国成立后电影的摇篮，长影厂的历史要直接追溯到“满映”时期，“满映”演员训练班中的很多学员直接成为东影厂与长影厂演员剧团的重要建设力量。但由于历史久远，很多材料已不可考，因此除了学者胡昶关于东北电影发展的系列著作外，经历过那个年代的老艺术家们的口述历史成了重写剧团史的珍贵资料。

长影厂演员剧团团长宫喜斌、张白爽夫妇为笔者对整个长影厂演员剧团的建制梳理、演员选拔与培养情况研究提供了巨大的人力帮助和资料支持。宫喜斌和张白爽是“文革”后期第一批被选入长影厂演员剧团的学员，其中宫喜斌成为长影厂演员剧团团长以来，经历了电影厂转制时期演员剧团的发展转型，从第二期演员培训班开始一直参与并主持了演员剧团主办的所有培训班，可以说是改革开放后长影厂演员剧团演员储备、选拔、培养经验的活教科书。两位老师提供了关于“文革”后长影厂演员剧团演员培养模式的丰富的口述材料。

在团长宫喜斌的介绍下，笔者与长影厂演员剧团老表演艺术家刘彤彦、白德彰取得联系，并进行了深入采访，进一步补充了从“满映”到东影厂，直至早期长影厂演员选拔和培养理念、方式、方法的历史材料。其中刘彤彦老师是“文革”后期长影厂首期演员培训班的招考老师，他从招生的角度分析了演员剧团对表演人才的选拔、培养理念，对宫喜斌、张白爽老师的采访形成了有益的补充。

除了三大电影基地，其他地方的电影制片厂演员剧团的口述史也是论文的有机组成部分。整合全国有影响力的制片厂演员剧团相关数据资料，可以更完整地研究内地演员的培养模式。由于制片厂转制等历史原因，一些建制所限的地方电影制片厂演员剧团已经消失于电影体制改革的大潮中，除了电影厂厂志或图册等综合性资料外，针对演员剧团的材料少之又少，特别是团内演员选拔与培养资料基本没有得到保存。在调研方面，笔者坚持找主要单位的主要人物，以口述历史的方式填补空白。

珠江电影制片厂（以下简称“珠影厂”）演员剧团方面，由于剧团已经解散，所以笔者采访了最后一任团长蔡鉴州，他是珠影厂演员剧团主办的首届培训班的学员。蔡鉴州以自己的亲身经历梳理了演员剧团选拔和培养表演新人的标准、途径与方法，减少了由于剧团解散而遗失相关资料的遗憾。

峨眉电影制片厂（以下简称“峨影厂”）演员剧团团长孙敏从北京电影学院表演系毕业后被分配到剧团参与表演创作工作。峨影厂演员剧团真正开始发展壮大是 20 世纪 80 年代，主要是以接收表演科班毕业生为主，没有举办演员培训班。在演员任用方面也较为看重其自身的表演实力。团长孙敏主要就剧团建制和演员构成、组织管理方面内容作了介绍说明。

西安电影制片厂（以下简称“西影厂”）演员剧团团长韩炳杰主要介绍了演员剧团的人员构成与历史沿革，较为详细地介绍了团内演员的选拔标准与培养模式，特别是针对演员培训班的相关说明较为详实，为本文的书写提供了有益补充。

1.2　中国内地专业院校表演教育

北京电影学院是 1949 年以来中国内地历史最悠久、电影表演教学传统延续时间最长的电影类高等教育院校，其院史、校友录、表演教材等文字资料留存较为丰富。除文字资料外，笔者还采访了表演学院院长张辉，就表演专业学生的选拔与培养的方式、方法，包括选拔标准、培养经验等问题作了提问，并得到了较为详尽的解答。

上海电影专科学校虽然只是短暂存在，但仍为上影厂演员剧团输送了一定数量的表演人才，所以其在电影表演教育史上的历史地位值得肯定。演员严永瑄曾经是表演班的学员，也是笔者的重点采访对象之一。由于留存的文字材料较少，所以在该校的资料搜集方面，口述历史就成为主要依靠的方法之一。严永瑄就上海电影专科学校招生范围、生源情况、选拔方式与培养办法进行了比较系统的总结，并提供了一手的文字材料。

长春电影学院在中华人民共和国成立后的电影表演教育史上可谓昙花一现。原本学制四年实际上只以电影学院的名义运作了两年，而招收的唯一一届学生毕业后也并未分配回长影厂演员剧团。尽管如此，因其历史存在价值，长春电影学院存在的历史意义不能忽略。遗憾的是，由于年代久远，学院留存的资料几乎为零，只有亲历者的口述历史才可以弥补这一缺憾。幸运的是，笔者经过长影厂演员剧团团长宫喜斌的引荐，找到了当时表演班的两名学生——现国家一级演员朱德喜与牛皎环夫妇。两人就当时招生情况、培养课程以及学员后续表演发展问题谈了自己的切身体会，并提供了私人印制的相关材料。

改革开放后，市场化的运作机制使影视表演人才融合，演员银幕表演渠道呈现出多元化的发展态势，电视剧市场的繁荣使越来越多的演员投身其中。除北京电影学院外，中央戏剧学院、解放军艺术学院、上海戏剧学院等艺术类院校的表演专业毕业生们为中国内地表演人才市场注入了新鲜活力。这类院校对表演人才的选拔、培养模式同样值得关注。

中央戏剧学院是中国内地戏剧表演教育的传统院校，笔者联系到了表演系主任郝戎及部分毕业生，在表演系招生、培养教育方面听取了来自考生的亲历经验。

上海戏剧学院戏剧系的采访除了学生的选拔与培养情况外，还特别增加了有关工农兵学员的部分内容。在恢复高考前，上海戏剧学院戏剧系工农兵学员成为上影厂演员剧团“文革”后招收新人演员的主要来源，现上影厂演员杨德根就是他们中的一员。这部分生源的招考经历与高考学子的截然不同，其方式也从没被人披露过，这次的写作正好为此提供了契机。另外，戏剧系主任何雁老师接受了笔者的采访，他从当下戏剧系新生选拔标准、培养模式与表演教育改革前景等几方面谈了自己的观点。

解放军艺术学院与地方艺术类院校不同，对于学员的选拔方式也独具特色。与地方招生不同，其戏剧系在选拔、培养表演人才方面经历了一个由封闭到面向地方开放的过程。笔者在调研过程中发现，该学院很多内部资料较难获取，在这方面原戏剧系主任李钦梁给予了较大帮助，特别是针对戏剧系的招生、培养特色及部队文艺对演员养成过程中起到的重要作用进行了较为系统的梳理与剖析。

2　台湾调研部分

改革开放后，明星回归大众视野，港台明星文化输入内地。与内地不同，香港、台湾的政治制度与经济环境决定了其电影演员的选拔、培养更接近西方明星制下的商业运作规则。此次口述历史调研主要针对台湾部分展开，笔者在台湾访学的半年时间，深入其明星生产的各环节，对受访人进行了深度访问。

在台北世新大学广播电视电影学系的助理教授何怀嵩等人的帮助下，笔者对台湾的主要电视台艺能培训机构、台北艺术类大学等教育机构的表演系，以及各大演艺经纪公司的经纪部门做了深入的田野调查，以期掌握一手资料。

2.1　经纪公司与电视台艺能培训机构

相对于中国大陆演员的选拔、培养渠道，台湾艺能经纪公司承担了大部分艺人选拔与培训的工作，台湾“造星”模式的建构也基本依托于主流经纪公司推行的生产模式，但系统梳理该部分内容的资料十分匮乏，尚未得到应有的重视。本文试图整合调研资源，将台湾艺能经纪公司的“造星”情况加以分析，以期探究台湾从素人到艺人的制造流程。这方面的资料在大陆几乎是空白，本文该部分的写作主要是以不同演艺行业从业人员的田野调研来完成。

从经纪公司“造星”角度来看，柴智屏是台湾偶像生产的一大推手，她的偶像生产经验传承自“综艺教母”葛福鸿建立的著名的“福隆”体系，并一直沿用至今，为台湾偶像市场的繁荣发展提供了一个有效的生产范本。笔者采访到了传承柴智屏“造星”经验的可米可贵娱乐事业有限公司总经理王信贵，将整个艺人生产流程整理了出来，其中包括从“福隆”体系到柴智屏体系的所有发展脉络，兼论琼瑶“造星”理念对台湾艺人市场的影响。

万星传播股份有限公司总经理戴冠伦则站在经纪人角度对台湾明星经纪与明星生产的关系作了进一步阐述。与柴智屏体系不同，万星公司的演员业务涉及大陆和台湾，所以戴冠伦对台湾艺人北上从影及合拍片中大陆演员的选角问题也有自己的看法。

演员邹承恩是赵又廷经纪公司的艺人，他与赵又廷同期出道并共同出演作品，本身即是偶像明星。在笔者的调研过程中，邹承恩以自己的亲身经历对台湾著名经纪公司普拉嘉国际意像影艺股份有限公司的艺人选拔与培养模式进行了全方位介绍。

在电影公司方面，出于电影选角的需要，海选素人演员也成为一种主流趋势。华影国际影艺有限公司的首席执行官邹介中以自己公司出品的电影《听见下雨的声音》为例，立体多元地阐述了当下台湾艺人生产的现状与问题。制片人周俊鸿曾参与过电影《小时代》第一、二部的相关工作，由于有多年北上从影的工作经验，他对大陆和台湾艺人的生产现状与电影选角问题的看法都很有时效性与前瞻性。台北影业董事长胡青中与安可电影股份有限公司的导演李岗则从投资方与导演的角度阐述了电影与选角的关系，以及影片对于明星生产的作用与意义。

与香港类似，台湾电视台也成立艺能部门专门选拔、培养新人演员，使其出演自家电视台录制的综艺节目与偶像剧。笔者针对台湾的主流电视台进行采访，掌握了一手材料，以揭开台湾电视台艺能培养机制的真相。其中，三立电视股份有限公司艺能事业部副总经理洪任中对近年来三立艺能在培养新人方面的模式经验作了完整介绍。凤凰艺能股份有限公司的总经理黄建福针对电视台艺能培训模式的解答较全面，并提供一手材料。

2.2 台湾表演教育

台湾的表演教育与大陆不同，较为排斥斯坦尼斯拉夫斯基表演体系，这点与香港类似。他们的院校表演教育多集中在国剧与戏剧方面，没有专门的电影表演教育，培养理念也与大陆院校大相径庭。笔者对多所院校进行田野调查。中国文化大学中国戏剧学系主任刘慧芳教授对台湾高等学校的表演教育现状做了全面而细致的分析。华冈艺术学校戏剧科主任殷雪梅提供了该校对培养表演人才制定的教学材料，指出台湾演艺市场现状并发表了自己的看法。南强高级工商职业学校的校长利政南也接受了笔者的采访，对该校“产教融合”的教学理念做了进一步说明。

随着内地市场经济改革，大陆、台湾演艺市场进一步交流互融，香港、台湾的影人们纷纷北上发展，与港台流行明星同时输入内地的还有其商业化运作更为成熟的艺人经纪模式。在针对经纪公司的调研部分，笔者深入其中，探访了包括奥普逊在内的几家艺人经纪公司，与其相关人员探讨了新世纪以来在大陆和台湾资源融合的背景下，挖掘与培养新生代演员的具体情况。通过与明星粉丝群体的交流探究粉丝对明星生产的推动作用，进一步分析在体制转型中，新媒体环境下中国电影演员生产呈现的新现象与新趋势。

3 口述调研过程的问题与困惑

3.1 口述样本对象记忆偏差与史料记载的真实性判断问题

在口述调研的过程中，笔者遇到的最大困难就是受到年龄、身体状况等的制约，口述对象出现记忆偏差的问题。这似乎是在做口述工作时必然会遇到的问题。在调研同一个电影制片厂演员剧团的不同演员时，会得到截然不同的答案，而回忆中可能出现的数字、人名、地名等元素最容易出错。比如在调研长春电影制片厂演员剧团的时候，其中涉及“满映”电影演员的部分，笔者最开始依托的文字资料包括胡昶、古泉合著的《满映——国策电影面面观》。该书对于“满映”的资料收集与全面分析工作令人叹服，特别是涉及演员培养的内容，得到了东北电影人，特别是老一辈演员群体的普遍认同，这一点刘彤彦老师也甚为认可。但在采访他的过程中，却发现刘老师提及的演员训练班的人名和人数与书中记载的有出入。最终，在刘彤彦老师严谨治学态度的帮助下，笔者对书中的纪录做了纠正，将第一期演员训练生名单中的“于琦”更定为“于漪”，在第三期男训练生名单中增补“贺汝瑜”。在采访上影厂演员剧团时，为了避免记忆偏差的情况发生，笔者基本上会同时约两到三位演员一起接受采访，互相补充以便对口述材料进行实时纠正。

3.2 口述对象不配合或者有所保留时的应对方法

在采访口述对象时，大多数情况下受访人都会配合，但也有不配合或者受访时有所保留的情况发生。每个人的时代记忆不同，也不是人人都愿意分享，采访需要技巧，也需要中间人的引荐。在针对长影厂的调研过程中，一些有"满映"时期表演经历的老一辈艺术家，比如白德彰、于洋等，似乎对那段过往不愿多谈，而是直接从东影厂开始聊起。笔者的追问，有时也会起到反作用，但也许正是这部分资料才最为珍贵。在遇到该种问题时能将采访顺利进行下去绝非易事。有时候或许需要再三邀约才能完成，而更多的时候只能留有遗憾。目前，笔者暂时没有找到一种有效的应对方法，以便解决口述对象不配合或有所保留的问题，只能尊重个人选择，或者换个提问方式、提问角度，以期能够在条件允许的情况下，最大限度地接近受访者，获得珍贵的一手材料。

3.3 关于口述调研的遗憾在所难免

在整个口述记录经历中，调研整理的过程既充满惊喜、感动，也难免存在遗憾。在内地电影制片厂演员剧团调研部分，老艺术家梁音的去世是最大的遗憾。本来事先已经有所联系，但由于某些问题没能及时进行采访，没想到一时的错过造成了莫大的遗憾。笔者参加了梁音先生的遗体告别仪式，深感口述史采集工作是一项抢救性工程。

另外，针对香港部分的口述历史写作，笔者主要是通过联系业界的制片人、经纪人对所搜集的资料进行口述补充，由于条件所限，仅以代表性公司为主。在一次学术会议上，笔者得到香港电影学者罗卡的指点，对目前香港老一辈的亲历者现状稍作了解，整理了香港艺员培训班的相关情况与数据分析。在推新人方面，香港电影公司无疑占据权威地位。由于商业体系发展较为完善，香港艺人生产与好莱坞电影"造星"机制较为接近，发展出一条龙式的流水线生产模式：自行选拔、培养新人，演出自家公司生产的电影，包装角色推向市场。除了电影公司在艺人生产方面的作用，商业运作下的选美/选秀机制也为香港影坛输入大量新鲜血液。笔者亦试图联系"亚洲小姐"选美赛事的相关参与者，对其中的选拔内幕进行深一度的挖掘。遗憾的是由于时间有限，香港口述调研没有较为系统地展开，仍待未来有机会做后续研究展开。

4 结语

中国演员群体庞大而构成复杂，拥有原生态的养成机制与演艺圈生态。仅就中国内地来说，1949 年以来，无论是"十七年"时期的电影演员培养模式，还是改革开放后市场经济体制下国产电影"造星"的游戏规则都独具中国特色。而台湾、香港的演员培养模式亦受时代政治、经济影响呈现出不同面貌。从 2013 年 9 月到 2015 年初，笔者综合不同采访对象的口述，通过对电影事业（转制前内地电影制片厂演员剧团）、电影教育（影视类艺术院校）、电影产业（影视公司、艺人经纪）等近 60 位电影相关从业人员的口头采访，尝试通过差异性分析，探究 1949 年以来内地和香港、台湾三地演员养成机制的异同。

虽然在整个过程中不乏遗憾，比如由于时间和精力所限，采访地域主要以大陆与台湾为主，香港部分还有待补充，部分拟受访者因为种种原因没有接受采访，等等。但随着工作的深入，笔者仍收获颇丰，对口述这一研究方法既萌生了兴趣，也产生了疑问与思考。这种由于地域性差异，口述调研呈现出受访者的不同面貌、不同视角的口述经验所产生的新问题，也有待笔者在今后的工作中继续发掘研究，弥补不足。

海外华人口述历史实践:从访谈到媒介传播

◎肖元恺[1]

摘　要:

笔者曾将针对三百位左右海外华人的口头采访,整理成文字发表在北美华文纸媒和网络上,一些内容被国内人民网、新华网、中国新闻网和凤凰网等媒体转载。采访的对象主要包括移居海外的老侨,有的已经历三四代;改革开放后从大陆出来的老留学生,这部分还包括作为父母赴加与子女团聚的退休老人,他们曾是各行各业的中坚力量。本文从理论与实践的不同角度,探讨海外华人口述历史的体会、特点、方式方法以及前景,为口述历史这门事业的发展提供一个颇具独到性的视角,由此亦总结出一些带有规律性的要素。

关键词:

口述历史;海外华人;多元化;传媒和温哥华

Oral History Practice of Overseas Chinese: from Interview to Media

◎ Xiao Yuankai

Abstract:

I have done oral interviews with three hundred overseas Chinese, most of whom were old overseas Chinese living in foreign countries for three or four generations, old Mainland Chinese students studying abroad after China's reform in 1970s, and parents came to reunite with their children in Canada after retiring from their key positions. These oral interviews have been edited into papers and published on paper media and net of North America. And some content has been reloaded by Chinese media, like people.cn, xinhuanet.com, chinanews.com, ifeng.com and so on. Basing on the achievement above, this paper discusses the feeling, features, methods and foresight of oral history of overseas Chinese. It aims to provide a unique perspective for the development of oral history and then conclude some regular elements.

---

[1] 作者简介:肖元恺,《环球华报》(加拿大)主编。

Keywords：

Oral History；Overseas Chinese；Diversity；Media and Vancouver

10年来本人利用在加拿大报业工作之便，先后采访了大量海外华人，其中长者居多，最高龄已近百岁。笔者将他们的口头叙述整理成文字，多发表在《环球华报》(*Global Chinese Press*)"人物版"上面。本文就是在此基础上，从理论与实践的不同角度，来探讨海外华人口述历史的体会、特点、方式方法以及前景，为口述历史这门事业的发展提供一个颇具独到性的视角。

1 领教北美口述历史经验

在北美地区，"口述历史"(Oral History)作为一个常见的名词，已然行之有年了。本人居住在温哥华10年有余，2006年至2007年之间写作《在历史的天平上：马英九评传》一书时，需要查阅相关史料，曾专程到美国斯坦福大学(Stanford University)亚太研究中心和加拿大卑诗大学(The University of British Columbia)亚洲图书馆等北美学术机构，先后接触到不少中英文口述历史的书籍，印象深刻。

那时在北美看到的口述历史文字，基本上都是北美和港台出版，由当地媒体界与学术界人员撰写，有花团锦簇之感。而在那个时候，却鲜见来自内地的口述历史书籍。其实当时在内地已经有这方面的作品了，问题就在于北美高等学府亚太研究机构没有引进这些书籍，原因是采购经费问题，还是认知差异问题，就不得而知了。按目前来看，以前一边倒的情况有所改观，这多少证实过去确实存在对内地口述历史作品的不同看法，由此牵扯到评判标准的问题，也有方式的问题。也就是说，导致这些问题的原因既有理论因素，也有实践因素。

在北美有关华人口述历史部分，本人接触最多的当属唐德刚先生的系列作品。他也是华裔历史学家中接触口述历史的先行者之一，尤其是他对晚年张学良的现场采访、对穷苦潦倒时的胡适的记录，应该算是一种绝唱了。他认为口述历史的困难不止在于"我讲你写"，还要在一般史学的著述程序之外加上当事人关键性的叙述——有时与表面的故事完全相反。对此，本人认为他把"记录者"与"研究者"混为一谈了。[1] 依愚之见，"口述历史"应该分为两个主要层次，两者之间有着截然不同的清晰分界线。

第一个层次是记录，不管是采取文笔记录，还是采取录音记录，抑或采取摄像记录，形

[1] [美]唐德刚：《代序：张学良自述的是是非非》，载张学良口述、[美]唐德刚撰写：《张学良口述历史》，北京：中国档案出版社，2007，代序第9—10页。

式不拘，但必须以忠于叙述者为准。不管记录者是否认同叙述者的观点，都绝对不能把自己的看法强行加入这一个层次里面，否则就违背了“口述历史”的初衷。

如果把第一个层次称为“生产阶段”的话，那么第二个层次则是记录的内容进入“使用阶段”，勉强套用经济学上的一个术语，即从“产品”变成为“商品”。在第二个层次上，为学者进行历史研究提供材料，判断口述历史内容的真伪与高下，那是史学工作者的任务与职责。这份责任委实不应该由记录者来承担，否则就是越俎代庖了。

这是否就意味着记录者不承担任何责任，可以任意记录任何内容，任其芜杂良莠不分了呢？当然不是。记录者本人应该具备一定的修养与学识，记录前就应该有一个基本判断，对叙述者有基本的了解和认知，这也是从事本行业的最基本条件。在此基础上，再来保证记录内容的连贯性、客观性与纯粹性，将其原汁原味地保留下来，确保这些内容是“叙述者”的，而不是“记录者”的。记录者做完记录之后，可以提供“备注”或“心得”，但那些已经是额外的东西了。即便以后去芜存精择要发表，也要完全围绕叙述者的口述内容来进行，至少要大体符合对方的思路逻辑，更不能因自身倾向而断章取义，以至于违背叙述者的初衷，那样就不免离谱了。

2 大温华人社区历史价值

本人的工作地点主要在温哥华，这里的华人藏龙卧虎。就地理概念来讲，本地有一个“大温哥华”(Great Vancouver)的说法，简称为“大温”，包括温哥华及其周边近 10 个城市，地理上被称为“菲沙河谷低陆平原”。以前，温哥华的唐人街(Chinatown)是本地华人的活动中心，现在到处都有华人散居，到处都是“唐人街”了，而原始的唐人街正走向衰败，作为加拿大的一个历史短促的“古迹”，越来越凸显它的旅游价值了。

大温的华人社区历史上是以唐人街为中心，在本地，唐人街又被称为“华埠”或“中国城”。百年前加拿大修铁路，最为艰苦的路段都是华工修的，有道是“每根枕木下面，都埋有华人的白骨”。铁路建成后，加拿大却出现“排华”浪潮，政府推出《排华法案》。在白人的地盘上，华人需要抱团生存、自卫，于是就聚集在一处共同面对生老病死，这块袖珍之地就是早先的唐人街。本人采访过维多利亚大学历史学教授黎全恩，他是世界各地唐人街的研究专家，先后出版过有关方面的专著，如《加拿大华埠发展史》(*Chinatowns: towns within cities in Canada*)和《维多利亚之“紫禁城”》(*The forbidden City within Victoria*)等，尤其对早期北美华人的源流与状况研究很是细致入微，具有很高的史料价值。交谈中黎教授披露，在温哥华岛东面海上有一个面积不大的达斯岛(D'Arcy Island)，那里隐藏着一页华工血泪史——19 世纪初铁路华工只要患上麻风病就会被送到该小岛，虽然定期运送补给品，却不给予任何医疗照顾，等于宣判死刑。黎教授说这段历史至今还是个空白与禁区，笔者在征得他的同意后，将此著文见报。

之所以把温哥华称为华人藏龙卧虎之地，主要是这里汇集了各行各界的华裔精英。当年孙中山数度来到温哥华，留下的一些遗迹至今还保留在唐人街一些老会馆里面。另外还有康有为、李鸿章等也都在温哥华驻足。年前本人采访85岁的伍氏宗亲会会长伍侠儒，由他口述温哥华最老华人社团伍胥山公所百年历史，其间谈到加拿大第一位华裔总督伍冰枝女士来访时的情景。由于谈兴愈浓，伍老先生带本人到有些破败的三层阁楼，向本人展示了孙中山当年在温哥华的字墨原物，而这些镇馆之宝以往是秘不示人的。

仅从本人这些年来的采访对象来看，大温地区的华人分为几块：移居海外的老侨，有的已经历三四代，如第三代温哥华市议员雷健华，竞选过温哥华市长；改革开放后从大陆出来的老留学生，这部分还包括作为父母赴加与子女团聚的退休老人，他们曾是各行各业的中坚力量，如见证参与中国数所交通大学分流的老教授盛宝忠；路过温哥华的华人，或在此停留讲学、参与外事活动和访谈的学者名家，例如最近刚来温市造访的孙中山孙女孙穗芬。

3 邀约采访没有一定之规

口述历史被称为“对话之旅”，对此本人颇为认同。有学者指出，对话的过程不单单是你问我答、你说我记，也是在互动中完成的建构过程。[1] 本文重点放在海外实录的操作性以及相关的具体实务，详述如何完成成功的采访。根据本人的多年经验，采访当事人的形式灵活多样。但无论如何，访谈不能变成形式化的审问，而应是一连串友善的对话，此被称为“田野访谈法”。[2]

如果受访者已是加拿大移民，有固定的住宅或办公场所，就约定到对方的府上或者办公室，由于不少受访者都已年迈，故这种访谈方式最佳。对方行动自如，也有到邻近咖啡馆访谈的时候。在天气允许的情况下，或到左近的海滨公园，有助于引发谈兴。倘若是做客温哥华，通常就在对方下榻的宾馆酒店，有时或由中间人提供地址。

在温哥华，特别是在唐人街小圈子里面，有些肚子里很有故事的老侨，却只会讲台山话，连广东其他地区的人都听不懂。这些老侨一生都在唐人街的餐馆打工，很少与外面的主流社会接触，所以英语和普通话都不懂。有的更把台山话当成唯一的中国话，认为普通话不是中国话。还有一些是华人与原住民临时同居的后代，为早期修铁路的华工与本地土著女子所生，这是那个时代的特殊情况——当时来加拿大的华人多为男性，政府也不准

〔1〕 当代上海研究所编《口述历史的理论与实务：来自海峡两岸的探讨》，上海：上海人民出版社，2007，第49页。

〔2〕 李向平、魏扬波：《口述史研究方法》，上海：上海人民出版社，2010，第127页。

其家属过来。这些混血儿有的曾到广东寻根，但他们只会英语土语。本人先后数度采访土生华裔历史学家余全毅，他现在是卑诗大学历史系教授，正与卑诗大学亚洲图书馆和温哥华中央图书馆等单位合作，建立本地华人家谱档案库，现在已有眉目。

口述历史涉及口述资料的整理方式，也涉及与文献资料的互相取证。必须坦承口述资料存在个案局限，即便叙述者对某些历史事件是“亲历、亲见、亲闻”，但由于间隔久远，记忆力难免有障碍，叙述过程可能不稳定，必须要经过话语和叙事等方面的分析。任何一种口述访谈，总是会有误差，因此要扬弃标准的年代史观念，以情绪连接为原则，融入视觉想象。〔1〕 记录的价值，很大程度上取决于记录者的史学造诣，有时用基本的常识就能做出判断，有时则需要较深的修养，因为“同一件事，不同的见证者，或因有意偏袒，或因记忆不全，所做的描述也不同”〔2〕。

4 完全实录与选择性整理

本人的所有人物采访，都以每周一期的专版形式，固定在《环球华报》上发表。从所述皆录，到成文发表，这期间要经过消化整理。按照版面编辑要求，每版原来在 4000 字左右，还要配三四张图片。版面依照国际流行趋势进行瘦身改革之后，压缩到每版 3000 字左右。

每次访谈内容，基本上要大大多于能够见报的文章，有时多四五倍，有时甚至多数十倍不等。这里面就有一个取舍的问题，一般可供研究的定型部分，应该是见报的内容。

可以说找对口述历史的叙述对象之后，记录本身应该不存在什么难度，那只是一个技术活儿；要紧的是筛选叙述内容，归纳整理成可读的文章，这种选择才见真正的功力。

在温哥华著名的富人区，本人曾经采访过加拿大第一个华裔联邦国务部长陈卓愉，当时是初夏时节，我们坐在英吉利海湾的木椅上，从太阳当头一直谈到夕阳西下。他当年陪同加国总理访华，与江泽民和朱镕基等都有过晤谈。早年他在卑诗大学物理系获得博士学位，留校在一个物理研究所就职。后来他参加选举，代表联邦自由党竞选国会议员成功，联邦自由党执政后出任要职。笔者采访陈先生的这篇口述专访长达万余字，作为《步印枫国》这本书的首篇，由中国发展出版社出版。

加拿大华裔国际法及历史学家林达光教授，在中加当代关系史上有重要地位。他本人是第二代移民，1950 年举家到中国居住十四年，其间曾与李慎之夫妇等共事。后来下放到沧县农村，亲历了“大跃进”和“三年困难时期”。回加拿大后，林达光写了大量有关中国

---

〔1〕 当代上海研究所编《口述历史的理论与实务：来自海峡两岸的探讨》，第 155 页。

〔2〕 [美]唐纳德·里奇：《大家来做口述历史：实务指南》(第二版)，王芝芝、姚力译，北京：当代中国出版社，2006，第 3 页。

的文章，成为北美著名的“知华派”。20 世纪 70 年代基辛格访华前，还派人登门与他密谈。随后林达光从日内瓦绕道前往北京，受到周恩来等的接见。我采访了林达光的遗孀陈恕，那时他们合著的回忆录《走入中国暴风眼》(*In the Eye of the China Storm*)中文版刚面世。耄耋之年的林夫人已行动不便，谈锋却很犀利。她父亲陈健安民国时曾出任中央银行副总裁兼制币厂厂长，襄助财政部长宋子文，1926 年还在汉口认识宋庆龄。20 世纪五六十年代林达光一家在中国时，受到宋庆龄的关照。

仅从海外实际情况来看，华人读者还是非常欢迎口述历史类型的文章，尤其是一些有阅历的读者，还会联系报馆，反馈自己的看法，有的意犹未尽地希望能够获得当事人的联系方式，以便进一步就相关话题予以探讨。

5　有待正视的大时代小人物

在采访对象中，有些既不是风云人物，也不是名人之后，他们已经一大把岁数，从事过不太起眼的工作，人生也没有过大起大落，只是那个时代的经历者和见证者。采访这样的人物，有时自己也不免心下存疑：是否有记录的价值？

事实证明，小人物也是有记录价值的，“口述史给了普通人表达自己意见的机会和空间”[1]。关键在于如何把握住那个“点”，即时代背景与个人命运的关系，当关注到两者的交叉时，这个“点”的意义就出来了。历史进程中的草根阶层，代表的是公众记忆，朴实真挚。其实对于口述史与民俗学的关系，在西方史学界早就有所议论了，它更涉及社会学和人类学领域的知识，为口述史的发展确立过一些规范，即称口述历史为“来自社会底层的历史”[2]。当然，这些规范不必要照搬，但当成一种坐标来参考还是可行的。

像上海《新民晚报》资深美编姚继良退休后赴加拿大探望女儿，就定居在温哥华，如今定期举办美术讲座，并且成立了加拿大海派书画院。虽然他只是一个美编，但在《新民晚报》资格老，见证了沪上报业的兴衰起伏。

在卑诗大学亚洲系当兼职教授的王瑞，以八秩高龄开办中国电影选修课，理科院系的学生都跑来选修，每堂课大阶梯教室都爆满。我采访他时已是冬夜，老人刚下课回来。他虽然自谦只是普通的教书匠，但却是中国当代电影发展的见证者，谈起中国电影滔滔不绝，底气很足。20 世纪 50 年代从北京第一外国语学院英语专业毕业后，他做过一段时间的电影对外发行工作，到文化部《电影银幕》出任英文版主编，后来又到中国电影资料馆专门从事电影研究工作，协办过多个电影国际研讨会。在以后的岁月里，王教授先后与谢

---

〔1〕［美］唐德刚：《张学良口述历史》，第 26 页。
〔2〕李向平、魏扬波：《口述史研究方法》，第 7 页。

晋、谢飞等名导组团外访，与陈荒煤、陈怀皑、谢铁骊和吴天明等都是好友，自然熟悉电影界很多内幕。到现在为止，吴天明的《变脸》是王教授使用频率最高的教材。如今有些电影名人已经作古，有的也改行息影了，已经年迈的王教授仍然坚持传授中国电影。他的访谈可以用六个字形容——“爱之深，责之切”，这点尤其表现在他对第五代导演的评价上。

6 抓紧时间采访，时不我待

在海外人物采访中，笔者深切地感受到，有些叙述的内容是很难得的史料补充，因为叙述者的年迈体衰，也由于接受采访的条件近于苛刻，所以其中不少可采访的机会都会稍纵即逝。

其实笔者所接触到的可采访对象、有意要采访的内容，要远远多于已经完成的部分。不得不承认有部分责任在于自己，由于自己的疏忽或没有抓紧机会，导致机会失之交臂而扼腕叹息。所以做口述访谈要有急迫感，要只争朝夕。肚中有料的叙述者一般都饱经沧桑，有的已到耄耋之年，身体欠佳在所难免，叙述本身对他们来说就已有困难，采访者如果不见缝插针，迎难而上，很可能就会错过记录的机会。

本人就曾有过这样的经历。有一位声名卓著的老侨，不但是资深的侨界领袖，而且还是本地最大中文学校的创始人，为中加关系也做出过贡献。本人想采访时他已病卧床榻，通过家人几次约定时间，最后仍然未果。

几年前本人采访温哥华政界、商界两栖名人翁益智先生，他口述了许多开启山林时的内情。20 世纪 70 年代中期，翁益智先生从香港银行界转至加拿大商贸和房地产界，却用三分之二的时间从事公益活动，成为卑诗省省长的咨询顾问和华人助选团主席。多年来他促成本地市长访华，与中国内地一些城市结成姊妹城市。翁益智还曾被举荐竞选列治文市长，而列治文是加拿大华人第二多的城市。这篇采访见报后，被国内中国网、中国新闻网等转载。然而很不幸的是，没隔多久，翁先生就因直肠癌病逝，那篇口述记录成了他最后的遗言。

从美国历史学家艾伦·内文斯（Allan Nevins）于 1938 年出版《通往历史之路》一书，首次发出开展口述史学研究的呼吁，[1] 到今天口述历史已经演变为一门国际化的专门学科。口述历史的优势在于降低了历史学的门槛，关注历史中个人的感受经历，真正适用于平民，应该隶属于非物质文化遗产。

---

〔1〕 当代上海研究所编《口述历史的理论与实务：来自海峡两岸的探讨》，第 15 页。

后　记

林　卉

2014年冬，立足于对现代"口述历史"概念进入中国学术界视野几十年历史的回顾，对不断涌现的具有学术和公共传播属性的口述历史项目的观察，对领域内诸位先行者与同路人的了解，中国传媒大学崔永元口述历史研究中心经过内部论证，推出了"口述历史在中国"项目，希望在公众和学术领域之间搭建一个供口述历史实践者、研究者和观察者交流的平台。

2016年冬，第二届口述历史国际周闭幕。一周的时间里，国际研习营、行业海报特展、国际专家讲座、学术研讨会等多个版块并行，从口述历史的理论研究到方法实践，从个案分析到公共传播，从青少年领域的口述历史推广到融合了学科史、家族史、教育、战争、乡村、非物质文化遗产、女性等多个研究领域专家及口述历史相关议题的讨论。经过整整两年的实践，"口述历史在中国"衍生出一年一度的"口述历史国际周"，已成为中国口述历史学界每年的重要活动。崔永元口述史中心也已不单拥有有着十几年访谈经验的团队和国内首屈一指的口述历史资料库，年均上万人次的参观交流、数万册传记类图书馆的对外开放、结合馆藏资料举办的数十场影像放映及交流活动等，都使这里为更广阔的公共领域所熟知。

"口述历史在中国"的每一步，历历在目：

2014年下半年

"口述历史在中国"策划及建组活动筹备

通过中心官方微信公众号"崔永元口述史中心"释放信息

2015年

4月23日

系列讲座(一)：定宜庄——口述与史

5 月 7 日

系列讲座(二):杨祥银——在学院与公众之间:我的口述历史研究与实践

5 月 21 日

系列讲座(三):游鉴明(中国台湾)——口述历史与台湾妇女史研究

5 月 28 日

系列讲座(四):吴文光——吴文光与“民间记忆”

6 月 10 日

专访英国苏塞克斯大学女性口述史专家玛格丽特·茱莉(Margaretta Jolly)

6 月 18 日

系列讲座(五):赵一工——从实践中认识口述历史

6 月 25 日

系列讲座(六):梁鸿——非虚构文学中的人物自述

7 月 30 日

系列讲座(七):丁东——关于口述历史的八个问题

8 月 24—28 日

专访大英图书馆口述历史馆馆长罗伯特·珀克斯(Robert Perks)

专访国际口述历史协会前主席、捷克口述历史学会前会长麦罗斯洛夫·瓦内克(Miroslav Vanek)

专访国际口述历史协会主席英迪拉·乔杜里(Indira Chowdhury)

专访国际口述历史协会南非区代表克里斯蒂娜·兰德曼(Christina Landman)

9 月 10 日

系列讲座(八):唐建光——通向公民写史之路

9 月 18—20 日

工作坊·北京站

9 月 24 日

系列讲座(九):叶永烈——我做口述历史走名人路线

10 月 15 日

系列讲座(十):陈墨——口述史学是什么学

10 月 30 日—11 月 1 日

工作坊·上海站

11 月 26 日

系列讲座(十一):郭于华——从普通人的日常生活讲述中构建历史

12 月 8—13 日

第一期口述历史国际研习营

系列讲座(十二):亚历山大·范·柏拉图(Alexander Von Plato,德国)——二战后的德国口述历史

系列讲座(十三):道格·博伊德(Doug Boyd,美国)——数字时代的口述历史

系列讲座(十四):英迪拉·乔杜里(印度)——口述档案馆:国际传播中的问题和挑战

首届“口述历史在中国”国际研讨会

口述历史行业同人交流

专访美国口述历史协会当选主席道格·博伊德

专访国际口述历史协会前主席、德国著名公共史学家亚历山大·范·柏拉图

12月18—21日

工作坊·香港站

2016年

3月25日

中国传媒大学口述历史社团“白杨记忆”成立

口述历史高校联盟计划启动

4月10日

“家·春秋”口述历史影像记录计划第二季颁奖礼

4月22日

系列讲座(十五):范海涛——我在哥大学口述史

4月22—24日

春季工作坊“从零开始学做口述史”

5月17日

系列讲座(十六):周浩——我所理解的纪录片

6月6日—7月6日

口述历史高校联盟——崔永元电影传奇馆助力第三届南京电影论坛“中国电影在海外”海报特展

6月15日

系列讲座(十七):王宇英——口述历史中的创伤记忆

6月16日

系列讲座(十八):玛格丽特·茱莉(英国)——口述历史与女性主义

7月24日—8月2日

“口述历史在中国”系列活动:“蒹葭影像计划”青少年体验营

7月25日

系列讲座(十九):纪录片《冲天》放映及导演张钊维(中国台湾)现场交流

7 月 26 日

系列讲座(二十):纪录片《我在故宫修文物》主创座谈

9 月 5 日

系列讲座(二十一):热田敬子(日本)——继续回响的声音:日军性暴力受害者证言与回应

9 月 28 日

系列讲座(二十二):傅光明——文学·历史·口述史

9 月

首届"口述历史在中国"国际研讨会论文集《口述历史在中国(第一辑):多元化视角与应用》出版

11 月 7—13 日

第二期口述历史国际研习营

系列讲座(二十三):赖素春(新加坡)——口述历史访谈以后:文档与保藏

系列讲座(二十四):保尔·汤普逊(Paul Thompson,英国)——口述历史作为人类文化遗产:机遇与挑战

系列讲座(二十五):钱文忠——从"思痛录""毕竟是书生"谈口述史学

"口述历史+"国际海报展

口述历史年度影像作品展映

第二届"口述历史在中国"国际研讨会

11 月

中国首本口述历史类 MOOK《述林 1:战争阴云下的年轻人》出版

11 月 26 日

系列讲座(二十六):武汉物外书店"战争阴云下的年轻人"主题分享

12 月 13 日

系列讲座(二十七):郑州松社书店"战争阴云下的年轻人"主题分享

12 月 22 日

《述林》首发暨崔永元口述史中心与广西师范大学出版社新民说战略合作发布会

2017 年

1 月 10 日

系列讲座(二十八):全国巡讲·南京大学站

3 月 21 日

系列讲座(二十九):全国巡讲·同济大学站

3 月 22 日

系列讲座(三十):上海古籍书店“战火中的青春记忆:1931－1945——《述林 1:战争阴云下的年轻人》”主题分享

这一切,都是为了做到“不为达成共识,而是希望多维度呈现行业现状,供关注者详解”——这个项目策划阶段定下来的目标,想来简单,但在实际操作过程中遇到的各种困难仍是始料未及的。不过现在回过头看,每一步坎坷都是对项目变相的支持与鞭策。

这其中有感动。比如钱文忠教授受邀前来参加国际周,不但谢绝了报酬,自己承担食宿,还给听众带来了珍贵的善本书作礼物;比如从英国赶来的现代口述历史事业早期开创者之一、八旬高龄的保尔·汤普逊在每次活动上不辞辛苦地真诚讨论;比如中心创始人崔永元教授在活动前一晚专门从出差途中赶回现场;比如中心主任丁俊杰教授带病主持活动,为了压制咳嗽喝了许多冰水,嗓子落下了病根。

这其中也有喜悦。比如项目组年轻的策划李笑岩在 2016 年夏天获得了哥伦比亚大学口述历史学院的入学资格,她的努力和项目积累的经验都发挥了作用;比如一直在支持关注项目并一同身体力行推动“家·春秋”口述历史计划的向晓静和渠馨一两位挚友在 2016 年夏天的同一天当了妈妈,并在冬天带着小朋友们来到了国际周现场;比如我们在第二届国际周结束后发现了一个新的方向,很有可能为国际范围内都以缺少资金为通行特点的口述历史事业开启一个新的商业操作方向……比如虽然历经风雨,但项目组始终团结而温暖。

2016 年的口述历史在中国前行不易,但坚持下来就有更大的勇气迎接未来。